不 女子 奴心 愤

GOOD AND MAD

女性愤怒的革命力量

THE REVOLUTIONARY POWER OF WOMEN'S ANGER

[美]丽贝卡·特雷斯特——著
成思——译

新 星 出 版 社 NEW STAR PRESS

著作版权合同登记号：01-2020-2213

图书在版编目（CIP）数据
好不愤怒：女性愤怒的革命力量 /（美）丽贝卡 · 特雷斯特著；成思译
. -- 北京：新星出版社，2022.5（2022.11 重印）
ISBN 978-7-5133-4820-1
Ⅰ. ①好… Ⅱ. ①丽… ②成… Ⅲ. ①妇女问题-研究-美国 Ⅳ. ① D771.286.8
中国版本图书馆 CIP 数据核字（2022）第 046632 号

好不愤怒：女性愤怒的革命力量

［美］丽贝卡 · 特雷斯特 著；成思 译

责任编辑：白华召
责任校对：刘 义
责任印制：李珊珊
装帧设计：冷暖儿

出版发行：新星出版社
出 版 人：马汝军
社　　址：北京市西城区车公庄大街丙3号楼 100044
网　　址：www.newstarpress.com
电　　话：010-88310888
传　　真：010-65270449
法律顾问：北京市岳成律师事务所

读者服务：010-88310811 service@newstarpress.com
邮购地址：北京市西城区车公庄大街丙3号楼 100044

印　　刷：北京天恒嘉业印刷有限公司
开　　本：910mm × 1230mm 1/32
印　　张：12
字　　数：280千字
版　　次：2022年5月第一版 2022年11月第三次印刷
书　　号：ISBN 978-7-5133-4820-1
定　　价：68.00元

献给贝拉和罗茜

不要把无限的权力放到男人的手中。记住，只要有可能，男人个个会变成暴君。如果不能给予女性特别的关心和照顾，我们肯定会酝酿一场反叛；如果法律没有听到我们的声音，不能体现我们的权利，我们将绝不受其束缚。

——阿比盖尔·亚当斯（Abigail Adams）

女性

没有

死去

她也没有

睡去

愤怒，是的，

怒不可遏，是的。

等待她的时机；

是的。

是的。

——艾丽斯·沃克（Alice Walker）

目　录

序　言

十年前（即2008年），我在全国广播公司商业频道（CNBC）主持节目的时候，正遇上金融危机爆发。每一天，我都在为那些倾家荡产的人提供咨询，他们的遭遇让我心碎，也让我神经紧绷。有一天，美国证监会主席来到我的节目，我向他抛出了一些尖锐的问题，矛头直指证监会缺乏监管一事。结果，节目刚录制完，我就被拉到了执行制作人的办公室，被按到座位上回看刚刚的节目片段，听他训斥我在节目中看起来有多“生气”。我所做的只是没有微笑。牙关紧咬。眼睛可能迸出了点怒火。我的回应是：“我就是很生气。”没过多久，另一个主持人，男的，也在节目里情绪失控，在证券交易所的现场愤怒地大喊大叫。可他却因此饱受称赞，说他在呼吁茶党[1] 再现。我只想说……操！

——卡门·丽塔·翁（Carmen Rita Wong）

[1]茶党重生于2009年2月。当时，CNBC电视主持人桑特利在节目中反对奥巴马政府的房屋救济贷款政策，并呼吁茶党再现，即所谓新茶党。当年，重生后的茶党首届全国代表大会在田纳西州召开，六百多名代表出席。本书章后注均为原注，页下注均为译者注，后不再一一标明。

[xiv] “你他妈的把手拿开，混蛋！”弗洛伦斯·肯尼迪（Florynce Kennedy）吼道，她缠着红色的包头巾，耳边飞舞着一对硕大的和平符号[①]耳环，“别碰我，他妈的！”

这令人震撼的交锋，发生在1972年迈阿密的民主党全国代表大会期间。当时，一群白人男性记者正在几乎没什么人的会议厅里休息，其中有哥伦比亚广播公司（CBS）的两位记者迈克·华莱士（Mike Wallace）和丹·拉瑟（Dan Rather）。黑人女权主义律师肯尼迪正在冲这帮男记者发火，可他们对她的愤怒并不怎么理睬。有位男记者双手抓住她，想让她冷静下来，让一让步。她愤怒地诅咒道：“谁他妈再敢乱碰女人，我就踢烂他那玩意儿！”

1972年，美国国会众议院首位黑人女性议员雪莉·奇泽姆（Shirley Chisholm）宣布竞选总统，并且一路突进到了民主党全国代表大会上。民主党的这次全国性大会颇不寻常，一个主要原因就是美国全国妇女政治核心小组（National Women's Political Caucus）参与了此次会议。该组织创立于1971年，创始人除了奇

①此处指杰拉尔德·霍尔通（Gerald Holtom）1958年为英国核裁军运动设计的和平标志，外面是一个圆形，里面是一个倒V字，一竖居中穿过。

泽姆和肯尼迪，还包括格洛丽亚·斯泰纳姆（Gloria Steinem）、贝蒂·弗里丹（Betty Friedan）和多萝西·海特（Dorothy Height）等女权运动和民权运动领袖。[1]她们聚集在迈阿密，就一系列议题展开讨论，包括奇泽姆的总统竞选、民主党最终提名的总统候选人乔治·麦戈文（George McGovern）、《平等权利修正案》（Equal Rights Amendment）以及一项颇具争议的堕胎政策提案等。[2]她们的讨论逐渐铺开，却几乎没有得到任何电视报道。

这正是肯尼迪休会期间向会场里的摄制组和新闻记者大发雷霆的原因。和她一起的还有其他几位女性，其中一位是白人女权主义诗人桑德拉·霍克曼（Sandra Hochman），她拿着几位独立制片人出资的15000美元，正在为参加这次代表大会的女权主义者 [xv]
拍摄纪录片。

这些有头有脸的新闻记者就这样坐着，听凭这些女人痛斥他们，他们一声不吭，暗暗觉得好笑，有些人甚至头也不抬地看着报纸。女人们本就因为这些男人的冷漠而怒火中烧，当几个男人试图让她们安静下来的时候，她们的愤怒达到了顶点。

霍克曼的纪录片摄制组将现场发生的一切都记录了下来。这部名为《女性之年》（*Year of the Woman*）的纪录片呈现了女性因为性别而遭受的种种嘲弄和轻视，这些遭遇让她们忍不住大声尖叫。例如，那些新闻摄制组不乐意报道奇泽姆，却频频向漂亮的脱衣舞演员丽兹·伦内（Liz Renay）献殷勤；一位民主党权力掮客告诉霍克曼，乔治·麦戈文的选举活动中也有女性在出力，她们“目前主要在育儿中心之类的地方忙活”；麦戈文英俊潇洒的年轻竞选经理加里·哈特（Gary Hart，两年后竞选参议员）则告诉霍克曼，他的老板不会选择一名女性作为副总统候选人，因为没“一个令人满意的女候选人……有资格做美国总统”。事实上，奇泽姆当时已经进入第二个国会任期，她设法扩大了美国食品券计划[①]的惠及范围，扩展了面向妇女、婴儿和儿童的特殊补充营养项目，同时还在推进一个 10 亿美元的育儿补贴法案，那项法案后来被沃尔特·蒙代尔（Walter Mondale）正式提交，并且得到国会的批准通过，不过最后遭到理查德·尼克松（Richard Nixon）的否决。麦戈文后来为自己选择的副总统竞选伙伴是密苏里州参议员托马斯·伊格尔顿（Thomas Eagleton），但十八天后，伊格尔顿就因被曝隐瞒抑郁症病史而被迫辞职。

1973 年，霍克曼的电影在纽约市格林威治村一连放映了五晚，场场售罄。然而在接下来的四十二年里，除了偶尔的几场放映，这部影片再也没有在大众视野里出现过。《华盛顿邮报》2004 年的一篇文章称《女性之年》“太过激进，太过怪异，太过超前于时代，没有哪个发行人敢碰它”。[3] 2015 年，负责报道即将到来的 2016 年总统大选的我，一名女权主义记者，接到了要写写这部纪录片的任务。我很快就理解了这部纪录片为何让人觉得紧张、觉得危险，
[xvi] 也明白了它到底哪里呈现得“太过”：那些电影胶片就像一个时间胶囊，忠实完整地呈现了女性的愤怒；那些凝在琥珀中的愤怒在如今的观众看来，极为激烈，也极为古怪。

“我们这个群体被冷落了！”霍克曼在片中吼道。我们不难理解她的沮丧之情，同样也不难注意到她戴着的那个纸胶鳄鱼面具。

①美国联邦政府为低收入的个人和家庭提供补贴，获得补贴者可在指定的超市和餐厅使用食品券。

“他们不把女人当回事。他们把女人变成了怪物。所以我，作为一名诗人，想说：那就当个怪物吧。”从2015年的视角看来，整部纪录片里充斥着举止如同怪物的女性活动家，她们戴着夸张的镜框、浮潜面罩和米老鼠头箍，她们唱着改编自《共和国战歌》的《女性战歌》，莱恩·钱德勒（Len Chandler）曾在前者的曲调上重新填词，其副歌歌词亦成为黑豹党的行动口号，后来，女权主义作家梅瑞狄斯·塔克斯（Meredith Tax）在钱德勒填词的基础上进行了歌词的改写。[4]

我的双眼已经看见女性愤怒之火的辉煌
郁积几个世纪，如今熊熊火光
我们将不再是囚徒困在镀金鸟笼里惶惶
所以我们在前进……
别以为一枚劣质婚戒能收买我们的头脑
我们辛苦付出得不到丁点回报
愤怒吞噬了我们，我们不再向国王折腰
所以我们在前进……

在这部纪录片里，女性的愤怒强烈又炽热，粗俗又怪异；男性操纵着这个国家对于女性、政治和权力的通俗叙事；男性为了阻止弗洛·肯尼迪大声吼叫，用他们那该死的手抓住了她。我在2015年第一次看到这部影片的时候就震惊地意识到，正如霍克曼提到的那样，女性的这些怪异举止其实是盛怒之下的结果。这些女性革命家（其中有些是第二波女权运动中领头的公众人物）是因为遭到粗暴的对待，遭到无视和排挤，遭到轻蔑和嘲讽，愤怒至极，绝望不已，才做出那样出格举动的。她们因为自己的计划看起来不可能实现而万分沮丧，把那些关于礼仪和礼貌的常识都抛在一边。她们不顾一切地想让人们真正听到她们的愤怒之声，甚至不惜扮成蜥蜴的样子，这种扮相正映现出了那些男性权贵之士看待她们的态度——把她们当作消遣，对她们充满不屑。

回到2015年的夏天。那时我观看了这部纪录片，片中充斥着[xvii]女性对男性的愤怒——男性贬低、轻视、侮辱女性，忽视女性，威胁女性，威吓女性，拒绝认真对待女性——这一幕幕女性愤怒的场景让我头晕目眩，它们看起来有些复古，像是第二波女权运动留下的遗迹。就在那年，美国历史上的第一位黑人总统还在第二个任期内。就在那年，有位女性正在竞选总统，并且各方面看起来都充满胜算，我们当时十分确信她一定会成为美国总统，一定会创造历史。从前雪莉·奇泽姆在党代会上的发言甚至没有媒体问津，如今的情景已大不相同。

许多美国人，尤其是那些美国非白人，一直遭受着不平等的对待。他们是我写作报道的对象，因而我能理解这种遭遇不公正的心情，但其他人常常难以理解这些群体为何要如此寻衅滋事，毕竟从外部迹象看来，这个社会明显在进步，这是一个不争的事实。然而，那些男性设计主导的体制一直都在阻止女性获得政治、社会和经济权力，阻止女性成为总统。我个人希望女性能够强硬地与男性公开对峙，但也明白，如今大学和研究生院校里的女生要多过男生，下一任总统也很有可能是位女性，在这种时代背景下，我们与男性对峙只会让他们觉得是毫无必要的无理取闹。

两年半之后，特朗普宣誓就任美国总统一周年之际，第二次年度女性大游行（Women’s March）爆发。参加完游行回家的地铁上，我在社交媒体上浏览着当天的照片，满屏的愤怒扑面而来。照片里，游行者向以总统名字命名的大厦充满嫌恶地竖起中指。这位总统当然不是女性，而是一名白人至上主义者，还是大家公认的性骚扰者，商人出身的他利用美国白人和美国男性的愤怒击败了一名女性，取代之前的那位黑人，成了美国的总统。

在 2018 年的这场游行中，我身边有些女性举着特朗普睾丸的漫画像，上面装点着一绺黄毛，还有人把他画成了一坨粪便。继上一年的游行之后，这一次的年度女性大游行不仅在纽约、洛杉矶和华盛顿举行，还在班戈、安克雷奇、奥斯汀、什里夫波特等 [xviii]
美国其他城市同时爆发。我浏览着全国各地的游行标语，最喜欢的一条是“操翻你这操蛋的操逼”（Fuck you, you fucking fuck），其他还有“女权纳粹打倒真纳粹”“操翻男权政治”以及“愤怒的女性将改变世界”。有个女人在纸板上剪了个洞套在头上，上面写着“抵抗到底的婊子脸”。

许多人都高举着“Me Fucking Too”之类打上“#MeToo”运动标签的标语，这是活动家塔拉纳·伯克（Tarana Burke）针对妇女和女童性侵事件的泛滥而发起的抵制运动，前几个月在各大媒体的推动下，演变成为一场针对工作场所性侵犯和性骚扰的大规模清算运动，让许多有权有势的男性都丢了工作。这场“#MeToo”运动几乎是一个迟到了四十五年的回应，回应了弗洛·肯尼迪 1972 年的那句保证：“谁他妈的再敢随便碰女人，我就踢烂他那玩意儿！”

在旧金山一位朋友的 Instagram 页面上，我看到了一个像是从 1972 年的女权主义狂热中走来的女性：她在旧金山的湾区捷运（BART）上，凉鞋和袜子上绑着巨大的蜥蜴脚蹼，胸前穿着柔软、闪亮的爬行动物形状的围兜，头上戴着尖牙利齿的蜥蜴面具。她的手上拿了个标语：

“女神哥斯拉已经苏醒。小心了。”

本书并不想对女性的愤怒展开情感上的探索。已经有不少书细致深入讨论过人际关系中的愤怒心理学以及愤怒给人际关系造成的影响，也有很多作者一直在尝试探讨女性所感受、所表达的愤怒有哪些内在维度。有人认为女性天生愤怒，有人则指出女性需要更好地控制自己的愤怒。对于女性在家庭生活、伴侣关系、朋友交际和工作场所中展现的愤怒，有不少书籍都提供了自助指南和批判分析，本书并不会提供这些。当然，本书会触及许多女性对于愤怒和沮丧的个人感受，以及这种感受在政治话语里得到的回响，毕竟对于女性而言，这种个体的感受从来都与**政治**脱不了干系。

但是从更广泛的意义上说，本书剖析的是女性愤怒和美国政治之间的具体关系，即美国妇女的不满和憎恨常常如何引发了那
[xix] 些推动社会变革和进步的运动。本书探索了盛怒，这个许多女性极力想要隐藏、想要伪装、想要远离的冲动，在决定女性的政治权力和社会地位的进程中起到了多么关键的作用。本书同时也探讨了女性愤怒在社会变革中的角色，以及女性愤怒如何影响着人们对女性领导人和政治候选人的看法。

在美国，从来不会有人告诉我们，不肯顺从、顽固执拗、狂

烈暴怒的女性是如何改变了我们的历史，塑造了我们的当下，引领了我们的行动，也推动了我们的艺术。我们应当了解这些。

其他文化里有着这样的故事。古希腊戏剧《利西翠妲》(*Lysistrata*)中，女性对自己的丈夫过于好战而感到生气，只有等他们停止战争才肯与他们性交。(从女性满足的角度而言，这是一种特别两败俱伤的做法，但也的确彰显了女性的权力，让人们相信“如果女人不想让男人满足，就没有哪个男人能得逞”。）在另一个古希腊传说里，雅典名妓泰伊思为了报复一百五十年前波斯国王薛西斯入侵希腊时损毁雅典神庙，怂恿亚历山大纵火烧毁了阿契美尼德王朝的首都波斯波利斯（Perspolis）的神庙。在现实当中，饥饿而又愤怒的巴黎妇女因为面包价格的高昂而暴怒，她们在 1789 年 10 月向凡尔赛进发，这场凡尔赛妇女大游行后来助推了法国大革命爆发，最终推翻了路易十六的统治。2003 年，在利比里亚经历了长达十四年的内战之后，包括穆斯林、基督徒、原住民和美裔利比里亚人在内的一群女性，因目睹战争造成的破坏而愤怒不已，齐声呼吁结束这场战争。在运动的开始，利比里亚和平活动家莱伊曼·古博韦（Leymah Gbowee）向众多愤怒的女性宣示：“从前我们保持沉默，但是遭受了杀戮和强奸、侮辱和疾病的肆虐之后……战争让我们明白了，要想拥有未来，就必须对暴力说 NO，对和平说 YES！”[5] 这场抗议活动持续了两年，直到 2005 年埃伦·约翰逊·瑟利夫（Ellen Johnson Sirleaf）当选利比里亚首位女总统，这场大规模女性运动才宣告结束。

尽管在美国没有这些故事流传，但女性的愤怒事实上也改变了美国。这些愤怒形形色色：对性别歧视的愤怒，对种族主义的愤怒，对恐同症的愤怒，对资本主义压迫的愤怒，还有对女性及周围人群遭受的许许多多不公正对待的愤怒。1991 年一部讲述黑人女性活动家和艺术家的纪录片《愤怒之地》（*A Place of Rage*）里，[xx] 有位女诗人琼·乔丹（June Jordan）“因为生错了性别，生错了时代，生错了肤色”而遭到自由的限制，她写下的诗作就是一部微妙的愤怒编年史。在片中，她回忆了让自己在政治和意识形态上变得敏感的事件：小时候她住在布鲁克林的贝德福德－史岱文森区，邻居家的小伙子因为警察认错了人，在自家屋顶上遭到毒打，她目睹了这一切。“这个我崇拜的男孩，这个我们同街区的人……被这些充满暴力并且获准使用暴力的陌生人打得不成人形，这对我来说实在太可怕了。也正是这段经历，让我很早就在愤怒之地变得强硬起来。”

需要牢记的是，一直以来，人们对于女性的愤怒常常持诽谤或者排斥的态度，充满了偏见，正是这些偏见激起了女性的愤怒。黑人女性的愤怒和白人女性的暴怒会遭到区别对待；贫穷女性的懊恼和富有女性的愤怒也会得到不一样的倾听。然而，尽管美国以种种不公正的方式否定或者嘲笑女性的愤怒，这些愤怒往往还是给这个国家带来了实质性的改变，改变着这个国家的规则惯例和基本构造。

本书讲到了许多愤怒的女性。有些女性对于奴隶制和私刑深感愤怒，她们冒着生命危险，不顾名誉受损，为女性开拓公开表达意见的新形式，例如在不同性别、不同种族的人群面前公开演讲。有些女性因为妇女没有选举权而愤愤不平，从纽约市步行整整 240 公里到奥尔巴尼发起请愿，举行绝食抗议，甚至把自己锁在白宫的围栏上。有些女性燃烧了一辈子的怒火，用了几十年的时间争取投票权，先是推动《第十九条修正案》的通过，再是促成《投票权法案》的颁布。她们在愤怒的驱使下发起一系列的非暴力反抗活动，她们游行示威，静坐抗议，非法投票，也为此遭到监禁和殴打。还有些女性将历史上那些隐秘的对话在露天集会和新闻报纸中传播散布，在法庭上、政治会议中和司法委员会面前讲述出来。

在美国，愤怒常常会起到推动作用，开启长期的法律和体制改革。事实上，在美国建国的经典叙事里，正是愤怒推动了美国人民发起革命，与英格兰决裂。然而，当愤怒的源头变成女性，当女性愤怒地要求自由、独立和平等时，不管她们再怎么煞费苦 [xxi]
心地去模仿、去引用美国建国之父的那些语言表述和情感呼吁，她们的愤怒也很少会得到认可，很难被理解成是正义、爱国的愤怒。马萨诸塞州曾经有位名叫贝特，后来改名伊丽莎白·弗里曼（Elizabeth Freeman，又被尊称为“贝特妈妈”）的女奴，对主人平日里的虐待（甚至用滚烫的炊具击打她）愤恨不已，听到主人们谈论关于自由的革命言论后，她认为自由也应该适用于自己，进而提起诉讼争取自由；她的案例后来助推马萨诸塞州在1783年废除了奴隶制。本书剖析的正是这种愤怒的冲动。

19世纪30年代，洛厄尔纺纱厂的年轻女工们有感于自身的处境，发表了和美国独立战争期间相似的反叛言论，宣称“我们的父辈与英国政府的傲慢和贪婪浴血奋战，因而我们，身为他们的女儿，永远都不会戴上为我们准备的枷锁”。她们组织了罢工，成为后来愈演愈烈的美国工人运动的前身。[6] 七十年后的1909年，在库伯联盟学院（Cooper Union）召开的一场会议上，23 岁的劳工组织者克拉拉·莱姆里奇（Clara Lemlich）听腻了男性发言人的长篇大论，拍案而起，呼吁发动一场大罢工。在此之前，她就已经因为参与罢工而遭到过毒打。这一次，她呼吁发起了两万人参与的制衣女工大罢工，与纽约绝大多数制衣厂达成了新劳工协议。三角内衣工厂是当时没有与工人达成新协议的几家工厂之一，这家工厂在两年后发生了火灾，一百四十六人丧生火场，其中绝大多数为女性。这场惨烈的火灾点燃了其他女性活动家的怒火，驱使着她们为改变美国工作场所的安全规定而努力。

本书也意在指出，这种对于国家的发展进步起到重要作用的愤怒，却从来没有得到过赞美，甚至都很少被主流文化提及；女性的愤怒从来没有得到过赞扬，历史书里对于她们这种正义的愤怒往往只字不提。有许多事情，历史书都没有告诉我们。例如，因拒绝为白人男子让座而遭到逮捕、从而引发 1955 年蒙哥马利巴士抵制运动的罗莎·帕克斯（Rosa Parks），是一位端庄娴静的女性，同时也是一名热诚的反强奸活动家。她曾经在一个企图强奸她的人面前宁死不屈。那时她 10 岁，面对白人男孩的威胁，她捡起一块砖头威吓对方不许靠近。“我当时非常生气，”她谈起年少的那次反抗时讲道，“他一声不吭地走了。”[7] 我们在学校的历史课上也学过哈丽雅特·塔布曼（Harriet Tubman）、苏珊·布朗奈尔·安
[xxii] 东尼（Susan Brownnell Anthony）等少数几位女英雄的事迹，却从来没人逼着我们去想一想，这些英雄事迹的动机不只是出于坚忍、悲伤或者毅力，其实更重要的是出于愤怒。而一直以来，我们所接收、所消化的文化讯息都在暗示我们，女性的愤怒是不可理喻的，

是危险又可笑的。

本书还会指出，对女性来说无用的愤怒对男性却大有用处。例如，唐纳德·特朗普（Donald Trump）和伯尼·桑德斯（Bernie Sanders）在竞选活动中大喊大叫，就会被称赞说他们能够理解那些支持者的愤怒，并且能够有力地引导这种愤怒。而他们的女性参选对手却只是遭到奚落，被嘲笑太过尖刻，只因为她们在麦克风前讲话太大声或者太过强势。本书论及的女性中，有些已经愤怒了太久，却一直没有找到发泄的出口，她们没有意识到在她们的邻居里，她们的同事里，她们的朋友、母亲和姐妹里，有多少女性和她们有着同样的感受。直到某一天，某位女性终于不顾形象地大声呐喊起来，于是每一个人都听到了她的声音。因此，本书也会讲到女性的觉醒。例如，有些女性正是在女性大游行中举着标语前行的时候，找到了真正的自我，经历了某种觉醒，也开始思考自己之前到底是如何被骗，陷入沉睡的——而其中有三分之一的女性此前从未参与过任何政治抗议活动。[8]

这也就意味着，本书同时也会讲到女性内部针对彼此的愤怒：因某些女性——白人女性——熄灭或减弱自己的怒火换来特权和奖励而感到愤怒，也因其他女性——非白人，尤其是黑人女性——为此付出代价而感到愤怒，她们总有生气的理由，就算是压制自己的怒火也很少会得到赦免或奖赏。 [xxiii]

哲学家玛莎·努斯鲍姆（Martha Nussbaum）在《愤怒与宽恕》（*Anger and Forgiveness*）一书中指出，不管是个人生活中的愤怒还是政治背景下的愤怒，本质上都是一种报复性的冲动，这种惩罚性的冲动常常会产生适得其反的效果。然而，并非所有的政治愤怒都是出于报复性的冲动；愤怒并不一定是要看到总统和他的亲信被送进那些他们关押了无数美国人的监狱里去；愤怒也不只是来自那些想“把他关起来”① 的人们。愤怒也可以源于对不公正的强烈反感，源于想要解放那些被非法拘禁或伤害的人的渴望。对于女性而言，一直以来，她们的愤怒都遭到谴责、诽谤和嘲笑，被视为冒犯之举；一直以来，她们都在被迫压制愤怒、藏起怨恨，一旦选择表露自己的情绪，就会遭到阻拦——这才是报复性、惩罚性的行为。

前不久，另一位哲学家米夏·切莉（Myisha Cherry）也指出：“我想让你们相信，有些愤怒并不是坏事。”对不公正现象的愤怒尤其让她感兴趣，她视之为一种针对不平等的恰当回应。“对不公正行为的愤怒有以下特点：它识别得出不法行为，并且基于事实，绝不是出于自己的妄想或编造；它不是一种自私的情绪，一个对不公正感到愤怒的人并非只关心自己的境遇，而是对别人也很关心……这种愤怒不会侵犯他人的权利，并且最重要的是，这种愤怒渴望带来改变。”[9]

正如切莉指出的那样，政治的愤怒可以来源于个人的愤怒，也可以是一种个体的感受，但这种愤怒不同于努斯鲍姆笔下那种个体化的、惩罚性的愤怒，而是通常有更广阔、更乐观的目标。这种愤怒可以成为一种交流工具，号召有着同样思想观念的人行动起来、参与进来、合作起来。而这些人如果不首先将自己的愤怒公之于众，就永远无法知道原来自己拥有这么多足以集结一支军

① “把他关起来”，原文为 lock him up，为 lock her up 的演化，典自特朗普认为希拉里应该被关进监狱，后被希拉里支持者在集会时使用。

队的同胞，也无法超越各自的差异、展开强有力的合作。

本书希望指出女性愤怒中的温暖与正义所在，而不只是单纯地为之欢呼。愤怒毕竟有其局限和危险之处，也当然会遭到侵蚀。在很大程度上，对于不公正和不平等的愤怒就像是一种燃料，若加以必要的助燃剂，它就能够——在某种程度上，也必须——推动高尚而艰难的圣战。但它同时也易燃易爆，会爆发出无法预测的能量，会灼伤别人。

在这个愤怒卷土重来的时代，在这个女性被彻底气疯的时代，本书审视了愤怒这种情感在过去发挥了怎样的作用：它带给了我们什么，又造成了什么伤害？与此同时，本书也发出了疑问：愤怒会将美国带向何方？从某种程度上讲，女性的愤怒从未得到过合理的对待，也从未得到过历史的认可，这着实让人生气。很少有历史学家或记者能够注意到，那些带着盛怒独自或合作抵抗暴政、抵制压迫、反抗不公的女性，推动了美国的发展与改革，也推动着这个国家一步步向前，实现其仍未兑现的人人平等的承诺。

本书也认为，那些以白人和男性群体为主的权贵千方百计地 [xxiv]
想让愤怒的女性闭嘴、分散别人对她们的关注，其中的深意很值得玩味。1964 年，女性民权活动家范尼 · 娄 · 哈默（Fannie Lou Hamer）在民主党全国代表大会的资格审查委员会面前做证，向他们讲述了自己在密西西比州试图登记为选民、却遭到警察逮捕和痛打的经历。当时正在谋求总统候选人提名的林登 · 约翰逊（Lyndon B. Johnson）担心哈默的演说会让自己失去白人选民的支持，便临时召开了一场纪念肯尼迪总统遇刺九个月的新闻发布会，想要强迫新闻媒体转播他的电视讲话、而不是哈默的演说。约翰逊知道哈默的愤怒意义深远，故而企图转移美国人民的注意力。[10]

从某种程度上而言，多年来，人们一直对女性愤怒所具有的力量心照不宣：女性在美国是被压迫的大多数，在这个从来都得不到公平对待和公正代表的国家里，她们向来都有可能愤而起义、接管这个国家。也许，女性的愤怒之所以遭到如此广泛的诋毁，被贬为丑陋、敌对的无理取闹，正是因为我们深知女性的愤怒会带来爆炸性的威力，会翻转这个试图遏制这股力量的系统。回顾过去、着眼未来，我们会清晰地看到，那些权贵之所以通过消声、抹除和镇压来否定女性愤怒的举动，正是因为他们正确地认识到了女性愤怒的力量，一种能够改变世界的力量。

我是一名白人女性，在自己的生活和工作中一直保持着愤怒。有时我是为自己愤怒，但更多的时候是对政治和不平等愤怒。我对这个世界荒诞的不公平感到愤怒，对这个国家的建立方式感到愤怒，也对这个国家至今仍然将特定人群排斥在外、予以打压感到愤怒。其中的一些愤怒成了我职业生涯的驱动力。十五年来，作为一名记者，我一直在从女权主义视角报道媒体、政治和娱乐界的女性。这份工作本身就扎根于愤怒，那些对我的文字感到恼火的批评家又反过来让我的愤怒越发激烈，也迫使我重新审视自己的视角，对种族、阶层、性别、身份和机会等问题进行更缜密的全新思考。我珍视自己的愤怒，也珍视别人的愤怒，尤其是女性的愤怒。

[xxv] 可是，这样一个世界，我也身处其中。这些年来，愤怒引领着我写作，我却让这种愤怒变得面目友好。我接收了这个社会传

达的讯息，认为公然的愤怒过于夸张，让人讨厌，毫无必要。（真的，太过头了。）我努力迎合这些看法，在写作中压抑自己的怒火。我再怎么冷静地思考这个社会存在的性别、种族和经济不平等问题，也还是会在一定程度上轻信那些广为流传的错误观念，以为如今的形势已经好转，不再需要、也不再能够通过公开展示暴怒来有效解决问题。从我第一次学到毫不愤怒版的马丁·路德·金演讲开始，从我第一次意识到自己被称为"德沃金主义者"——有些人评论我的报道时把我比作激进女权主义者安德丽娅·德沃金(Andrea Dworkin)——不是件好事开始，我就领会到了这种无声的警告：在这个仍由男性思想主导的世界里，女性若是讲话太大声、太挑衅，会让人觉得毫无魅力、愚蠢至极。公开展示愤怒不是个好主意。就算事态真的很糟糕，也应该采取非对抗的解决方式，这不仅是策略性的考虑，也是美学和道德层面的考量。

所以，我可是很有意思的！幽默，顽皮，又狡猾！我努力证明自己是个有趣的人，爱交朋友，爱喝啤酒，爱开怀大笑。我小心谨慎，礼貌尊重那些反对的声音；敞开表达自己的愤怒会遭到别人的疏远，是错误的策略。我看到那些女性同胞也都做出了类似的选择。女权主义咆哮着卷土重来的时候，我们使用着新的习语和表达，小心翼翼地和从前那些萦绕在女权主义周围的愤怒幽魂拉开距离。讽刺的是，我曾经无意识地想要远离那一代女性，如今却对她们近乎疯狂的愤怒兴奋不已——她们冲着男性大吼大叫，用各种方式表明自己已经听够了他们的废话。可是，前些年里，我竟还认为自己必须想方设法和过去那种极端的女权主义话语区分开来，彰显自己睿智又冷静、尖锐又随和的写作风格。

然而，好脾气和玩笑话都无法掩盖愤怒的事实。愤怒会让你想要砸墙，摔杯子，扔东西。愤怒就像电脉冲，有时会穿过我们的大脑，
[xxvi] 让我们失去理智，内心点起爆响的鞭炮，就算喝着冰啤酒哈哈大笑也无法平息。我们许多人可能都曾经用幽默来掩饰过愤怒，有时却还是会勃然大怒。

2014 年的时候，我为《新共和》（*New Republic*）杂志撰写着半固定的专栏文章。有一天，我觉得很疲倦。那时我正在孕期，经济状况也不算好，这些性别导致的因素让我对自己的工作场所感到恼火。在其他出版物里读到的一些内容更是让我气愤不已：有位男性“屈尊”写了一篇文章，欢呼中老年妇女突然“火辣”起来；有篇文章指出，媒体总是在兴致勃勃地对希拉里·克林顿的各种面部表情说三道四；有篇文章报道了休斯敦一名 16 岁少女的悲惨遭遇，她被人下药后遭到侵犯，裸照还被发到了社交媒体上；《纽约时报》的一篇文章则深入调查了某高校对于一起性侵案件的拙劣处理。就在那个夏天，有位女性因在孕期使用冰毒入狱，被迫和自己的骨肉分离；一位母亲遭到逮捕，只因她在麦当劳当班时让 9 岁的孩子独自玩耍；最高法院做出决定，企业可以根据宗教信仰选择不为员工承担节育费用，堕胎诊所的抗议者可以自由拍摄那些寻求生殖保健的女性的特写照片，对她们进行嘲讽。

我撰写的这个专栏很快就变成了一种对自己是否愿意将愤怒公开的元思考。在专栏里，我表达了自己的诉求，渴望这个世界不再用男性制定的量表来测量女性在文化、法律、立法和表达方面的价值。有那么一阵子，我真的觉得受够了，一时间完全不能忍受女性的社会接受度为何要受制于男性的标准。愤怒让我疲惫

不堪，做出了此前自己无法接受的举动：我写下尖酸刻薄的文字，毫无节制地表达了自己的愤怒。喜剧演员蒂娜·菲（Tina Fey）在回忆录中曾描述过一个片段，她的同事艾米·波勒（Amy Poehler）听到一位男同事说她的低级笑话不可爱时，对他大发雷霆，声称“我他妈才不管你喜不喜欢”。对我来说，这也是我写作生涯里第一次他妈的根本不在乎读者喜不喜欢我发火。

那时我还不知道，罗莎·帕克斯向祖母解释自己为何要举起砖 [xxvii]
头逼退那个威胁她的男孩时，是这样讲的：“我宁可被私刑处死，也不想活在虐待中，还不被允许说‘我不喜欢这样’。”那时我也不知道，有些女性想发泄怒火的冲动郁积了这么久，这冲动是如此的强烈而又迫切，根本无暇顾及自己会遭到别人怎样的评价，也全然不顾这种愤怒的表达会给她们带来危险——对于年幼的罗莎·帕克斯来说，这种危险是死亡；对我来说，则是在网络上遭到嘲讽。

没想到，那个专栏居然成了我最受欢迎的作品，得到了病毒式的大肆传播。有人把“我才不管你喜不喜欢”印在了T恤上。有个中西部地区福音派教区的朋友告诉我，她那些信教的儿时伙伴纷纷在脸书（Facebook）上发布我的专栏内容。在我爆发的愤怒里面，有什么东西起了作用，引起了他人的共鸣。

这并不是个我会想去复制的写作套路；爆发式的愤怒也是无法假装的。但自那以后的这些年来，我的确会更频繁地允许自己在感觉愤怒时写出来，在演讲和节目中讲出来。有时，我也会退后。我记得有一次是在“#MeToo”运动的高潮时期，一位编辑建议我不要发文章，我听从了建议，因为我太明白愤怒可能带来事与愿违的后果了。但后来到了2016年秋天，唐纳德·特朗普在总统大选辩论前突然带来几位指控希拉里·克林顿的丈夫性侵的女性召开发布会，我在电视新闻节目中气得满脸通红，浑身发抖，痛斥特朗普竟对美国首位女性总统候选人施加这等侮辱。这个节目片段在一段时间内疯传，观众也发来了上百条消息告诉我，能听到有人把他们一直想说的话大声吼出，这对他们而言意义重大。

很多年来，我都在试图美化自己内心深处凝结的愤怒，让它变得可以为所有人接受。然而在允许自己发泄这些愤怒的时刻，我瞥见了愤怒的力量。我们谨慎克制自己的愤怒，但愤怒其实可以成为一个强大的工具。愤怒是一种交流工具，能帮演说者和写作者释放表达，也能给那些有着各自烦恼的听众和读者带来慰藉。

我们当中那些感觉愤怒的人，那些煞费苦心隐藏愤怒的人，那些担心愤怒带来恶果的人，那些担忧发泄愤怒有碍于实现目标而牢牢压制怒火的人，都必须认识到愤怒常常是一种充满活力的
xxviii] 表达方式。愤怒是一种力量，为那些激烈而紧迫的战斗注入必要的能量、强度和紧迫感。更大而化之地来说，我们必须认识到自己的愤怒是正当合理的，它并不像别人告诉我们的那样丑陋可笑、歇斯底里或者微不足道。

起初，我决定写这本书，是希望能够借此疏导、理解自己的愤怒，剖析自己是如何抑制愤怒，又是如何用更受官方欢迎的东西来遮掩愤怒的，但是2016年的总统大选期间，整整两年里，不管是政治媒体还是流行文化，不管是右翼还是左翼，甚至于我的朋友每天都在告诉我，女性没有理由愤怒。他们告诉我，希拉里·克林顿的总统竞选之路不会遭到性别歧视的影响，事实上她才是拥有更多权力的候选人。他们告诉我，人们之所以支持唐纳德·特朗

普，不是出于性别歧视、种族歧视或者仇外情绪，而只是因为经济焦虑。他们告诉我，真正需要引起我们注意的是那些特朗普支持者的愤怒，让这些美国白人陷入这种特朗普式狂热情绪的，正是那些女权主义者和民权活动分子的过激言论。我觉得自己也许会因为无法充分表达的愤怒而迷失方向。

于是我开始剖析美国女性的愤怒，审视这种愤怒遭到了怎样的压制、阻拦和贬损，虽然我十分确信这种愤怒在美国的成长与发展中起着核心作用。我开始告诉别人，自己正在写作有关女性愤怒与社会变革的话题，也由此开始意识到，原来有那么多的女性是如此深切、如此绝望地想要谈论自己的愤怒。她们告诉我，她们需要阅读有关女性愤怒的讨论，需要书写自己的愤怒，需要谈论自己的愤怒，哪怕只是给我写一封邮件，或者给自己的朋友发推聊聊天。她们没有办法再继续抑制自己的愤怒，哪怕再多一秒。她们到底希望从这种愤怒的发泄中获得什么呢？我问过许多人。一次又一次，我得到的回答都是：为愤怒正名。

因此，我希望本书能够提供这样一种正名：那些愤怒的女性并不孤单，也不疯狂，更不会让人反感。事实上，女性的愤怒在美国历史悠久，是真实存在的，只不过这历史被刻意隐藏了。

但很重要的一点是，有些女性会突然开始愤怒，也会因这种突如其来的暴怒感到困惑，而她们并不是最先有这种感受的人，在 [xxix]
此之前，已经有很多女性表达过对于不公的愤怒。那些一直都在愤怒的女性已经做了很多，她们改变了美国的某些方面，也为女性树立了行动的楷模，提供了表达的范例。

我们必须回顾历史、展望未来，因为我们现在正处于一团迷雾之中，可能会迎来一个转折的时刻——不是说所有冤屈都会平反或者所有错误都会纠正，而是说这个国家的舵手有可能迎来巨变。美国的进步往往要让人备受煎熬地等上许久，但有时一些沉闷可怕、伤害极大的挫折却也在断断续续地推动进步的发生。我们如今正处于这样一个时刻，需要注意到、也需要认识到，如果我们认真想想自己因何愤怒，想想什么需要改变，就有可能带来怎样的改变。因为，改变是可以很快到来的。

2018 年初，围绕性骚扰展开的“#MeToo”运动如火如荼。我在家庭聚会的餐桌上，听到了母亲和姑姑给我讲述上世纪六七十年代她们在学术圈的故事。我母亲比姑姑大五岁，她们在缅因州北部的一个农场上长大，在同一所大学里拿到了博士学位，进入了同一领域。我母亲回忆起她拿到博士学位后开始求职的经历，那时候很多招聘信息上都写着“本职位不招女性”。有一次去面试，她一走进去，对方就告诉她：“我们并不想招女性，只不过女性都没有什么练习面试的机会，我觉得不太公平，所以可以让你尝试一下。”在另一次面试中，对方也告诉她：“你的条件很不错，但我们部门里已经有一位女性，足够了。”五年后，我姑姑也开始了求职。仅仅过去了五年,那些公然的就业性别歧视就不仅遭到指责，还被定义成违法行为。

带来这种改变的因素之一正是这些年来女性做出的努力，她们愤懑于自己遭受的歧视和骚扰，表达了愤怒，提起了诉讼。有些女性自己当上了律师，有些女性则致力于主张女性的权利，其中就有埃莉诺·霍姆斯·诺顿（Eleanor Holmes Norton）和鲁斯·巴德·金斯伯格（Ruth Bader Ginsburg）。正是这些女性近乎疯狂的愤怒改变了美国的法律体系，带来了包括《民权法案》在内的立法变革和立法保护。也正因为此，我姑姑遇到了不一样的求职形势，比起我母亲五年前遭遇的情景，有了令人难以置信的改变。

就在同一周，我的朋友埃丝特·卡普兰（Esther Kaplan）和我 [xxx] 谈论起这场老实说声势浩大到让人害怕的“#MeToo”运动。卡普兰是国家研究所新闻调查基金组织的一名编辑，她告诉我，这场狂热的运动让她想起女权主义意识开始觉醒的那个年代。上世纪 70 年代，女性会聚集在郊区的房子里或者市中心的公寓里，畅谈解放、平等和性别问题。她们学着以新的视角看待自己的身体、自己的生活，学着认识家庭生活对自己的束缚，也学着质疑自己一直被灌输的观点到底是否正确。

“那些女性离开了自己的丈夫，”埃丝特赞叹道，“社会运动不仅有可能从根本上改变世界，也有可能从根本上改变我们自己。”埃丝特想要指出的是，本世纪初当代女性的这波愤怒，对于性侵害、性骚扰、职场歧视、政治权力失衡等问题的愤怒，也必然包含了对女性过去的整体重估、对女性视角的重新塑造，让女性重新认识自己，认识性别权力以及男性对这种权力的滥用。当然，如今在网络的辅助下，这波愤怒的浪潮正在以空前的速度蔓延开来。“从文化上来说，这种东西可能会是爆炸性的，极端而又失控。”埃丝特当真是这样认为的，我也能够从积极的层面上去理解她这句话。但是对于某些人来说，这种爆发的速度太过骇人了。

她说得对。愤怒能够颠覆制度，超越我们基本的假设，重塑可能性的边界。20 世纪 70 年代女权主义的觉醒不仅造成了离婚率的激增，也影响了下一代女性，她们想要避开自己的父母曾经陷入的婚姻破碎的圈套，希望婚姻这个制度能为她们带来更多。她们要么推迟结婚，要么根本就不结婚，扩大了女性享受经济独立、社会独立和性独立的可能性。这些女性的人生图景因此得以重新绘制。一代代的女性以全新的速度前进，对婚姻和男性的依赖都大有改观。在这第二波女权主义浪潮里，虽然愤怒让那些女性的形象遭到丑化、被刻画成不招人喜欢的模样，但也正是这愤怒为她们的女儿和孙女撞开了大门。

黑人女权主义者奥德丽·洛德（Audre Lorde）在开创性的文章
[xxxi] 《愤怒之用》（The Uses of Anger）中讲述了女性对于种族歧视（包括其他女性持有的种族歧视）的回应。她在文中指出：“每个女性都储备了充足的愤怒作为武装，能够用来对抗那些不管是来自个人还是来自制度的压迫，正是这些压迫促成了这种愤怒的出现。如果这种愤怒精准地锁定了某个目标，就能成为一股强大的能量，进而带来社会的进步与改变。”洛德坚信这并不是什么暂时或者表面的改变，不是什么“微笑或者感觉良好的能力”，而是会“从根本上改变我们生活中那些潜在的观念”。

2018 年 2 月 14 日，美国佛罗里达州帕克兰市的玛乔丽·斯通曼·道格拉斯高中发生一起枪击案，造成 17 人死亡。案发不久，唐纳德·特朗普就在推特里向受害者家属致以“祷告和哀悼”。当天下午，16 岁的枪击案幸存者莎拉·查德威克（Sarah Chadwick）回应特朗普的这条推特写道：“我才不需要你他妈的狗屁哀悼，我的朋友和老师都中枪了。别发什么祷告了，做点别的吧。祷告解决不了问题，枪支管制才能阻止这类事件再次发生。”查德威克这条愤怒的推特变成无法查看之前，已经得到了 14.4 万多次转发。后来，帕克兰市的学生发起控枪大游行，要求美国政府收紧枪支管控，正是这条推特中表达的愤怒为游行定下了基调。

就在发出那条推特的第二天，查德威克换了个用户名回到推特，重新向特朗普发推，明确表明虽然自己因为对总统出言不逊遭到谴责，但绝不会从这种愤怒中退缩，并且这种愤怒会驱使她和同学们一起努力改变这个国家。"我为自己大不敬的刻薄言论道歉。"她写道，"我是一个悲伤的 16 岁女生，昨天我失去了我的朋友、老师和同学。我当时很生气，现在也仍然气得很。我为我的言论道歉，但不会为我的愤怒道歉。"

如果我们想让这一刻成为变革的时刻，我们就不能再继续无视或排斥女性的愤怒，不能再沉迷其中，也不能再畏畏缩缩了。我们必须正视女性的愤怒，停止犹豫，停止否认，停止担忧这种愤怒会冒犯别人、带来不适。女性的愤怒必须是、也一直都是社会进步的核心力量。

注释：

1. See the National Women's Political Caucus website at: http://www.nwpc.org/about/nwpc-foundation/.
2. Nan Robertson, "Democrats Feel Impact of Women's New Power," *New York Times*, July 15, 1972, http://www.nytimes.com/1972/07/15/archives/democrats-feel-impact-of-womens-new-power-womens-power-has-an.html.
3. Douglas Rogers, "Lights, Camera, Sexism!," *Washington Post*, July 4, 2004,http://www.washingtonpost.com/wp-dyn/articles/A16333-2004Jun29.html.
4. John Stauffer and Benjamin Soskis, *The Battle Hymn of the Republic: A*

Biography of the Song That Marches On, (New York: Oxford University Press, 2013), p. 22. 1965 年，民谣音乐家莱恩·钱德勒（Len Chandler）将《共和国战歌》(The Battle Hymn of the Republic) 重新填词改编为《让开路来》(Move on Over)，在纪念 1859 年哈珀斯渡口起义的活动上演唱；改编后的副歌歌词被黑豹党用作口号。

5. Leymah Gbowee, "Leymah Gbowee in Her Own Words," PBS.org, September 13, 2011, http://www.pbs.org/wnet/women-war-and-peace/features/the-president-will-see-you-now/.
6. Alice Kessler-Harris, *Out to Work: The History of Wage-Earning Women in the United States* (New York: Oxford University Press, 2003), p. 41.
7. "Rosa Parks Essay Reveals Rape Attempt," *Huffington Post*, July 29, 2011,https://www.huffingtonpost.com/2011/07/29/rosa-parks-essay-rape_n_912997.html.
8. Sarah Kaplan, "A Scientist Who Studies Protests Says 'The Resistance' Isn't Slowing Down," *Washington Post*, May 3, 2017, https://www.washingtonpost.com/news/speaking-of-science/wp/2017/05/03/a-scientist-who-studies-protest-says-the-resistance-isnt-slowing-down/?utm_term=.758284a8c17d. 我注意到这篇文章，是因为看到了泽伊内普·图菲克希（Zeynep Tufekci）发的一条推特，那时她正和达纳·费雪（Dana Fisher）一起参加 2017 年美国社会学协会年会的小组讨论。
9. Myisha Cherry, "Anger Is Not a Bad Word," TEDxUofIChicago, June 2, 2015,http://www.myishacherry.org/2015/06/02/my-tedx-talk-anger-is-not-abad-word/.
10. Kathy Spillar, "Not Backing Down," *Ms. Magazine,* August 31, 2017, http://msmagazine.com/blog/2017/08/31/not-backing-down/.

第一部分　火山爆发

我记得自己第一次生气的时候。那时我 10 岁。我们和几个朋 [1]
友在麦当劳里玩，他们都是非裔美国人。我肤色很浅，我妈肤色也浅，所以很多人都意识不到我们是墨西哥人。但是我们的朋友肤色都很深。收银台后面的那个女人（后来我想，她肯定也是墨西哥移民）允许我们玩波波球，却不许我们的朋友玩。我妈气坏了。她像个女鬼似的冲着这个麦当劳里的女人尖叫：“我再也不会来这里了。我要告诉我所有的朋友，让他们都别来。把你经理的电话给我。你们有没有地区经理？我要给你们总部打电话。”她勃然大怒。然后，她带着我们走出麦当劳，去了冰淇淋店，给我们每个人都买了大到我们根本吃不完的圣代。我记得当时我看着她，心里在想：她做得对。

——杰西卡·莫拉莱斯（Jessica Morales）

[2]

第一章

沉睡的巨人

在当代的女性愤怒重新抬头之前，女权主义已经沉睡了几十年。20 世纪曾有过一系列伟大的社会运动，如妇女运动、民权运动、同性恋权利运动等，但此后的几十年里，反改革派却占了上风。1982 年，保守派代表菲利斯·施拉夫利（Phyllis Schlafly）发起反女权运动，反对《平等权利修正案》，阻止这个本可以保障男女拥有平等权利的二十四字修正案获得批准，标志着 20 世纪 70 年代的第二波女权主义运动以及点燃那场运动的义愤都被挤到了舞台边缘。

更大范围来看，在里根时代，越发极右的反改革派政治势力和基督教右翼组织“道德多数派”（moral majority）都强烈反对所有的社会进步。当时，妇女运动为贫穷女性争取到了救济、权益和保护，让她们过上了稳定的生活，也为中产阶级女性带来了法律、职业和教育上的裨益，让她们能够更独立地生活，摆脱对婚姻这种束缚女性的宗法制度的依赖。而这些社会进步在当时均遭到了猛烈的攻击。

20 世纪 80 年代的右翼人士一心想要限制堕胎自由，放松银 [3]
行监管，同时还在设法废除社会保障体系，让那些里根口中的黑人“福利皇后”① 不再享受保障。1986 年《新闻周刊》的一期封面故事骇人听闻地指出，研究表明，40 岁的单身女性被恐怖分子杀害的可能性比她们结婚的可能性还要高。虽然这一数据后来被曝不实，却和苏珊·法露迪（Susan Faludi）的时代编年史《反挫》（*Backlash*）所表达的核心观点不谋而合，那本书描述了里根时代对女性愤怒的种种遏制，令人窒息，例如当时女权运动被指需要对“男子气概匮乏”② 负责，而让女性得以外出工作的托儿所则被污蔑说对孩子有害。

在流行文化里，思想开放的白人职业女性常常被塑造成纵欲过度的怪物，例如《致命诱惑》（*Fatal Attraction*）里格伦·克洛斯（Glenn Close）饰演的角色；或者是穿垫肩的冷酷女魔头，要么与异性结合得到拯救，要么表白被拒得到惩罚，例如《婴儿热》（*Baby Boom*）中的戴安·基顿（Diane Keaton）以及《上班女郎》（*Working Girl*）中的西格妮·韦弗（Sigourney Weaver）。相比之下，给黑人女主角的空间则小得可怜，甚至那些最为细腻的表演也常常只是服务于男性主创人员，让他们得以利用解放女性的形象来表达自

① “福利皇后”（welfare queen），指专靠揩政府的油过好日子的人。

② “男子气概匮乏”（man shortage），指当时即 20 世纪六七十年代流行于年轻群体中的主流男性气质带着阴柔与颓丧，而非男子汉的阳刚之气。

已的观点。例如，斯派克·李（Spike Lee）在1986年导演的电影《她说了算》（*She's Gotta Have It*）里，将女主角诺拉·达林（Nola Darling）塑造为一个欲求不满的形象；比尔·科斯比（Bill Cosby）编剧的《科斯比一家》（*The Cosby Show*）中，女主角克莱尔·赫克斯特波尔（Clair Huxtable）是一位拥有法学学位的富有已婚妈妈——考虑到科斯比本人的种族政治观点，这位成功的黑人女家长角色其实正是对其他黑人女性的一种否定。

谁想成为女权主义者？谁都不想。人们对这个名称感到焦虑，并不是由于女权运动中诸如种族排斥、漠视等问题的存在，而是因为“女权主义者”这个名词本身就蕴含着公然对男性支配地位发出政治挑战的意味，也被构建成一种陈旧、丑陋、疯狂的形象。20世纪八九十年代，苏珊·萨兰登（Susan Sarandon）是为数不多的一直公开左翼政治立场的明星。她曾经解释过为什么就连不断致力于发表扰乱性政治演讲的自己，都更希望被误称为“人道主义者”而不是“女权主义者”，因为“女权主义者在有些人眼中就是一群咄咄逼人的泼妇，让人避之唯恐不及”。[1]

当然，愤怒的确会像火山般爆发，这些愤怒来自那些向不公正宣战的人，而那些人常常是女性。1991年，法学教授安妮塔·希
[4] 尔（Anita Hill）在清一色由白人男性构成的美国参议院司法委员会面前做证，指控当时被提名为最高法院大法官的克拉伦斯·托马斯（Clarence Thomas），称他在平等就业机会委员会任职期间对自己实施过性骚扰。参议院司法委员会无视了希尔并予以羞辱，最终也没有相信她的指控，还让托马斯在大法官的职位上一直坐到今天，令女性们震惊不已。

“看着这些男人坐在高背椅子上，居高临下地盘问着这个女人，真的是太残酷了。”华盛顿州参议员帕蒂·默里（Patty Murray）回忆道。默里和许多女性都为希尔的遭遇愤怒不已，纷纷在1992年开始竞选公职。包括默里在内的四名女性赢得了州议员席位，其中，卡罗尔·莫斯利·布劳恩（Carol Moseley Braun）成为美国历史上首位进入州议院的非裔女性。另外还有二十四名女性首次入选众议院，比其他任何年份都要多。

这些年里，有时也会针对种族歧视爆发强烈的愤怒。1992年，洛杉矶的四名白人警察痛殴非裔黑人司机罗德尼·金（Rodney King），却被以白人为主的陪审团认定无罪，释放，整个洛杉矶陷入暴动。愤怒的抗议者洗劫商店，到处放火，六十三人丧生于这场骚乱。当时，新闻媒体和当地政客很快就将这些事件定性为暴乱，将那些抗议者称为“暴徒”。

然而，洛杉矶的一位民主党众议员却从这些暴乱中看到了别的东西，她就是代表洛杉矶中南区、也就是大部分暴乱发生地的众议员玛克辛·沃特斯（Maxine Waters）。“有些人希望我……劝民众回到家里去，平静接受陪审团的裁决。我会担起责任，请求民众不要拿自己的性命开玩笑。但我不会请求民众停止愤怒。”沃特斯说道，“我很生气，我有生气的权利，那些民众也同样有生气的权利。”[2]

很多天里，沃特斯一直在照顾自己的选民，为没有燃气和电的洛杉矶人民送去食物、水和尿布。她还努力推动对当事警察提起民法诉讼，并且反对洛杉矶市市长汤姆·布莱德利（Tom Bradley）用“暴乱”一词指称该事件。她为这些愤怒的表达找到了理性的政治说法，将之称为“一场起义”。[3]

最终，洛杉矶警察局局长达里尔·盖茨（Daryl Gates）被开除，[5] 四名警察中有两名因侵犯罗德尼·金的公民权获罪。[4]

除此之外，也发生过一些其他的政治反抗运动，例如1999年西雅图的反对世界贸易组织大游行，以及2003年的反对伊拉克战争大游行。但是总的说来，20世纪六七十年代充满活力的那种大规模的、醒目的、持续的政治愤怒，到了80年代就趋于沉默，并且在此后的几十年里都一直保持着沉默的状态。

记者马凯·丹泽尔·史密斯（Mychal Denzel Smith）记录了在自己成长的岁月里，黑人对于愤怒的表达是如何逐渐遭到压制的。他指出，20世纪90年代的大部分时间里，“不再有里根或者老布什这样明眼看得见的敌人”，而大众对于“多元文化主义”的投入也带来了一种假象，让人以为这个社会在种族歧视方面已经实现了进步，愤怒的冲动也因此趋于平息。[5]

史密斯指出，在小布什任期内，愤怒曾经短暂地复苏过。2005年8月，卡特里娜飓风来袭，美国政府的救灾行动却迟缓不力，说唱歌手坎耶·维斯特（Kanye West）愤而痛骂小布什“不管黑人死活”。但随着巴拉克·奥巴马参选总统，这股涌动的愤怒又平息下去。奥巴马之所以能够在大选的道路上一马平川，一定程度上是因为他能够让白人选民相信他不是一个愤怒的黑人，不会像杰西·杰克逊（Jesse Jackson）和阿尔·夏普顿（Al Sharpton）等黑人前辈那样好斗，也不会用自己的言行举止来威胁白人至上主义。不过，奥巴马这种热情友好的好名声却也因为传统的黑人愤怒遭遇过严重危机：为奥巴马夫妻主持过婚礼的耶利米·赖特（Jeremiah

Wright）牧师在一次布道中告诫信徒“上帝诅咒美国”。这段布道视频在网上疯狂传播，一度成为奥巴马竞选活动的焦点。赖特身上这种对抗性的黑人特质足以让美国民众意识到奥巴马的外来者身份，因而奥巴马不得不出面撇清自己与赖特的关系，用史密斯的话说，成为“第一位向黑人愤怒的火焰浇水的黑人总统竞选者”。奥巴马在一场关于种族的著名演说里指出，赖特牧师所表达的这种愤怒“并不总是有成效的，事实上，它太容易分散人们的注意力，无法真正解决问题”。

然而，到了奥巴马执政中期，一些政治愤怒已经开始沸腾，开始穿透这平静的表面。而这些政治愤怒在一定程度上来源于女性愤怒，也在某些层面上排挤着女性愤怒。

右翼和左翼的愤怒 [6]

2009年右翼人士发动的茶党大游行，可能是政治反响最大的一次游行活动。这波游行发生在奥巴马刚上任之时。当时，奥巴马计划通过住房援助法案帮助陷入住房危机的住房所有人，新闻记者里克·桑特利（Rick Santelli）在电视上愤怒地呼吁“茶党”再现，来反对这项法案。他口中的茶党指的正是1773年在波士顿海湾倾倒茶叶的那些人成立的党派。当时的倾倒茶叶之举是为了反抗英国殖民当局的高税收政策，那些税收不是为了支撑殖民地的发展，而是为了稳固英国自己低迷的经济，并且这些殖民者即便缴纳了再高昂的税费，在英国的议会里也无一席之地。[6]

当代的新茶党则被描绘成一起没有领导的草根运动，尽管从一开始，茶党的抗议活动和候选人就得到了右翼人士科赫兄弟的大额资助。从理论上讲，是极右派认为奥巴马政府滥用纳税人钱财的观点导致了这起骚动，但推动新茶党诞生的还有一股针对奥巴马的复仇怒火和种族仇恨。毕竟，就算奥巴马在言语中再怎么示好，也无法让以白人为主的茶党相信，奥巴马不会对白人的地位和优越性构成威胁。

虽然茶党的公众形象是暴怒的白人男性（他们在茶党早期集会中经常戴着殖民时期的三角帽），一些调查却表明这个小集团的大多数支持者都是女性。早期最频繁发声支持茶党的是前副总统候选人萨拉·佩林（Sarah Palin），她在一次面向活动人士的演说中将新茶党运动称为“又一次革命”。2010 年，茶党的几位女性候选人参加竞选，自称是斗牛犬式“冰球妈妈”[①] 的佩林将这几位女性戏称为“棕熊妈妈”。虽然这起运动里的三角帽和棕熊元素不免让人联想起第二波女权主义运动浪潮中的一些表演性发挥，这次运动的使命却恰恰相反，其更像是对 20 世纪七八十年代施拉夫利发起的反女权主义运动的复现。

不知为何，就像施拉夫利一样，这些表达愤怒、随意挥霍政治
[7] 影响力的女性并没有被刻画成丑陋、歇斯底里的形象。相反，她们得到允许，将自己打造成极端的爱国母亲形象，呈现一种超能力世界的女性赋权，虽然（或者更准确地说，因为）她们倡导的

① “冰球妈妈”（hockey mom）引申自北美俗语“足球妈妈”，后者特指住在城市郊区的中产阶级母亲，她们往往花不少时间接送孩子参加足球训练等课余活动。“冰球妈妈”则契合萨拉·佩林所在的气候寒冷的阿拉斯加州。

其实是回归女性的传统角色，减少政府对非白人群体的投入。这些女性一旦进入美国国会，就开始疯狂地投票，投票削减政府对家庭计划项目的资助，投票宣布堕胎非法，投票惩处计划生育协会（Planned Parenthood），投票削减食物券之类的社会保障项目和本就所剩无几的社会福利。

茶党人士丽贝卡·威尔士（Rebecca Wales）2010 年接受美国政治新闻网“政客网”（*Politico*）采访时指出：“保守派女性已经找到了发声渠道，她们正在积极利用这些渠道响亮地表达自己的观点。”另一位茶党成员达拉·达瓦尔德（Darla Dawald）则表示：“有句老话说得好，‘惹了老娘，谁也别想高兴’。法律法规要是惹到了老娘的孩子、影响到老娘的家庭，老娘就会站出来抗争到底——当然，我说的并不是暴力抗争。”[7]

随着越来越多的温和派共和党人被茶党候选人踢出国会，留在国会的共和党人在政治观点上又愈加趋于右翼，纽约爆发了一场愤怒的抗议游行，集结了大量的左翼活跃分子。2011 年秋天，在曼哈顿下城的祖科蒂公园内，一群年轻人聚集在一起抗议示威，表达自己的愤怒：对经济不平等表达愤怒，对贫富差距加大表达愤怒，对美国企业和华尔街猖獗的违规行为和享受的税收减免表达愤怒，对社会福利计划遭到的破坏表达愤怒。

占领华尔街运动给美国左翼带来的影响意义重大、持久深远。这起运动让人们意识到，99% 的普通民众和 1% 的极富人群之间存在着严重的经济不平等；这起运动意味着人们对社会主义经济政策更感兴趣，并且也煽动着这种兴趣日益增长。左翼阵营的民主党几十年来本就对“自由主义”这个概念避之不及，如今在对社会主义经济政策的兴趣推动下，走向了更为左翼的道路。一些政客也因此名利双收，其中就包括2012年当选马萨诸塞州参议员的伊丽莎白·沃伦（Elizabeth Warren），以及有着二十六年国会任职经历、2016年开展激烈总统竞选的无党派人士伯尼·桑德斯。

[8] 占领华尔街运动的参与者各色各样，统计数据的估计结果也各不相同。不过据报道，抗议者里约有40%为女性，37%为非白人群体。这要比美国国会的人员构成比例更能代表美国实际的人口构成。[8–10] 尽管从人群结构而言，抗议者实现了各群体间共同合作、相互平等，但实际上从官方发声层面而言，主导这次运动的仍然是白人男性。祖科蒂公园的抗议运动刚开始没几周，就由于频频出现强奸、猥亵、性侵等指控，设立了女性专用帐篷。黑人女性艺术家兼活动家卡内娜·霍尔德（Kanene Holder）是占领华尔街运动的发言人之一，她向《卫报》透露，即使在这个思想进步的环境里，“白人男性仍然习惯于高谈阔论、发号施令……你不能因为他们参与了这场运动，就指望他们放弃自己手中的权力”。最后，占领华尔街运动不得不安排专门的环节，确保女性能够在发言时不被打断。[11]

不仅如此，在占领华尔街运动中发挥主导作用的一些激进派男性据说对运动内部的女权主义言论也很冷淡。活动家雷恩·延德（Ren Jender）曾提议更妥善地处理性侵指控，那些持有激进进步主义思想的男性却对此大为光火，一副防御的姿态。事后，延德写道：“让我生气的不仅是那些……说了歧视女性的愚蠢屁话的人……那些没有对这些歧视女性的言论进行抗议的大多数，也让我气愤不已。”[12] 占领华尔街运动提醒了许多人，尽管这场运动的信念与原则值得赞同，领导这场运动的左翼群体却和其他群体一样，存在性别秩序和权力滥用的问题。

2013年，枪杀17岁非裔男孩特雷沃恩·马丁（Trayvon Martin）的被告人乔治·齐默曼（George Zimmerman）宣告无罪释放后，进步人士、活动家艾丽西亚·加尔萨（Alicia Garza）在脸书上写了一篇日志，结尾写道："黑人同胞们，我爱你们。我爱我们。我们是重要的。我们的命也是命。"艺术家、活动家帕特里西·汉卡洛斯（Patrisse Khan-Cullors）为这篇日志加上了一个"#黑人的命也是命"（#BlackLivesMatter）的标签，作家、社区组织者奥帕尔·托梅蒂（Opal Tometi）则帮忙将这则信息在社交网络中传播开来。

政府和警方对非裔美国人的一再滥杀，让人们陷入悲伤和恐惧，也陷入不可抑制的愤怒，一场运动应运而生。和占领华尔街运动以及茶党运动一样，这场运动在内部人员构成上也有意突破了阶级秩序。不同的是，这场运动的发起人是女性，许多最有代表性的发言也来自女性，其中包括布列塔尼·帕克奈特（Brittany [9]
Packnett）、约内塔·埃尔奇（Johnetta Elzie）、奈奇玛·利维－庞兹（Nekima Levy-Pounds）和埃勒·赫恩斯（Elle Hearns）等。汉卡洛斯后来写道，过去的黑人解放运动在很大程度上都是由异性恋男性领导的，"而那些同性恋或跨性别的女性，不管她们是从外围还是内部推动了那些运动的前进，都很少被看见，甚至完全得不到承认。因此，作为年青一代的运动组织者，我们意识到让女性拥有中心领导地位是必要的。"[13]

"黑人的命也是命"（Black Lives Matter）的黑人权力运动让民众对于执法过程中常见的种族歧视现象有了更清楚的认识。此前，很多民众，尤其是白人民众对此并不知情，现如今，数百万美国民众都知道这种歧视在整个警察系统里普遍存在。这场运动一直蔓延至全国乃至全世界。2014 年，非裔美国人迈克尔·布朗(Michael Brown）在密苏里州弗格森市被白人警官枪杀身亡，美国连续数日爆发多场抗议活动。社会活动家们开创了公开示威的新纪元，策划了一场“静死”示威（die-ins)，通过躺在地上装死，向那些在街头遭到警察枪杀的非裔美国人致祭。2015 年，一名白人男子持枪袭击了南卡罗来纳州查尔斯顿市一座教堂里的非洲裔居民，引起轩然大波。社会活动家布莉·纽森（Bree Newsome）爬上了南卡州议会大厦前的旗杆，摘下了一直挂在那儿、在她看来代表了种族压迫和国家分裂的邦联旗，由此引发了一轮推倒南方各州邦联人物雕像的运动。

因此，在 2016 年总统大选的前几年里，公众的愤怒一直在逐渐蓄积，这股愤怒不仅影响到政治，还影响到公民结构和公共空间。不仅如此，还有很多女性一直在寻找适合当下的表达方式，强有力地向全国民众表达她们的深切愤怒。至少在左翼阵营里，女性已经向一直以来男性在群众运动中的主导地位发起了挑战。

不过，主流女权主义秉持的精神与此有所不同，也不太通过公开抗议、街头群众运动或是痛骂权贵人士来表达这种狂热的愤怒。但这并不是说女权主义本身的势头衰减了。

女权主义者有点酷

21 世纪初的前二十年里，曾经的“女性运动”在媒体中焕发了全新的勃勃生机。在遭到多年的抵制之后，女权主义记者和博 [10]
主们重新掀起了针对性别的讨论，参与这场对话的许多人也都带着愤怒，对性别歧视、种族歧视以及经济不平等感到愤怒，更对这些不平等现象彼此交织在一起感到愤怒。不过，也许是因为焦虑地想要将自己与那些偏执疯狂的女权主义先驱区分开来，当代的很多女权主义者（包括我在内）在表达沮丧之情时，都努力想让这种表达变得温和怡人、讨人喜欢，甚至对待那些可能压迫过女性的男性时也是如此。

知名的女权主义博客“女权主义进行时”（Feministing）将挡泥板上经常能看到的坐姿性感的女孩形象稍作修改，竖起中指，作为自己网站的标志。年轻的女权主义者买卖着那些表达对男性憎恨之情的物品，例如印着“我沐浴在男性的眼泪里”和“厌男症”的马克杯、T 恤衫等。“# 禁止男性”（#BanMen）的话题标签则通过嘲讽人们认为女权主义憎恨所有男性的荒诞观点，传达出对那些糟糕男性的失望。虽然很多男权社会活动家并没有从这些观点中看出好笑或讽刺的意思，这些夸张的表达却散发出让人心安的能量：真正让男性统治者觉得伤人的挑战并不是真的政治威胁，而是丝网印刷的笑话。

与此同时，反校园性侵运动也在如火如荼地进行。2011 年至 2012 年间，还爆发了一波轰轰烈烈的荡妇游行（Slutwalks），强烈抗议那些惯于指责女性受害者（衣着言行不当）的言论。荡妇游行可能是最早开始显现的征兆之一，预示着一股更强烈的女权主义愤怒即将爆发。但这波游行也同样贩卖着某种眨眨眼、调调情的讽刺，它重新接纳了一个带有性意味的羞辱词，制作了“我❤荡妇”的徽章，游行者还穿上了短裙和吊袜带。这些都体现了卷土重来的女权主义的另外一面：对性积极主动，热情洋溢。

上世纪80年代，主流女权主义者发起了反色情文化运动，“性积极”女权主义正是在这样的背景下萌芽的。性积极女权主义认为，不管是禁欲还是性变态，任何形式的性行为都可能给女性带来愉悦，不应该受制于歧视女性的文化。而如今，在新一代女权主义者这里，性积极却演变成一种对性行为的积极拥护、对性审查的强烈反对，一切出于自愿的性行为都得到性积极女权主义者的大力支持。有时这些女权主义者对性欲的急切表达甚至会让人怀疑这是否是一种策略，想要以此来掩饰她们对男性权力发起的挑战。
[11] 因此，许多作家针对性别歧视和种族歧视撰写文章、参与辩论之时，也有很多人撰文指出女权主义者有权浓妆艳抹，衣着暴露地踩上恨天高。这样挺好。这样也是向社会发出了一个直接的讯息：这拨女权主义者与男性的性期待发生冲突时，不会像刺猬一样易怒，也不会咄咄逼人地僵持对抗。新一代主流女权主义者既有趣又时尚，对性充满热情……并且还有点酷。

这样做并非毫无意义，它奏效了。2016年总统大选的前几年里，女权主义的确变得有点时髦了。索尼影业起用全女性班底翻拍了经典电影《捉鬼敢死队》（*Ghostbusters*），各种影视作品中也充斥着强大的女战士和女领导形象，例如电视剧制作人珊达·莱梅斯（Shonda Rhimes）打造的各类女强人角色，《傲骨贤妻》（*The Good*

Wife）中的艾丽西亚（Alicia），以及《大城小妞》（*Broad City*）里随时嗑药、不修边幅的女主角。这些女性主人公的故事揭露了父权社会仍然强加于女性的诸多限制。但很多评论却保持着距离，像旁观者一样冷静分析，避免粗俗言论，避免失去理智。毫无怒气。

2013 年，脸书首席运营官雪莉·桑德伯格（Sheryl Sandberg）出版了《向前一步》（*Lean In*），探讨了职场女性仍然面临的一系列不利因素。针对这些不公平现象，这本书没有过多地探讨整个体系应当如何改革，而是侧重于分析个体可以采取何种应对策略，也因此遭到了尖锐（但也公平客观）的批评。不管如何，桑德伯格作为在这个体制内崛起的一名女性，从女权主义角度表达的控诉虽然并不全面，却也无可辩驳，这本书一上架就销售一空。

第二年，MTV 音乐电视大奖的颁奖典礼上，碧昂丝在表演环节播放了女权作家奇玛曼达·恩戈兹·阿迪契（Chimamanda Ngozi Adichie）的 TED 演讲《我们都应该成为女权主义者》片段："我们教女孩蜷缩起来，让自己变小。我们告诉女孩'你可以有野心，但不能太多。你应该渴望成功，但不能太成功。否则，你就会威胁到男性。'"接着，一个闪亮的巨型标语缓缓升起，上面写着"FEMINIST"，而碧昂丝站在标语前，穿着闪闪发光的衣服，就像迪斯科舞厅的一颗旋转灯球。

这可以看作一场精心包装、打磨过的流行音乐表演，却也可以视作一份女权主义声明。一位有色人种女性引用另一位有色人种女性的言论，带来了这样一份声明，有力打破了长久以来媒体（错误）呈现的女性解放总是由白人女性主导的定格。这位女性已经获得了足够的权力，可以说是流行音乐界最有影响力的人物，

[12] 所以她能够创造自己的叙事，不会遭到冷落和排挤，不会遭到误解和忽视，也不需要冲着媒体大喊大叫。碧昂丝当然也向权力结构做出了一些妥协；美国作家葛劳瑞亚·晋·沃特金（Gloria Jean Watkins，笔名贝尔·胡克斯，Bell Hooks）称她是“为霸权主义、白人至上主义和资本主义男权政治”服务的“超级富有、超级强大的黑人女性”。[14] 她呈现出的这种不那么怒火冲天、不怎么咄咄逼人的新型女权主义姿态，似乎也正如期待的那样，变得更加迷人，也更加具有广泛的吸引力。

事实就是这样，不是吗？早先那些女性打响的愤怒而又喧闹的战争产生了一些戏剧性的效果。小部分女性由此获得了前所未有的权力，她们能去念大学、读研究生，能去从商从政，能去娱乐圈和媒体界工作，能开始享有之前的女性无法享受的机遇和权力。这些女性如果想继续前进，就不能像过去那些为争取真正平等的女性一样，采取对峙、愤怒的方式，那样只会让她们边缘化，成为局外人。她们既然已经在这个体系里攀爬到顶部，就默认了不会去摧毁这个体系，不会咄咄逼人地去提醒美国民众注意，性别和种族不平等现象仍然严重，进步和赋权只是表象。

任何人如果想在白人男性主导的权力结构中获得权力，都会被要求消除一切跟愤怒沾边的情绪，要确保自己能够和平合作，不会对那些压迫过自己的人予以打击报复。而那些满口脏话、组织运动、参与游行、大吼大叫、威胁着要报复男性的愤怒女性则会被定性为不稳定势力，白人男性断不会允许这样的群体存在。2016 年的总统大选正是如此，在那次大选中，美国历史上继出现第一位黑人总统之后，似乎有可能紧接着出现第一位女性总统。

在希拉里·克林顿竞选期间，很多社会活动家就选举权、堕胎权、公民权和女权主义等问题愤而发出公然的质疑和挑战。讽刺的是，这种愤怒带来的风险太高，反而让希拉里的当选变得无望。MTV 音乐颁奖礼上能看到女性权力，脸书首席运营官是女性，《捉鬼敢死队》用了全女性班底翻拍，女权主义媒体伶牙俐齿，甚至连总统大选都有女性候选人：还有什么可抱怨的？

政治运动中如果出现任何女权主义愤怒、憎恨的言论，都会被 [13]
当成是一种表演而遭到摈弃。米奇·麦康奈尔（Mitch McConnell）称之为打“性别牌”，就像是游戏里的某种招式或者装备。那些抗议的表达，不管是游行示威还是绝食静坐，都的确能够为女性赢得关注，帮她们破门而入。在女性远离权力中心的年代里，对权力不公的愤怒宣泄和公开闹事是有用的。然而，当女性进入权力结构之后，这种举动只会让她们再一次遭到边缘化，成为圈外人。

[14] # 第二章

盛大的幻象

女性当然不会成为真正的圈内人。很显然，那些看起来像是走进了圈内的女性，事实上走进的是一个精心设计的陷阱。几百年来一直被排斥在外的女性，似乎终于能够获得政治权力。然而，正是这种表面的圈内人身份会让她们失去角逐权力的资格。

事实上，2015 年希拉里 · 克林顿宣布第二次竞选总统之时，美国 226 年以来的历任总统里还从未出现过女性，甚至连副总统里也从来没有过。虽然美国历史上宣称要竞选总统的女性有两百多位，但从没有哪个女性被主要党派提名为总统候选人。国会里只有 19% 的女性议员，参议院里只出现过一位黑人女性议员，这些代表上的差距仍然存在。与此同时，限制女性身体权利的立法越来越多，而女性的薪资稳定和经济稳定也遭到右翼的攻击。

在这样的大环境里，女权主义已经不再以狂怒的方式表达对性别不平等的不满，取而代之的，是由那些登上权力阶梯的少数女性以更为温和的方式表达焦虑。这就导致一种错误的看法渐渐流传开来，让人们以为持续了数百年的性别歧视和种族歧视已经 [15]
宣告结束，如今一切都变得更为平等，那些曾经被排斥在权力之外的人如今都获得了平等权力。

人们带着这种错误的看法，幻想种族歧视和性别歧视已经成为美国历史的过去时，美国的未来将由像现任总统巴拉克·奥巴马和“肯定”会成为下一任总统的希拉里·克林顿这样的新面孔接管。也正是这种误解引发了另外一种愤怒。在 2016 总统大选的前几年里，这种愤怒愈演愈烈，愈发公开，也愈加急切。这种愤怒出于贪婪，来自那些已经身处权力庇护之中的群体，数个世纪以来他们在政治、经济、社会和性别等方面都享受着绝对权力，如今察觉到有人正在试图分走自己的蛋糕，自然暴跳如雷。

特朗普的政治形象是在对奥巴马的出生地质疑运动中建立起来的，他公开质疑奥巴马的出生地是否为美国，声称奥巴马当选美国总统并不合法。特朗普从竞选之初就大放厥词，称墨西哥人为强奸犯，许诺要建一道边境墙，立法阻止墨西哥非法移民。他还是地产商的时候，就曾在多家报纸刊登整版广告，要求对所谓“中央公园五人”判处死刑——那是一群黑人少年，因为涉嫌在纽约中央公园强奸一名白人女性慢跑者被捕获罪，多年后得到平反。特朗普对女性的蔑视也从一开始就非常明显：他以猪和狗称呼女性，用 1 分到 10 分给女性打分，举办选美比赛，被第一任妻子控告强奸，向脱口秀主持人霍华德·斯特恩（Howard Stern）吹嘘自己从来没有帮孩子换过一片尿布。他还曾在接受杂志采访时指出要“（把女人）当屎看”。

我们都天真地以为，美国有着如此发达的文化，绝不会容忍特朗普这种体现文化倒退的白人父权主义者成为总统。政治专家也一再向我们保证，特朗普的总统竞选绝不会有什么结果，他那些充斥着种族排斥和性别仇恨的言论是不会让他当上总统的。

尽管特朗普对白人男性之外的群体充满仇视和轻蔑，他却在竞选活动中一帆风顺，并且似乎还因此赢得了一大帮支持者的喜爱。甚至那些声称他永远当不上总统的人也认为他能够走进选民
[16] 的内心，从而煽动美国白人群体的愤怒，让他们感觉自己被抛弃了，自己享有的特权正在被女性和有色人种闯入者窃取。事实上，女性和有色人种非法移民群体从来没有当上过美国总统，在美国议会里也没有占据过多数席位，他们的薪资水平更低，医保缴税更高，无法享有完全的生育自由，却成了许多人眼中侵占过多公共资源的群体，成了许多人愤怒的对象，而引起这种愤怒的，正是那个来自纽约皇后区，有着橘子肤色、头戴假发的商人。那个人在初选中一路高歌。

特朗普的竞选集会通常在体育馆规模的场所举办，会场总是吵吵嚷嚷、喧闹不堪，支持者常常佩戴着白人民族主义徽章，高喊着“Sieg Heil”[①]。特朗普自己也鼓励观众动用愤怒的暴力。一次集会上，一名抗议者被清出场外的时候，他对观众说道：“我还是喜欢以前。你们知道放在以前，这种人出现在这种地方，会发生什么吗？他们会被担架抬出去……我真想给他脸上来一拳。”特朗普怀念从前那些用暴力镇压抗议者的好光景时，他的支持者却

① Sieg Heil，意为胜利，为纳粹分子在政治集会上的欢呼用语。

表现得就像那些陷入狂怒的抗议者，用粗俗不堪的语言大声咒骂着他们想象中那些威胁到自己权威的人：“建一座墙！”“去他妈的政治正确！”“去他妈的伊斯兰！”《纽约时报》曾经发布过一段特朗普集会现场的视频报道，其中特朗普一提到时任总统的奥巴马，他的支持者就会怒吼“去他妈的黑 × ！”

特朗普的支持者也将愤怒的矛头指向了希拉里 · 克林顿。2016 年 7 月 4 日的美国国庆日大游行里，特朗普的支持者举起希拉里身穿囚服、躺在棺材里的画像，满怀着对希拉里的仇恨，激动地呼喊着“希拉里个婊子！”“打倒那个贱人！”“荡妇！”“杀了她！”“绞死这个贱人！”，等等。[15] 在击鼓声中，他们一直重复喊着：“把！她！关！起！来！”（Lock! Her! Up!）发声的并不只是那些无名的民众。在共和党全国代表大会上，退役陆军中将迈克尔 · 弗林（Michael Flynn）带领着民众合唱“把她关起来”。也是在那次大会上，还不知道自己很快就要陷入一起犯罪调查的新泽西州州长克里斯 · 克里斯蒂（Chris Christie）主导了一次对希拉里的模拟审判，煽动在场的民众疯狂呐喊“罪人！”。那情景仿佛 17 世纪塞勒姆女巫审判的再现，希拉里成了一个即将被判处死刑的女巫。一个月后，特朗普在北卡罗来纳州的一次集会上告诉支持者，希拉里要 [17]
夺走他们的枪支，他指出：“如果最后是她挑选法官，你们就没招了，各位，尽管（支持）《第二修正案》① 的人可能有招，我说不好。”特朗普虽然语法错乱、言辞含糊，却掩盖不了自己暗示支持者刺杀希拉里的事实。特朗普的顾问、来自新罕布什尔州的艾尔 ·

①《第二修正案》是美国权利法案之一，于 1791 年 12 月 15 日正式通过，保障人民持有和携带武器的权利，亦即公民享有正当防卫的权利。

巴尔达萨罗（Al Baldasaro）则更为直接，在一次电台采访中直指希拉里“应该因叛国被枪决”。[16]

左翼人士对希拉里发起的尖酸刻薄的仇恨攻击有时也不亚于特朗普，原因之一可能就在于希拉里处在一个尴尬的位置：她的确拥有权力，是一名罕见的女性，能够在这个并不是为她打造的白人父权资本主义体系中一路高升，而她之所以能够高升，一定程度上是因为她自己也融入了这个体系。

其他那些曾经试图参选总统的女性，从 1972 年的雪莉 · 奇泽姆到 1987 年的帕特里夏 · 施罗德（Patricia Schroeder），无一例外都中止了竞选，有的是因为她们的圈外人身份，有的是因为她们无法募集到足够的资金，有的则是因为她们无法从所属党派的男性高层那里获得正经支持。希拉里不顾一切地克服了这些障碍，但同时也让她的反对者抓到了把柄，削弱她赢得选举的历史意义。她对华尔街的态度过于温和，曾经投票支持发动伊拉克战争，担任参议员的时候也太过急切地与共和党合作推行中间路线。她作为第一夫人的时候，曾支持自己丈夫的新自由主义政策，推动了包括 1994 年的《打击犯罪综合法案》、1996 年臭名昭著的福利改革立法和《1996 年非法移民改革和移民责任法》等法案的通过，这些法案都给贫穷的非白人群体造成了严重伤害。

希拉里与竞选捐助人关系密切，权贵之人的支持让她成为政治精英中的一员，却也让她在竞选对手反对现有权力结构的说辞面前处于劣势。虽然身为女性，她属于这个在历史上一直无法获得行政权力的性别群体中的一员，却无法作为一名权力圈外人得到理解与赞美。在这个试图弄明白女性如何在一个并非为女性群体设计的体系中获胜的进程里，希拉里注定要失败。

希拉里与权力结构的这种紧密联系，使得许多左翼人士开始支持她的初选对手伯尼·桑德斯。来自佛蒙特州的参议员桑德斯是一位真正的左翼人士，长期以来独立于民主党，自称民主社会主义者。[18] 桑德斯的竞选运动演变成一种独特的社会运动，这也给希拉里的竞选带来了益处——推动她走上了更为左翼的道路。

不过，一些左翼人士对希拉里及其支持者的憎恨很多时候似乎不只是因为政策上意见相左，也不只是由于对权力结构持疑。这种憎恨从深层意义上讲可能是对于性别的仇恨，有时还散发着傲慢和贬抑的气息。桑德斯的竞选经理杰夫·韦弗（Jeff Weaver）与一位政治记者谈及希拉里时不屑地讲道："我们愿意将她考虑为副总统人选……甚至会给她面试机会。"一些政治进步主义者也与桑德斯竞选团队核心成员的态度保持一致，对支持希拉里的女权主义言论无动于衷。他们对于女权主义者提出的那些最基本的言论——例如，女性入主白宫对于民主政治和代议制度来说至为关键——尚且不置一词，更别指望他们会欢迎一名自由主义女性在竞选中提出的希望废除海德修正案（该法案禁止联邦保险覆盖堕胎，使得贫穷女性无法堕胎）、增加儿童保育经费及带薪休假项目等议题了。初选期间，左翼作家扎伊德·吉拉尼（Zaid Jilani）在推特中写道："人们因为这个理由给希拉里投票，就好比南方那些大老党① 邻居出于文化认同想要给大老党投票。"沙龙网络杂志（Salon）撰稿人丹尼尔·丹弗（Daniel Denvir）则称希拉里"作为女权主义者拿到了一张免费入场券"，指出"因为希拉里·克林顿是一名合格的女

①美国共和党的别称。

性而认为她是女权主义者的天选之女”是“一种当真非常滑稽的性别政治”。[17]

桑德斯得到越来越多的热情支持，但希拉里却一直在赢得初选，这让桑德斯的支持者们沮丧不已，其中有些人开始借用右翼人士那些想让希拉里丧失合法竞选资格的言论造谣诽谤，例如散布流言说希拉里操控初选。在民主党全国大会上，政治进步主义抗议者高举着“希拉里去坐牢”的标语，反复呼喊着“把她关起来！”绿党候选人吉尔·斯坦恩（Jill Stein）则火上浇油，承诺将敦促桑德斯收回对希拉里的公开支持，“因为民主党全国大会和希拉里·克林顿公然地蓄意破坏了你的竞选”。[18]

[19] 在左翼人士对希拉里的批判里，最猛烈的抨击自然是来自女权主义女性。她们描述了希拉里的狂热支持者如何用充满性别歧视的侮辱话语攻击她们，将她们称为性别叛徒，还将她们认定为将厌女症内化的受害者。桑德斯的支持者、女权主义者萨拉·琼斯（Sarah Jones）写道：“将左翼女性描绘成遭受压迫、无法独立形成政治思想的机器人，是无法解放任何人的。”

凯瑟琳·盖尔（Kathleen Geier）则同时遭到了左翼和右翼的攻击。初选期间，她向记者米歇尔·戈德堡（Michelle Goldberg）描述道，一些桑德斯的支持者谈及希拉里和女权主义时会用上一种“道貌岸然的说教、威吓的语调”。“任何批评媒体戴着性别歧视眼镜报道希拉里的言论，都会遭到他们的贬损……在政治立场上，我站在他们那边，但（无法接受）这种老掉牙的左翼厌女症卷土重来。”[19]

左翼群体的性别结构虽然要比右翼群体更为微妙、复杂，但毫无疑问的是，这个群体当中的确存在着奇怪的厌女情绪。2016 年 6 月，希拉里击败桑德斯，赢得初选，获得提名，此前有意拒绝公开背书的两位进步主义政治人士拉斯·费恩戈尔德（Russ Feingold）和伊丽莎白·沃伦都站出来表示公开支持希拉里。然而，遭到桑德斯支持者愤怒攻击的却只有沃伦。她的脸书页面上充斥着各种恶意言论，骂她虚伪，指责她是"又一个虚假的进步主义者，我们必须投票把她赶下台"。马萨诸塞州北安普敦市的一座大桥上，甚至有人用漆喷了涂鸦，写着"# 犹大沃伦背叛"（#JudasWarrenSellout）。

我曾经惊讶于几十年前那些想要撞开政治大门的女性所呈现出来的满嘴脏话、表演性质的愤怒，而到了 2016 年，这种愤怒却指向了一位女性，她比之前的任何一位女性都更接近于推倒那扇大门，却遭到了左翼和右翼群体同时发起的愤怒攻击。

[20] 第三章

我们不再乐观

"我有试过改变。更多时候闭上嘴，试过多一点温柔，多一点可爱，少一点清醒。"

碧昂丝念着沃森·夏尔（Warsan Shire）《致难以被爱的女人》（*For Women Who Are Difficult To Love*）里的诗句，这首诗描述的是一位因为性格炽烈而让爱人觉得惊恐的女性——这是碧昂丝2016年4月发行的视觉专辑《柠檬水》（*Lemonade*）音乐电影中的一幕。就在这张专辑发行后的第二周，唐纳德·特朗普正式成为共和党总统竞选人。[20]

在这部音乐电影中，碧昂丝一袭黄色连衣裙，昂首阔步地走在街道上，她挥着棒球棒，把车窗砸得稀烂，她拉开消防栓的帽盖，让水怒涌而出，熊熊烈火在她身后燃起。影片中，女人们又惊又喜地看着她，而男人们则充满警惕地瞪着她。《柠檬水》发行的时候，正值碧昂丝的丈夫杰斯（Jay-Z）被曝出轨，因此整张专辑的叙事、歌词以及影像呈现，都让人以为这是她对丈夫不忠的愤怒回应，看起来和政治毫无关联。

然而，比起碧昂丝两年前在颁奖典礼上精心展现的为女性赋权的女权主义，在这张专辑里，她对男性的恶行怒不可遏，也对那些助长男性恶行的女性，例如歌词里提到的“贝基”（Becky，被 [21]
用作指代白人女性的俚语）充满愤怒。这种转变在某种程度上也标志着某个转折点的到来。碧昂丝所处的环境仍然光鲜亮丽，仍然由男性主导，但就算是在她的世界里，轻松愉快的女权主义也已经消失不见，取而代之的是一种娴熟的愤怒，一种惩罚性的愤怒，一种正义的愤怒，像是压抑已久的洪水和火焰，如今喷涌而出，蔓延到街头。2016年的那个春天里，碧昂丝气坏了，其中至少有一部分愤怒是针对男性，针对歌词中的那些丈夫和父亲，针对他们对待女性的方式。

事实证明，碧昂丝的愤怒成了接下来几个月的一种预兆：随着唐纳德·特朗普将成为共和党总统候选人的可能渐成事实，他对待女人的恶劣行径也为更多人所知晓，越来越多的人像碧昂丝一样变得愤怒。特朗普非常厌恶女性的身体和身体机能，他称希拉里在辩论中途去洗手间很“恶心”，说辩论主持人梅根·凯利（Megyn Kelly）“哪儿都在来月经”，有一次甚至还对一位开会中途离席去泵奶的律师说“你很恶心”。很明显，特朗普许诺的“让美国再次伟大”，一定程度上是让美国再次回归白人男性的统治，回归对女性的压迫和物化。

在这个我们确信是后女权主义的时代，特朗普能成为美国总统候选人简直荒唐至极，不像是这个时代会发生的事情。大选结束后，哈佛大学肯尼迪政治学院肖伦斯特新闻、政治与公共政策中心进行了一项研究，分析了美国主流报纸和新闻网站的报道，发现媒体对唐纳德·特朗普和希拉里·克林顿的报道量持平，就好像这两个人以及他们犯下的过错可以名正言顺地进行比较。媒体对于二者是否适合执政的报道中，负面与正面报道的比例也是一样的：87% 的负面报道，13% 的正面报道。[21]

媒体对两人竞选活动给出的相对平衡的报道，正体现了一个最为核心的谎言：特朗普的种族歧视和性别歧视的态度其实并没有与当代社会观点不符；他的所作所为不会让他失去当选总统的资格。媒体将特朗普的这些缺点与希拉里那些政治中常见的过失相提并论，因为在一定程度上，他们认为特朗普的这些偏见是正当合理的。声称这个国家已经挥别了从前那种白人男性至上的观
[22] 念，声称这个社会已经对要求获得政治权力的人群更开明了，从来都只是谎言，这种谎言阻止了人们的异议，也阻止了那些本可以在特朗普崛起之前带来破坏、把他击退的愤怒。

就在大选前一个月，特朗普的一段录音被公开。录音里，特朗普与《今日秀》主持人比利·布什（Billy Bush，老布什的侄子、小布什的堂弟，他有位堂兄也是特朗普的竞选对手）聊天开女性的玩笑。他讲道："你要是个明星，她们就会由着你。你可以做任何事……抓住她们的下体。你可以做任何事。"这点燃了人们的怒火。女性更是火冒三丈。就在这段《走进好莱坞》（*Access Hollywood*）节目更衣室录音公布当晚，加拿大作家凯利·奥克斯福德（Kelly Oxford）在推特上写道："姐妹们，请和我分享你们第一次遭受侵

犯的经历。它们不仅仅是统计数字。我先来：一个老男人在巴士上抓住我的‘下体’，还冲我微笑，那年我12岁。”很快就有2000多万人回帖或者浏览了奥克斯福德的推特页面，很多人分享了自己那些非自愿性接触的经历，并且打上“#不能接受”（#NotOkay）的标签，也有很多女性回帖讲述了自己在童年和少年时期遭到侵犯的经历。[22]

接下来的一周里，女性开始站出来讲述自己被特朗普强吻或者猥亵的经历。《人物》杂志记者娜塔莎·斯托伊诺夫（Natasha Stoynoff）撰文讲述了十一年前，她对特朗普及其第三任妻子梅拉尼娅（Melania）进行专访的时候，特朗普带她走进了一间无人的房间，“几秒后……就把我摁到墙上，舌头强行伸进我嘴里”。[23]在斯托伊诺夫的回忆里，这起事件让她惊讶不已，回到酒店房间后，她的“震惊开始消失，取而代之的是气愤”，“我一直在想，我为什么没有揍他？我为什么一句话没说？”74岁的杰西卡·里兹（Jessica Leeds）也在《纽约时报》的采访中回忆说，她三十多年前在飞机上曾遭到邻座特朗普的性骚扰，特朗普猥亵了她，试图抓住她的胸部。“他就像章鱼一样，”里兹讲道，“手到处摸。”[24]她只是换了座位，没有揭发这起事件，因为在那个年代里遭到猥亵是家常便饭。“很多年来我们一直接受这个事实，”她说道，“别人告诉我们，这是我们自己的错。”然而，听到特朗普针对《走进好莱坞》录音丑闻事件在电视上表示自己从未强行威胁过任何女性时，里兹表示“我想砸了电视机”。[25]

米歇尔·奥巴马在其丈夫2008年参加总统大选的时候，曾被 [23]
丑化成一名愤怒的黑人妇女。成为第一夫人以来，她一直在与这种观念不懈斗争，也针对特朗普事件发出了愤怒的呼喊。米歇尔在一次精彩的演讲中猛烈抨击了特朗普在其竞选之路上散布的那些“对女性充满仇恨的伤人语句”，指出那些不断涌现的特朗普虐待和骚扰女性的故事让她“打从骨子里感到震惊”。这场演讲至关重要，因为就在那年夏天的民主党全国大会上，米歇尔刚刚向左派群体发出过行动号召。在民主党全国大会举办的前一周，共和党全国大会在俄亥俄州克利夫兰举办，会上充斥着顽固守旧的种族歧视和性别歧视言论。对此，米歇尔在那次讲话中告诫听众：“当别人往道德的低处走时，我们要继续向高处前行。”她勉励民众要保持正直，相信道德一定会占上风。

如今，米歇尔愤怒至极。虽然对特朗普侵犯女性的可耻行径给出愤怒回应的大多是白人女性，但米歇尔向民众保证，虽然在这个国家，黑人女性甚至不太可能使人相信自己也会成为性侵对象，更不可能得到尊重，但并非只有白人女性遭到性侵犯和性骚扰才应得到关注。米歇尔抨击媒体对女性的愤怒漠不关心，责备他们“只是把这当作又一个头条，就好像我们的愤怒是夸大的无理取闹”。

米歇尔强有力地指出，女性要为这种愤怒做点什么，号召愤怒的女性行动起来。“我们的母亲和祖母常常无力改变她们的处境，但如今，我们女性有权力去决定这次大选的结果。我们有知识。我们能发声。我们能投票。”

很多女性都将米歇尔的话牢记于心。我们怒不可遏。我听到有女性朋友说，她们生平第一次对街头遇到的骚扰者破口大骂。包括一位前参议员在内的一些男性则告诉我，他们听到自己的妻子、母亲、朋友和同事谈起性侵犯和性骚扰无处不在的时候震惊不已，那股他们从来不知道的、压抑积蓄已久的愤怒让他们汗毛倒竖。一些女性则从特朗普的性别歧视言论里挑出来一些加以利用，例如将他在一次辩论中称呼希拉里所用的“恶心女人”变成了一句T恤口号，还将它印在易集网（Etsy）各种各样的商品上，并且保证很快“下体”就会“反抓回去”。数百万女性和一部分男性纷纷加入了支持希拉里的脸书粉丝团“裤装国”(Pantsuit Nation)。然而，那时希拉里的支持者还会被身边的左翼和右翼人士不断说教，因而这个粉丝团只是个私人群组，仅脸书组员可见。 [24]

人们越来越担心这股愤怒的爆发力太弱，可能也太迟了。总统大选的前一周，我去了波士顿与一些女性聊天，她们当中很多人一辈子都是女权主义者。一位50多岁、曾任全国妇女组织(NOW)分会长的女性向我表达了她的焦虑：为什么这些群体都没有公开行动？她回忆起1991年安妮塔·希尔遭到不公正对待时，自己和朋友都愤怒不已。在她的印象里，当时女性都走出了办公楼，她们一同走上街头，向人们表示自己真的已经受够了。正是这种对愤怒的公开展示，这股暴怒以及不顾一切地想要表达愤怒的情绪，最终带来了第二年大批女性的登记参选。为什么如今这些女性不走上街头游行呢？她充满关切地问我。我不知道，我回答她，但我希望可能只是因为她们知道自己没必要这么做；就像米歇尔·奥巴马指出的那样，如今，1992年不可能发生、之前也从来不可能发生的事情将变得可能，她们知道下周二自己可以走出家门，投票选举一位女性当上总统。

2016年大选投票前的那个周末，有位担任政治学教授的老朋友和我开玩笑说：“我们在女性主导的未来见。”我看着他，假装充满恐惧地屏住呼吸。“到了再教育集中营里，记得对我好一点。”他微笑着说。这是个充满乐观的玩笑。那么多人都满怀乐观。

但正是这种乐观情绪使人们产生了错觉，让他们错以为希拉里会拥有权力。就在特朗普的“下体录音”公开之后，《周六夜现场》的一期节目里，喜剧演员扮演成辩论主持人安德森·库珀（Anderson Cooper）和玛莎·拉达兹（Martha Raddatz）来介绍候选人，“共和党提名者唐纳德·特朗普和……我们能这么说了吗？也许可以了……希拉里·克林顿总统”。

这种坚信希拉里已经稳赢总统宝座的舆论，激起了包括白人
[25] 女性在内的大量右翼白人去投票给特朗普，阻止女性，尤其是这个遭到左右翼强烈诋毁的女人，获得更多优势。左翼的女性原本认为这个国家仍然被女性歧视和种族歧视所驱动，推动着民众去选出一位公开招人厌恶的偏执者当总统，因而她们需要为了希拉里振作起来，与这些偏见作斗争，击败特朗普。然而当前的舆论却改变了她们的观念。一旦我们认为希拉里已经打败了特朗普这个充斥着种族歧视的可怕男性，不再把她视为也许是能够阻止他的唯一武器，我们就说服了自己不再愤怒，不再继续那本应该聚集起来的愤怒。“我们不再需要代表希拉里·克林顿感到愤怒”这个诱人的观点就此传播开来。如果真要说什么的话，我们应该对希拉里感到生气才对，因为在我们的想象中，她手握权力，为我们做的却不够多。

大选过后，密苏里州参议员克莱尔·麦卡斯基尔（Claire McCaskill）与电视机前的观众分享了选举结束后她从本州女性选民那里听到的话。“我原以为他不会赢的，”那些选民事后说，“我

本可以多做点什么。我应该多做点什么的。”[26]那些本可以投入更多精力去反对特朗普或者支持希拉里的美国民众，尤其是白人女性群体，却被煽动着毫无作为，因为他们相信性别歧视和种族歧视已经成为过去，自己再去对这些歧视感到愤怒就太傻了，没必要再为一位不完美的候选人出力。当然，也有许多包括白人女性在内的美国人转而开始支持特朗普，其实质原因也是一样：他们听说白人父权制已经失去力量，因而感觉到了威胁。

也正因如此，唐纳德·特朗普变本加厉地继续做出那些据说会让他无法当选的举动。他宣称自己的对手没有当总统的“体力”，将那些之前控告过希拉里的丈夫比尔·克林顿性行为不检的女性请到辩论现场——并不是终于要从女权主义的角度重新审视比尔·克林顿的不当性行为，而仅仅是为了羞辱、动摇希拉里。面对那些性侵犯、性骚扰的指控，特朗普的主要防御措施就是声称那些女性不够漂亮，不值得自己挑逗。“真的，她才不会是我的首选。”特朗普谈到杰西卡·里兹的事件时这样说道。[27]一次辩论中，他看着希拉里在自己面前走过去，还特意指出：“她没有打动我。”

左翼批评家常常会说，希拉里运气特别好，遇到了这样的竞选对手，和这样一位糟糕得像卡通人物似的男性竞争，简直获得了（也搞砸了）千载难逢的好机会。持有这种观点的人并没意识到，这个男性竞选对手的出现不是运气使然，也不是意外所致，他得到共和党的召唤，被推选成为共和党总统候选人，正是为了去抗衡那位历史上首度成为主要党派党内候选人的女性，那位我们曾确信会成为总统的女性。共和党为了反击这位女性，也为了反击当时的总统——另一位挑战白人男性统治权威、创造历史的非白 [26]

人男性——而选择了这个白人男性。他做出各种各样的诋毁与轻慢举动，历史上正是这样的贬损和蔑视阻止了女性和非白人男性成为总统，阻止了他们获得平等的政治权力。

这个策略奏效了。他赢了。

第四章 [27]

不满的寒冬

唐纳德·特朗普在2016年美国总统大选中击败希拉里·克林顿当选总统，对于经历了这次大选的许多人来说，这可能都是一次痛苦的剧烈冲击。然而从美国历史的大背景来看，这丝毫不足为奇。在奥巴马挑战白人男性的统治地位、连任两届总统之后，种族歧视已经占了上风。当一位可能成为总统的女性带来威胁之时，野蛮的男权就占了上风。

对于年长的女性而言，这种隐喻早已司空见惯，就像是上世纪80年代那些讲述大企业的电影，例如《朝九晚五》(*9 to 5*) 中出现的隐喻一样眼熟：那些歧视女性、狂妄自大的伪君子，满嘴谎言，固执己见，尽管能力不如女性，甚至被投诉到人力资源部，也还是会打败女性赢得重要职位。这没什么特别的，不过是美国又一个普通的星期二。

我们允许自己被谎言蒙蔽，被假象迷惑，自以为已经走了很远。正因如此，我们丧失了愤怒的权利。我们允许那些代表希拉里表达愤怒或者激情的人成了笑话，而不是预言家。

2017 年 1 月的女性大游行爆发后的几个月里，许多人都在问为什么没有在 11 月 9 日(选举结果出来)**之前**看到这种喧闹的愤怒，
[28] 但事实上，就算这种愤怒在那之前得到了表达，也只会遭到嘲讽，被认为是跟风的愚蠢之举，是不严肃的表演行为。对性别歧视的愤怒自身会成为一种元威胁，威胁到男性主导的政治话语，而这种话语坚信性别歧视是一个早已被铲除的美国幽灵，对像希拉里这么强大的女性来说不会造成什么破坏性的影响。

即便希拉里输了大选，很多人也仍然不愿承认：种族歧视和性别歧视的势力丝毫没有减弱，并且这个国家刚刚选举出一位公开表达种族歧视和女性歧视的总统，让除了白人男性以外的所有群体都在这个权力系统中处于劣势。一些左翼人士反而立即开始指责进步人士**太过**关注种族差异和性别差异。哥伦比亚大学人文学科教授马克·里拉（Mark Lilla）在《纽约时报》撰文指出：“美国自由主义已经陷入了关于种族认同、性别认同和性向认同的道德恐慌中，它歪曲了自由主义所传递的信息，使其无法形成凝聚力，无法实现治理。”[28]

希拉里输掉大选之后，美国已经无法阻止特朗普了，没有哪个候选人能够击败这个男人，他的政府里将充斥着白人男性和种族歧视者，充斥着家暴、性骚扰和徇私舞弊的骗子。要等上好几年，才能盼来另一场选举，才能有取代或者制住他的可能。而现在，愤怒就像碧昂丝音乐电影中消防栓里的水喷涌而出，女性纷纷聚

集起来，粗略地形成一支队伍，集结过程中有时还会经历点挫折或者带上点暴力。

大选结果揭晓当晚，夏威夷的一名退休律师特蕾莎·舒克（Teresa Shook）既震惊又难过，她在脸书上发起了一个活动，提议大家在特朗普就职典礼的第二天走上华盛顿的街头进行游行抗议。第二天早上醒来，她发现自己收到了成千上万的响应。就在那几天，纽约的时尚设计师（也是那些“恶心女人”T 恤的制作者）鲍勃·布兰德（Bob Bland）也萌生了同样的念头。这次游行的组织过程并不顺利。发起游行的白人女性最开始将游行称为“百万妇女大游行”（Million Women March），没有意识到自己其实照搬了1997 年非裔美籍女性在费城街头游行的名字。这使得非裔美籍女性的种族仇恨情绪越发高涨：新闻报道说 94% 的黑人女性把票投给了希拉里·克林顿，大多数白人女性则给唐纳德·特朗普投了票，这本就让她们愤恨不已，如今，白人女性要组织一场愤怒的抗议，居然要挪用二十年前黑人女性主导的一场游行的名字？ [29]

不过，没过几周，新的组织者就接手了这次游行，其中包括呼吁枪支管制的塔米卡·马洛里（Tamika Mallory），致力于刑事司法改革的卡门·佩雷斯（Carmen Perez），活跃于伯尼·桑德斯竞选阵营的穆斯林权利活动家琳达·萨索尔（Linda Sarsour）等。她们纷纷加入鲍勃·布兰德的行列，共同组织这次游行。这次游行的参与者不仅会走上华盛顿街头，还会出现在美国其他城市以及世界其他地方，甚至南极。2017 年 1 月 21 日的女性大游行成为美国历史上规模最大的单日政治抗议活动，而这起活动的组织者正是愤怒的女性们。[29]

唯一能与这次游行规模相提并论的，是 1969 年新左派运动鼎盛时期为抗议理查德·尼克松宣誓就职而组织的游行抗议。那次游行中，女性参与者奋力为玛丽莲·萨尔兹曼·韦伯（Marilyn Salzman Webb）和舒拉米斯·费尔斯通（Shulamith Firestone）两位女性争取发言机会。然而，韦伯刚提到堕胎权、儿童保育以及左翼男性对待女性的方式，男性观众就用响亮的嘘声淹没了会场。韦伯回忆道："人们大喊着'把她拖下台，操翻她！'和'把她拖到小黑巷里操到死！'"她哭着下了台。几十年后，她与历史学教授安妮莉丝·奥莱克（Annelise Orleck）谈及此事时指出，自己在那一刻意识到女性"无法和左翼联合起来，女性解放运动要成为一个独立的运动"。[30] 费尔斯通同样因那些左翼男性同胞的嘘声，没能发表自己的演说，对此，她的回应则更为直率："去他妈的左翼！我们要开创自己的运动。"[31]

四十八年过去了，在这期间，女性运动经历过爆发与平息，也与女性群体内部的偏见与不公较量过，如今终于出现了这样一起抗议总统就职的大规模游行。这次游行覆盖美国的 50 个州，组织者是来自不同种族的年轻女性，她们联合起来，希望能够让这起运动在未来不断延续。在这次富有开拓意义的运动中，女性不再需要向左翼请求获得发言机会，她们自己**就是**左翼，她们也在坚持不懈（虽然并不完美）地将左翼进步主义的重点议题置于女权主义框架之下进行讨论：民权、生育公平、残疾人权利、移民权利、工人权利、经济平等以及环境正义等。

[30] 在华盛顿的一次演说中，资深政治活动家安吉拉·戴维斯（Angela Davis）指出，这次运动让"**女权主义**有望反抗国家暴力的

恶势力，这是一种兼容并蓄、包罗万象的女权主义，号召我们所有人团结起来共同抵抗，抵抗种族歧视，抵抗伊斯兰恐惧症，抵抗反犹太主义，抵抗厌女症，抵抗资本主义剥削”。[32]

游行结束的第二天早晨，美国广播公司（ABC）主持人乔治·斯蒂芬诺伯罗斯（George Stephanopoulos）在早间新闻里对特朗普的女发言人凯莉安·康威（Kellyanne Conway）进行了长达17分钟的访谈。斯蒂芬诺伯罗斯一直没有提及游行，反而是康威自己提到了这起针对她上司特朗普的游行，并且提了两次之后，才终于在第13分钟引出了斯蒂芬诺伯罗斯的提问：“总统对这场游行是怎么想的？”[33]

对此，康威的回应是批评了一些明星在台上“恐吓威胁、粗俗下流的不堪之辞”，还特意指出麦当娜（Madonna）说自己幻想过“炸掉白宫”。（事实上，麦当娜的原话是：“是的，我很生气。是的，我气到发疯。是的，我认真想过要炸掉白宫。可是我知道，这也无济于事。”）而主持人斯蒂芬诺伯罗斯此前花了很长时间与康威讨论参加特朗普就职典礼的人数是否真如他所言多过奥巴马，到了这里却丝毫没有追问女性大游行的参与人数，也没有问这次前所未有的大型游行可能对特朗普政府造成何种影响。在节目的下一段里，参议院少数党领袖查克·舒默（Chuck Schumer）告诉斯蒂芬诺伯罗斯，他也参加了在自己的家乡纽约举行的女性大游行，但是斯蒂芬诺伯罗斯只是就麦当娜的愤怒言论问了一句：“听到那些话，你觉得舒服吗？”[34]

这招真是巧妙，把前一天游行中展现的那些正义的愤怒降格成了一句引述，而这句话一听就会让人觉得很不恰当。这场声势浩大的抵抗运动就这样被当成一张废纸，揉成一团，丢进了贴着“言行不当”标签的媒体垃圾桶。斯蒂芬诺伯罗斯的态度简直不可理喻，毕竟他们谈论的这个人在参加总统竞选的两年里一直在煽动暴力，鼓动公众叫嚷着要将自己的竞选对手监禁起来，还任由支持者嚷嚷着要以叛国罪处死自己的对手。然而，特朗普却很少会因为让人觉得不舒服而遭到那些封闭守旧的媒体责难。

[31] 很明显，康威作为特朗普竞选团队中的一员，同时也是其核心集团中极为少见的女性，似乎更能够理解前一天在街头看到的景象，清楚其中潜藏的力量，因而比起主持人也更有兴趣去谈论此事。然而，对于这场女性主导的声势浩大的政治运动，男性主导的政治媒体甚至压根儿就没放在眼里。

然而，媒体这种耸耸肩膀、漠不关心的态度，在一定程度上却要好过一些政治评论员耸耸肩膀、纡尊降贵的态度。曾任奥巴马顾问的大卫·阿克塞尔罗德（David Axelrod）在 2017 年 1 月 21 日发推指出：“今天这场不同寻常的爆发是鼓舞人心的，但如果这股迸发的能量不能凝聚成持续的政治行动，将毫无意义。”占领华尔街运动的发起人之一麦卡·怀特（Micah White）也在《卫报》发文表示，他担心“这场抗议运动如果缺少从游行走向赋权的明确路线，将注定起不了任何作用，只会沦为一场戴着粉红猫逼帽、自我感觉良好的表演”。[35] 这些评论足以让人想起麦当娜，想起她的怒吼：“那些诋毁我们，坚称这场游行毫无意义的人，我告诉你：去你的，操！”

对于那些真正参与了这次游行的人来说，听到别人下论断说这只是一场业余者随意组织的聚会，简直让人气炸。就在游行前夕，我在华盛顿的一家书店参加了一场关于女性抵抗的讨论会，由于赶来的人太多，后来书店不得不闩上了门。在那家书店里，我们就策略展开了紧急讨论，讨论哪些候选人更有希望，哪些组织在进行选民登记，哪些团体在反抗改划选区。而游行刚一结束，组织者就举行了一次集会，名为“我们从此走向何方”。专门致力于支持民主党女性候选人的政治行动委员会“艾米莉名单”(EMILY’s List)，和其他一些旨在支持拉丁裔、同性恋、非裔和亚裔美国人以及女性进步主义候选人的组织共同合作，在华盛顿举办了一场大型候选人培训。这场培训发布的新闻稿中写道：“这场战斗也许起源于街头，最终却将终结于投票箱。就让我们的军队踏上这两个战场。”[36]

也是在同一天，美国计划生育协会举办了一场多达两千人参加的政治行动培训，培训内容正是如何在特朗普执政期间保护奥 [32]
巴马医保计划并扩大其覆盖范围。很多游行者接受采访时表示，自己也在考虑竞选公职，而那些不考虑竞选公职的受访者则表示，会看看自己能否为本市或者本州的候选人提供志愿服务，帮忙组织活动，或者捐赠竞选经费。她们在采访中指出，自己最近才意识到美国各地有很多共和党人参加竞选时都没有竞争对手，也意识到有必要尽快招募到合适的候选人向在位者发起挑战。这些游行者还提到，要向众议院议员寄卡片、打电话，游说他们增加对女性健康组织的经费拨款。[37] 女性做好了打持久战的准备。“一时的怒火和持久的怒火是两码事，”一位名叫萨拉·贾菲（Sarah Jaffe）的抗议者在接受“政客网”采访时讲道，“我已经准备好长期都处于怒气冲冲的状态了。”[38]

然而，不管女性说什么、喊什么，不管她们写什么标语、组织什么活动，也不管她们培训什么内容、规划什么策略，似乎都无法让一些人相信这些女性正在掀起美国历史上的一场革命。微软全国广播公司（MSNBC）的《早安，乔》(*Morning Joe*）节目中，密苏里州参议员克莱尔·麦卡斯基尔向主持人米卡·布热津斯基（Mika Brzezinski）谈起游行者所表达的决心，详细介绍了她们的诉求与计划，例如争取男女同工同酬、捍卫女性医保、保护奥巴马医改计划、推进环保运动、计划竞选公职、为中期选举提供志愿服务等。政治评论员马克·霍尔珀林（Mark Halperin)，这位前几年里一直在报道茶党“对美国的巨大影响”的男性，却傲慢地向她发问，“参议员，（能不能）请您更具体点讲讲”，那些游行者“连街头那家学校的校董会都没竞选过”，又怎么可能会“影响华盛顿（这周）发生的事情呢？”[39]

就在这次游行的一周后，特朗普颁布了第一版旅行禁令，限制几个主要伊斯兰国家的公民进入美国，而站出来提出反对意见的正是女性。她们第一时间赶去了机场。纽约州国会女议员尼迪娅·贝拉斯克斯（Nydia Velázquez）是最先赶到纽约肯尼迪国际机场的议员代表，她据理力争，要求海关释放那些遭到扣押的移民乘客。特朗普的行政命令下达之后，就连那些持有有效签证和绿卡的乘客都被禁止入境。律师们相继赶来，为那些遭到拘留的移民提供法律援助。记者马特·福特（Matt Ford）注意到在那些冲出来对抗
[33] 禁令的律师群体里，存在着“惊人的”性别差异。[40] 他在华盛顿杜勒斯国际机场发推写道：“前来提供志愿服务的律师里……可能有70% 是年轻女性。”在后来的一篇报道里，福特进一步指出，那些

律师当中也有很多是有色人种。事实证明他的观察没错，在公益律师岗位中，女性和有色人种群体的确占了相当大的比例，而赶往机场提供援助的正是这些公益律师。

最初裁定暂停执行特朗普旅行禁令的五位法官里，有四位都是女性。这是第一波和第二波女权运动的成果：正是这两波运动为女性打开了大门，使她们得以进入大学念完法学课程，拿到法学学位，奋力走进联邦法院，从而阻止这位总统颁布的违宪法令。

在反对这项旅行禁令的集会上，许多女性发表了慷慨激昂的演说，包括国会议员贝拉斯克斯，纽约市公共议政员利蒂希娅·詹姆斯（Letitia James），众议院议员普拉米拉·贾亚帕尔（Pramila Jayapal）和南妮特·巴拉甘（Nanette Barragán），参议院议员伊丽莎白·沃伦，给特朗普几乎所有的内阁任命提名都投了反对票的参议员柯尔斯滕·吉利布兰德（Kirsten Gillibrand），以及女性大游行的领导者琳达·萨索尔和塔米卡·马洛里，她们当中很多人都刚刚在前一周的女性大游行上演讲过。她们向在场的听众表示，此时此刻，身处政治体制内部的参议员和当选官员不会选择置身事外，不会任由愤怒的民众在大门之外呐喊。“很显然，勇敢的女性将会带头反抗特朗普的激进举措，为我们的未来奋战。”来自加州、刚刚宣誓就任的美国历史上第二位黑人女性参议员卡玛拉·哈里斯（Kamala Harris）在推特中这样写道。

集会过后的周一，加州参议员哈里斯和华盛顿参议员帕蒂·默里带领参议会民主党核心小组反对旅行禁令，以一封怒气满满的公开信，表达了对于这个行政命令“及其随意实施”的“愤慨”，声称这“与我们美国的价值观和宪法背道而驰”。她们在信里指出，特朗普的这个禁令“不合理，也不合法”。[41]也是在同一天，代理司法部部长萨利·耶茨（Sally Yates）向司法部门的律师们发出了一封信，指出她认为特朗普的旅行禁令并不合法，“因此，在我担任代理司法部部长任内，司法部不会提出支持这项行政命令的主
[34] 张，除非、也直到我能确信这么做合适为止”。当天晚上，耶茨就被开除，并且特朗普还在一份声明中称她“在边境问题上立场软弱，在非法移民问题上立场更是过于软弱”。

不过，特朗普刚就任的那些天里，女性反对特朗普政府的立场是绝不软弱的，任何想要削减她们锐气的企图都成了柴火，她们的怒火越烧越旺。

就在耶茨遭到开除的后一周，马萨诸塞州参议员伊丽莎白·沃伦援引了马丁·路德·金的遗孀科雷塔·斯科特·金（Coretta Scott King）的话，反对特朗普任命杰斐逊·博勒加德·塞申斯三世（Jefferson Beauregard Sessions III）为司法部部长。在塞申斯的就职确认听证会上，沃伦开始朗读科雷塔1986年写给参议院司法委员会的一封信。在那封信里，金详细地讲述了塞申斯如何百般阻挠非裔美国人获得投票权，基于塞申斯“缺乏联邦法官应有的素质、公正和判断力”，她反对提名塞申斯出任联邦地区法院法官。

然而，沃伦站在参议院大厅里朗读这封信的时候，共和党参议院多数党领袖米奇·麦康奈尔却命令她停下，强行让她离开。麦康奈尔此举当然是在向自己的共和党大本营发出信号：对于这种质疑共和党政策的喋喋不休、咄咄逼人的女性，他愿意、也能够让她闭嘴。他后来还会故意提起这次冲突，将其作为一个隐喻来谈论对女性异议者的压迫，表达自己的观点。“我警告过她了，”麦

康奈尔指出，“也向她解释过，尽管如此，她依旧固执己见。”

且不论麦康奈尔的共和党大本营对他表述的这种混账行为作何感想，他的这句话在女性中掀起了轩然大波，全国各地的女性都狂热地揪出这句不放，其反应之剧烈，甚至超过了之前特朗普的“恶心女人”和“抓住她的下体”。无论是在社交媒体里还是在电商平台上，“尽管如此，她依旧固执己见”都成了一句热门标语。从19世纪著名的废奴主义者、女权主义者哈丽雅特·塔布曼，到为巴基斯坦妇女和儿童争取权益、最年轻的诺贝尔和平奖得主马拉拉·优素福·扎伊（Malala Yousafzai），许多坚强女性的照片都打上了这句标语。明尼阿波里斯市的一位女性说服自己的朋友甚至陌生人，发动一百多人在身上文了“她依旧固执己见”这句话。并且，为了让那些叫嚣者明白这文身远远不是因为爱美，在这些人为文身墨支付的75美元里，有55美元将会捐给一个组织，支持那些呼吁堕胎合法化的女性竞选公职。[42] 沃伦清楚地看到了媒体的潜力，她走进了有线电视台的屏幕，急于利用这个平台为自己的阵营说话。她指出：“他们可以让我闭嘴，但无法改变事实。”[43] [35]

就像特朗普竞选获胜后发生的那些事件一样，一位具有威胁性的女性一旦遭到封杀，就会激起上百万的女性带着上百万倍前所未有的怒火振臂高呼。

这年（即2017年）6月，无数个抗议者拨打电话，在国会工作人员那里登记了自己的名字，成功推迟了特朗普废除奥巴马医保的进程。他们在参议院多数党领袖米奇·麦康奈尔的办公室外扎营，有些人甚至坐着轮椅赶来，抗议特朗普扬言推翻《平价医疗法案》的威胁。一项民意调查表明，那些每天都在积极联系众议员表达诉求的人群中，有86%都是女性，并且大多数都在45岁以上，其中大部分人都参加了女性大游行。[44]

除了电话、写信这些普通的抗议方式之外，女性也采用了更具戏剧性的抗议形式。3月，为抗议得克萨斯州的反堕胎法案，不少女性扮成根据玛格丽特·阿特伍德反乌托邦小说《使女的故事》① 改编的同名美剧中的红衣使女形象。[45] 同年8月，一群抗议者聚集在波士顿，向那些在弗吉尼亚州夏洛特维尔市高呼纳粹口号游行之后、又在波士顿组织游行的白人至上主义者发起抗议。在这些抗议人群里，有一群女性头戴黑色女巫帽，脸罩黑色面纱，举着"向白人至上主义施咒"的标语。她们来自波士顿"女巫"（W.I.T.C.H）女权组织，"一个交叉性女巫大聚会"。在20世纪60年代的第二波女权主义运动中，这个激进女权组织的成员曾打扮成女巫的模样，向华尔街的银行家们"施咒"。不同成员对"W.I.T.C.H"的全称有着不同的解读，有人认为是"女性国际恐怖主义地狱阴谋"（Women's International Terrorist Conspiracy from Hell）的简称，也有人认为是"受鼓舞的女性集体讲述自己的历史"（Women Inspired to Tell their Collective History）的缩写。[46]

在许多评论员看来，这些抗议自然是针对特朗普的。但事实上，这股怒火针对的是各种各样的不平等、不公正和权力滥用现象，特朗普的当选不过是让一切都变得更加显而易见了。帕特里西·汉
[36] 卡洛斯在2018年指出："与第45任美国总统作斗争，不只是与他一个人斗争。这是一场更为宏大的斗争，是与白人至上主义的斗争，与男权政治的斗争，与阶级歧视的斗争。"[47]

①在这部小说里，女性完全失去身体的自由，沦为男权社会中的生育工具和性奴隶。

这年秋天，美国波多黎各自治邦惨遭玛莉亚飓风袭击，而特朗普政府救灾不力，致使该地区的电力迟迟没能恢复，圣胡安市女市长卡门·尤林·克鲁兹（Carmen Yulín Cruz）对此愤怒不已。国土安全部代理部长伊莲·杜克（Elaine Duke）评价波多黎各的灾后救援工作时说这是个“很好的新闻故事”，更是让克鲁兹火冒三丈。她接受美国有线电视新闻网（CNN）采访时说：“妈的，这不是什么很好的新闻故事。这是一个民众濒临死亡的故事。”特朗普听闻则称克鲁兹“恶心”。

“我不在乎，”克鲁兹被问及如何看待总统的回应时说道，“我再也不想讲礼貌，不想政治正确了，我已经愤怒至极。”几个月后，柯尔斯滕·吉利布兰德邀请克鲁兹作为自己的同行嘉宾，共同出席了特朗普的第一次国情咨文演讲。[48]

吉利布兰德自己也不打算继续礼貌客气。她在 2017 年春天的一次访谈中告诉我，官员们来到华盛顿是“为了帮助民众，如果我们没在帮助民众，就都应该滚回家去”。2018 年初，伊利诺伊州女参议员塔米·达克沃思（Tammy Duckworth），一位在战争中失去双腿的退伍军人，在参议院的一场演说中言辞激烈地痛斥了特朗普，声称“我不能让一个五次推迟服兵役的人教训我们，告诉我们军队需要什么”，并且称他为“骨刺学员”，因为有一次特朗普称自己有骨刺，推迟了服役。2018 年 1 月，夏威夷女参议员广野庆子（Mazie Hirono）开始查问所有联邦法官提名者是否曾被控诉过性行为不当。2018 年夏天，她被问到要如何回应那些将此视为党派纠纷的言论时回了一句：“去他的。”来自加州的国会女议员玛克辛·沃特斯坚信，愤怒是对不公的一种理性回应，她对特朗普充满了愤怒，在他上任之初她就指出过："我不敬重他，不尊重他，也不想和他扯上任何关系。"她后来还把特朗普形容为"一个令人作呕的差劲男人"。

由此可见，这股愤怒是如此猛烈地一路燃烧，从游行里的粉色猫逼帽，到满口脏话的愤怒声讨，甚至是身居要职、令人尊敬的女性，也都燃烧着这股怒火，她们不惜一切代价地想让人们知道：女性已经愤怒至极。总统大选过后，曾经压抑着的那股隐秘沉闷的怒火，再也无法以"向高处前行"为由而被强行压下，或是只
[37] 让志同道合的人看到。"从 1 月以来，许多种情绪涌上过我的心头：悲伤、沮丧、绝望以及偶尔的快乐，"女权主义记者萨姆希塔·穆霍帕德亚（Samhita Mukhopadhyay）在 2017 年底写道，"其中一直激励着我，甚至有时感觉在毁灭我的，是愤怒。"[49]

这种愤怒漫溢出来，蔓延到演说中，蔓延到街头上，蔓延到活动的组织中，也打乱了很多女性每天的日程。这些女性突然开始向议员代表写卡片、打电话，参加组织会议、出入市政厅，用难闻的记号笔在标签纸上写下标语，在周六参加集会、生平第一次去了解"交叉性"流派的观点（极少数时候，也去了解那些远在愤怒抵达她们家门之前，就已经在打电话、做标语的那些女权主义者）。英国女权主义者劳丽·彭妮（Laurie Penny）2017 年 7 月发了一条推特，写道："你所知道的大多数有意思的女性，都远比你想象得更愤怒。"[50]

女性纷纷报名竞选公职，其规模前所未有。总统大选结束后的一年半里，"艾米莉名单"就表示有四万多名女性对竞选公职表达了兴趣。很多女性公开表示，特朗普赢得选举让她们愤怒不已，

与此同时，她们也看到这个国家仍然存在种种歧视和不平等，与她们之前以为的大相径庭，正是这种愤怒推动了她们加入对公职的角逐。

耶鲁大学女性运动学校（Women's Campaign School）自20世纪90年代以来一直在培训女性竞选公职，负责人帕特里夏·拉索（Patricia Russo）提到，从2016年11月起就有不少女性给她打电话，2017年1月女性大游行之后，她接到的电话数量迎来了激增。很多女性在电话里告诉她："我气得不行，我参加了游行，我也想参加竞选。"拉索在2017年夏末的一次交谈中忧心忡忡地向我表示，愤怒是一种太能激发人的积极性的力量了，她担心这种力量也许会不可避免地衰弱、干涸，很快，这些被愤怒激活的女性就会随着愤怒的耗尽而感到不适和悲伤，变得萎靡不振。

是时候愤怒了

2017年10月，《纽约时报》和《纽约客》相继刊登长文，深入报道了电影制作人哈维·韦恩斯坦（Harvey Weinstein）长期以 [38]
来针对多名女性暴力实施性骚扰和性侵犯的可怕事实。报道指出，韦恩斯坦虐待女性、歧视女性的行为，给那些被骚扰女性的职业生涯造成了严重损害，并且韦恩斯坦在过去的几十年里一直在掩盖自己性骚扰的事实。这次丑闻的报道花了很长时间才得以刊发，但相比于这几年里报道的其他类似事件，例如福克斯新闻创始人之一罗杰·艾尔斯（Roger Ailes）的性骚扰案件、福克斯新闻台名嘴比尔·奥赖利（Bill O'Reilly）的性骚扰风波、喜剧明星比尔·科斯比的性侵犯诉讼以及特朗普自己面临的性侵指控，这次报道并没有多少不同之处。对于这些事件的报道的确引起了更多人的关注，也的确渐渐得到了更认真的对待，却没能改变世界、改变职场，更没能改变它们运作的方式。

不过，美国女性本来就易燃易爆，韦恩斯坦事件又是根特别烫的火柴。《纽约时报》首席影评人曼诺拉·达吉斯（Manohla Dargis）写到好莱坞对该起事件的反响时指出："电影会让你心碎，但现在不只是该哭泣的时候。也是时候愤怒了。"[51]

突然之间，媒体的怒火熊熊燃起，尤其是那些身为媒体创作者和消费者的女性群体，更是火冒三丈。很多人都用上了塔拉纳·伯克在2006年发起的反性侵运动中打出的"#MeToo"标签，讲述自己遭受性侵犯和性虐待的经历。不只是女性，男性也加入进来，将讨论范围进一步扩大到性暴力之外，让"#MeToo"成为一个涵盖更广的标签，也将职场里的诋毁和排挤囊括在内。那些压抑已久的故事倾泻而出。一些位高权重的男性因此丢了工作，包括电影导演、知名教授、身家百万的早间节目主持人、参议院和众议院议员、酒店巨头、电台节目主持人和编辑，等等，那些数十年来一直在提拔、保护他们的机构，突然之间就抛弃了他们。一年前，特朗普承认自己在没有得到女性同意的情况下乱摸她们，却没有遭到什么制裁。如今，女性似乎不顾一切地想要确保，其他这么做的男性终究要付出代价。

女性开始向记者、向彼此讲述那些以前从未大声讲出的故事。在过去，这样的时刻只会持续几天或者几周，但如今，虽然特朗普层出不穷的闹剧导致新闻周期急剧缩短，这次运动却一直在持续……持续了数周，持续了数月，并且扩展到对人身侵犯、不良性行为和家庭暴力等话题的辩论与承认。好莱坞不再只关心服饰妆容，也不再只做表面文章，而是真正行动起来，将活动家邀请 [39]
到红毯上，设立基金为收入不稳定的女性提供法律援助，并且成立了一个旨在打击业界性骚扰和性别不公的委员会，主席正是安妮塔·希尔。

这就像是大火燎原，几十年来、几百年来一直压抑隐藏的情绪，突然喷发出来。2018 年 1 月，伊杰欧玛·奥鲁奥（Ijeoma Oluo）在《ELLE》杂志上撰文写道："那些挠着头感到困惑和担忧的男性：你们现在看到的愤怒，打倒曾经无懈可击的那些男性的愤怒，只不过是冰山一角。你们觉得我们可能生气了？你们根本不知道我们到底有多生气。"[52] 同年 3 月，该杂志刊登的一份调查报告指出，2018 年有 57% 的女性都要比 2017 年更为愤怒，而有多达 83% 的民主党女性每天至少会暴怒一次，尤其是看到新闻的时候。[53]

有些人对"#MeToo"运动扩散的速度和强度感到焦虑，他们认为这场运动的波及范围扩大得太快，失去了清晰的界定：对于强奸和性侵的愤怒与对于职场性骚扰的愤怒混杂在一起，融合成了对于普通不良性行为的愤怒。他们的担忧没有错。在这起运动中，边界的确模糊，困惑也的确存在，这在某种程度上是因为，将所有这些行为联系在一起的，正是稀松平常的性别歧视。性别歧视造成了全面的伤害；性别歧视与阶级、种族融合在一起，带来了不公平的机遇和不公正的结果。性别歧视长期以来都被掩盖着，如今突然清清楚楚地显现在很多人眼前，让人怒从中来。

总统顾问史蒂夫·班农（Steve Bannon）警告道，“反男权政治运动”势头渐盛，想要“撤销一万年以来的历史进程”。他讲道：“你看着。时机已经成熟。女性将接管这个社会。她们找不到比特朗普更混球的恶棍了。他就是男权政治里的那个家长。这是我们文化中的决定性时刻。从此以后，一切都会变样。”班农这个集性别歧视、种族歧视以及白人男权至上主义于一体的鲜活代表，似乎也能看到愤怒正在积蓄，能明白这股愤怒的潜在力量。[54]

“抓住愤怒之扫帚，赶走恐惧之野兽。”美国黑人女性文学先驱佐拉·尼尔·赫斯顿（Zora Neale Hurston）曾经这样写道。2017年的秋天，这句话一直萦绕在我的脑海里。帕特里夏·拉索曾经向我表达过恐惧，惧怕这股愤怒终究会减弱，但现在，反倒是这种
[40] 恐惧减弱了。1月里曾经驱使女性走上街头的那股怒火，春天里激发女性打出电话、表达抗议、参与投票的那股怒火，仍在熊熊燃烧，并且火苗四蹿，不断引发新的怒火。愤怒正是一把扫帚，将美国这些刚被激怒的女性扫入新的一年。在这新的2018年里，选举为她们的愤怒运动提供了新的渠道。

被压制的大多数

“女性愤怒是‘#MeToo’运动不可或缺的燃料，”《大西洋月刊》（*Atlantic*）特约编辑、书评家凯特琳·弗拉纳根（Caitlin Flanagan）写道，“但如果不加抑制，也会成为毁灭这个运动的可怕力量。”[55] 这股炽热的愤怒已经开始沸腾，开始失去控制。

是的，这股愤怒的确已经失控。它响亮而愤怒地反对着这个国家一直存在的各种控制。白人男性最初建立这个国家的时候，也曾愤怒地打破过帝国主义的桎梏，但随即又确保只有自己能够享受自由与独立，将新国家建立在对奴隶和女性的压迫之上，让这个国家的大多数人都遭受法律的压迫、被剥夺公民的权利。

社会运动必然会向社会控制发起挑战。社会变革在此基础之上发生，美国政治也是在此基础之上发展。二十五年前的洛杉矶大暴动期间，别人眼里只看到“暴动”和“暴徒”，众议员马克辛·沃特斯看到的却是一种政治行动：**起义**。

起义并不总是有用。事实上，起义**常常**是无用的。就像弗拉纳根指出的那样，为起义注入能量的愤怒也能够反过来将起义自身燃烧殆尽。因此，起义是可怕的。而让起义变得可怕的另一方面因素则是，起义是为了动摇现有的权力结构，但这些残暴的权力结构又常常是我们仅有的权力结构。

近二百五十年前，美国宣布了独立；一百五十年前，美国废除了奴隶制；一百年前，一部分女性获得了选举权；五十年前，南部地区的非裔美国人终于全部获得选举权。正是遭受不公正的美国人一次次愤而**起义**，才带来了这些历史性的转变。如今，美国的女性也在因愤怒而集结。她们的愤怒是混乱不堪的，被种族、代际和政见的分歧撕扯得四分五裂。她们的愤怒是粗俗无礼的， [41]
那些权势之人对文明礼貌的呼吁只是为了保护自己，把自己打造成受害者形象。这种大众的愤怒有时会疯狂得让人紧张，但如果没有这样的愤怒，就无法带来改变。

正是这些不被代表的大多数所怀有的义愤，催生了革命的使命，也形成了对这个国家的理想愿景。我们学过很多爱国口号，例如“不自由，毋宁死”“要么自由地活着，要么死去”“少惹我”，但这些口号只有白人男性喊出来，才会被认为合情合理、值得称赞，才会被看作推动政治变革的关键因素。这是因为白人男性总被看作是理性、知性的楷模，他们的不满自然有充分的理由，不会像女权主义者那样陷在情绪不稳定的泥潭里。

那些坚决不让任何人惹到自己的建国之父们，带着愤怒将自由写进法典，这种只属于他们的自由却建立在对别人的压迫之上：对奴隶和女性的压迫。被压迫者为压迫者创造了更好的机会，就像美洲殖民地为大英帝国创造了财富一样。我们的建国之父创立的不是一种真正具有普遍代表性的民主，而是一种由少数人统治的民主。这种民主谎称民众能够得到广泛而公正的代表，但事实上，居于统治地位的少数人享用着被征服的那些大多数人的劳动成果，并且无须与这些大多数竞争。为了维持这种少数人的统治，他们必须压迫那些大多数的抵抗，阻止他们的愤怒。

21 世纪的第二个十年里，女性开始公开表达自己的愤怒。我们开始听到彼此的愤怒，也开始明白自己并不像别人告诉我们的那样是愤怒的孤岛。不管是警察暴力还是枪支暴力，不管是自大狂当选还是希拉里败选，不管是薪水太低还是堕胎违法，女性都开始对这些事件发出愤怒的呼喊，这呼喊撼天动地。

“人们变得越来越愤怒，他们开始想起我们的历史，记起我们的根基。”一位名为珍妮·克雷格（Jenny Craig）的老师接受《纽约时报》专栏作家米歇尔·戈德堡采访时说道。克雷格参与了西弗吉尼亚州为抗议薪资过低而举行的教师罢工，她指出，正是愤

怒驱使着他们在这个罢工非法的州里奋力组织了一场成功的罢工运动。[56] [42]

2018年上半年，特朗普就任总统一年后，这轮教师罢工从西弗吉尼亚州蔓延到亚利桑那州和俄克拉何马州，并且就在教师罢工的那几周里，佛罗里达州帕克兰市高中校园枪击案的幸存者、一群高中生也开始发起反对枪支暴力的禁枪游行。在这群高中生里，怒火燃烧得最为炽烈的可能是美籍古巴女学生艾玛·冈萨雷斯(Emma González)，她在演说中抹去眼泪，对着话筒吼道："那些被选上公职的政客正在欺骗我们……他们拿着美国步枪协会的资助，坐在众议院和参议院锃亮的座位上，对我们说他们没法阻止这一切；照我们说，胡扯。"[57]

冈萨雷斯在公共演讲中提及最多的是波兰裔美国女性工运领袖罗丝·施耐德曼 (Rose Schneiderman)。1911年的三角内衣工厂大火让一百四十六人丧生火场，其中绝大多数为女性。当时，28岁的罗丝·施耐德曼在大都会歌剧院举行的追悼会上发表了愤怒的演讲：

> 女工们被活活烧死，在这个城市里不是第一次发生。每一周，我都肯定会听到某个姐妹突然死亡的消息。每一年，都有成千上万的女工落下残疾。男女工人的生命是如此廉价，而财产权却是如此神圣……但每次工人举行罢工，通过这个他们唯一知道的途径去抗议那让人无法忍受的工作环境时，法律的铁拳就会被用来狠狠地压制我们。公职官员只会警告我们，让我们杜绝惹是生非……我没法和今天在场的各位谈论同志情谊。

已经流了太多的血了。我的亲身经历让我知道，只有工人自己能拯救自己。他们唯一能拯救的途径就是发起一场声势浩大的工人运动。[58]

许多媒体人士和政府人员都对冈萨雷斯的演说嗤之以鼻。毕竟，美国步枪协会在这个国家有着无法撼动的势力。即便是前几年致二十六人死亡的桑迪·胡克小学校园枪击案发生后，各州立法机构也不但没有收紧、反而放宽了枪支管制。但是这些充满自信、冷嘲热讽的权威人士恐怕也还记得，三角内衣厂的那场大火发生后，有位名为弗朗西斯·珀金斯（Frances Perkins）的女性愤而走上了为劳工问题奔走的职业生涯，后来成为美国劳工部部长，她与罗丝·施耐德曼一道制订了不少工作场所安全要求，其中一些一直沿用至今。

[43] 我们必须训练自己去看到、去听到女性的愤怒，并且认识到这种愤怒不仅合情合理，也有重要的政治意义。事实上，这种愤怒代表了这个国家里遭受压迫的大多数，因而极为可怕，一触即燃，会对居于统治地位的少数人造成威胁。人们听到男性表达愤怒，会认为他们的愤怒激动人心、直截了当，是我们国家的摇篮曲；听到女性要求自由的愤怒呐喊，却会觉得那像是指甲划过我们国家的黑板时发出的刺耳声音，因为女性若获得自由，就会威胁到白人男性的支配地位。

人们会想，也已经想，将女性的这次起义解读为一种歇斯底里的暴动，或者说一种政治迫害，他们认为这种情形不会持久，不过是女性一时幼稚的发发脾气，是失去理性的恶作剧，只要大家都冷静下来，就可以避免或者终结这种局面。人们会认为这种愤怒并不真实，不过是一种表演。人们会面临巨大的压力，无法严肃地去对待、也无法仔细地去聆听这种愤怒。人们会坚定地认为，表达愤怒的女性注定会输，她们这样做只会激起更激烈的歧视和蔑视。女性的愤怒一直以来都会、也会继续被当成是丑陋不堪、令人厌恶的危险事物，应当遭到叫停、受到奚落。我们一直以来都被告知，没有什么比女性的愤怒，尤其是非白人女性的愤怒更惹人厌烦了。这些策略长期以来一直存在，就是为了让包括女性自己在内的民众都去远离、去忽视，甚至是去压抑能给这个国家带来社会剧变和政治变革的伟大力量——内心的愤怒。

注释：

1. Susan Sarandon with Elizabeth Day, "Susan Sarandon: Feminism Is a Bit of an Old-fashioned Word," *The Guardian*, June 29, 2013, https://www.theguardian.com/theobserver/2013/jun/30/susan-sarandon-q-and-a.
2. 欲了解沃特斯针对暴乱发表的声明造成了怎样的影响，可收听珍妮特·莫克的播客节目，https://janetmock.com/podcast/.
3. Evans Rowl and Robert Novak, "No Insurrection in Los Angeles," *Washington Post*, May 4, 1992, https://www.washingtonpost.com/archive/opinions/1992/05/04/no-insurrection-in-los-angeles/1ff2c017-9674-4bc8-8667-51e7325f43ce/?noredirect=on&utm_term=.30f1bab1d799.
4. Taryn Finley, "Maxine Waters: '92 L.A. Rebellion Was a 'Defining Moment' for Black Resistance," *Huffington Post*, April 27, 2017, https://www.huffingtonpost.com/entry/maxine-waters-la-rebellion-was-a-defining-moment-for-black-resistance_us_58fe2861e4b00fa7de165e18.
5. Mychal Denzel Smith, "The Rebirth of Black Rage," *The Nation*, August 13, 2015, https://www.thenation.com/article/the-rebirth-of-black-rage/.

6. “Tea Act,” History.com, https://www.history.com/topics/american-revolution/tea-act.
7. Kenneth P. Vogel, “Face of the Tea Party Is Female,” *Politico*, March 26, 2010, https://www.politico.com/story/2010/03/face-of-the-tea-party-is-female-035094.
8. “New Demographic Profiles of Occupy Wall Street vs. Tea Party Movements,” prri.com, December 1, 2011, https://www.prri.org/spotlight/newdemographic-profiles-of-occupy-wall-street-vs-tea-party-movements/.
9. Tina Dupuy, “The Occupy Movement’s Woman Problem,” *Atlantic*, November 21, 2011, https://www.theatlantic.com/politics/archive/2011/11/theoccupy-movements-woman-problem/248831/.
10. Quinn Norton, “A Eulogy for #Occupy,” wired.com, December 12, 2012, https://www.wired.com/2012/12/a-eulogy-for-occupy/.
11. Karen McVeigh, “Occupy Wall Street’s Women Struggle to Make TheirVoices Heard,” *The Guardian*, November 30, 2011, https://www.theguardian.com/world/2011/nov/30/occupy-wall-street-women-voices.
12. Ren Jender, “When the Stupidity about Rape Wouldn’t Stop, I Quit the Movement I Loved,” xojane.com, January 14, 2013, https://www.xojane.com/issues/sexism-rape-occupy-movement.
13. Patrisse Khan-Cullors, “We Didn’t Start a Movement. We started a Network,” Medium.com, February 22, 2016, https://medium.com/@patrissemariecullorsbrignac/we-didn-t-start-a-movement-we-started-anetwork-90f9b5717668.
14. Cavan Sieczkowski, “Feminist Activist Says Beyoncé is Partly ‘Anti-Feminist’and ‘Terrorist,’” *Huffington Post*, May 9, 2014, https://www.huffingtonpost.com/2014/05/09/beyonce-anti-feminist_n_5295891.html.
15. Barbara Marcolini, “Trump Voters, One Year Later,” *New York Times*, video, n.d., https://www.nytimes.com/video/us/politics/100000005538314/trumpvoters-one-year-later.html.
16. Laura Barrón-López, “Donald Trump Adviser Says Hillary Clinton Should Be Shot by Firing Squad,” *Huffington Post*, July 20, 2016, https://www.huffingtonpost.com/entry/al-baldasaro-donald-trump-hillary-clinton_us_578fa150e4b07c722ebd2fd1.
17. Daniel Denvir, “The Betrayal That Should Haunt Hillary Clinton: How She

Sold Out Working Women and Then Never Apologized," *Salon*, https://www.salon.com/2015/11/02/the_betrayal_that_should_haunt_hillary_clinton_how_she_sold_out_working_women_then_never_apologized/.

18. Rebecca Traister, "The Left Is Borrowing Hillary Clinton Hate from the Republican National Convention—with Dangerous Consequences," *New York Times*, July 25, 2016, http://nymag.com/daily/intelligencer/2016/07/left-isborrowing-hillary-hate-from-the-rnc.html.
19. Michelle Goldberg, "Men Explain Hillary to Me," *Slate*, November 6, 2015, http://www.slate.com/articles/double_x/doublex/2015/11/hillary_clinton_bernie_sanders_sexist_coverage_some_men_want_to_mansplain.html.
20. Alexis Okeowo, "The Writing Life of Warsan Shire, a Young, Prolific Poet," *New Yorker*, October 21, 2015, https://www.newyorker.com/culture/cultural-comment/the-writing-life-of-a-young-prolific-poet-warsan-shire. For the complete poem, "For Women Who Are 'Difficult' to Love," see https://genius.com/Warsan-shire-for-women-who-are-difficult-to-love-annotated.
21. Thomas E. Patterson, "News Coverage of the 2016 General Election: How the Press Failed the Voters," Shorenstein Center, December 7, 2016, https://shorensteincenter.org/news-coverage-2016-general-election/?platform=hootsuite.
22. Jonathan Mahler, "For Many Women, Trump's 'Locker Room Talk' BringsMemories of Abuse," *New York Times*, October 10, 2016, https://www.nytimes.com/2016/10/11/us/politics/sexual-assault-survivor-reaction.html?action=click&contentCollection=Politics&module=RelatedCoverage&region=Marginalia&pgtype=article.
23. Natasha Stoynoff, "Physically Attacked by Donald Trump—a *People* Writer's Own Harrowing Story," *People*, October 12, 2016, http://people.com/politics/donald-trump-attacked-people-writer/.
24. Megan Twohey and Michael Barbaro, "Two Women Say Donald Trump Touched Them Inappropriately," *New York Times*, October 12, 2016, https://www.nytimes.com/2016/10/13/us/politics/donald-trump-women.html.
25. Ibid.
26. NTK Staff, "Claire McCaskill Lacks Specifics on Goals of the Women's March," *NTK Network*, January 23, 2017: https://ntknetwork.com/clairemccaskill-lacks-specifics-on-goals-of-the-womens-march/.

27. Margaret Hartmann, "What Happened to the 19 Women Who Accused Trump of Sexual Misconduct," *New York* magazine, December 12, 2017, http://nymag.com/daily/intelligencer/2017/12/what-happened-to-trumps-16-sexualmisconduct-accusers.html.
28. Mark Lilla, "The End of Identity Liberalism," *New York Times*, November 18, 2016, https://www.nytimes.com/2016/11/20/opinion/sunday/the-endof-identity-liberalism.html.
29. Eliza Newlin Carney, "Who's Behind the Women's March," *American Prospect*, January 19, 2017, http://prospect.org/article/who%E2%80%99s-behindwomen%E2%80%99s-march. See also: Nina Agrawal, "How the Women's March Came into Being," *Los Angeles Times*, January 21, 2017, http://www.latimes.com/nation/la-na-pol-womens-march-live-how-the-women-s-march-came-into-1484865755-htmlstory.html.
30. Annelise Orleck, *Rethinking American Women's Activism* (New York: Routledge, 2015), pp. 112–13.
31. Lawrence O'Donnell, "Something Is Happening: Women's March Makes History," MSNBC.com, "The Last Word," video, January 23, 2017, https://www.msnbc.com/the-last-word/watch/-something-is-happening-women-s-march-makes-history-861237315678.
32. Annelise Orleck, *Rethinking American Women's Activism* (New York: Routledge, 2015), pp. 112–13.
33. ABC News, "Kellyanne Conway Interview: 'Didn't See the Point' to Women's March on Washington," YouTube Video, 17:15, January 22, 2017, https://www.youtube.com/watch?v=H8tErpLLFbE.
34. ABC News, "Chuck Schumer on Women's Marching 'Part of the GrandAmerican Tradition,' " YouTube Video, 7:33, January 22, 2017, https://www.youtube.com/watch?v=tTLcREwdNp0.
35. Micah White, "Without a Path from Protest to Power, the Women's March Will End Up Like Occupy," *The Guardian*, January 19, 2017, https://www.theguardian.com/world/2017/jan/19/womens-march-washington-occupyprotest.
36. "Don't Just March, Run!" EMILY's List, https://emilyslist.org/pages/entry/getting-ready-to-run.
37. Edward-Isaac Dovere and Elana Schor, "Will the Women's March Be Another

Occupy, or a Democratic Tea Party?" *Politico*, January 21, 2017, https://www.politico.com/story/2017/01/womens-march-organizing-strategy-233973.

38. Ibid.
39. "McCaskill on Women's March: I Hope Trump Pays Attention," *Morning Joe*, January 23, 2017, https://www.msnbc.com/morning-joe/watch/mccaskillon-women-s-march-i-hope-trump-pays-attention-860604483733.
40. Matt Ford (@fordm), "现在要离开杜勒斯机场回家写报道了。性别差异相当惊人。前来提供志愿服务的律师里，可能有 70% 是年轻女性。" Twitter, January 29 2017, 6:53 pm, https://twitter.com/fordm/status/825899790785454083.
41. Patty Murray, Kamala D. Harris, et al., "Letter to President Donald J. Trump,"United States Senate, January 30, 2017, https://www.harris.senate.gov/imo/media/doc/013017%20Harris-Murray%20Letter.pdf.
42. Nora Mcinerny Purmort, "How I Accidentally Convinced 100 Strangers to Get Matching Tattoos," *Cosmopolitan*, March 1, 2017, http://www.cosmopolitan.com/politics/a9078317/how-i-convinced-100-women-toget-matching-tattoos/.
43. Megan Garber, " 'Nevertheless, She Persisted' and the Age of the Weaponized Meme," *Atlantic*, February 8, 2017, https://www.theatlantic.com/entertainment/archive/2017/02/nevertheless-she-persisted-and-the-age-ofthe-weaponized-meme/516012/.
44. Sady Doyle, "New Survey Says Women Are Leading the Resistance, Because of Course They Are," Talk Poverty, April 11, 2017, https://talkpoverty.org/2017/04/11/new-survey-says-women-leading-resistance-course/.
45. Catherine Pearson, "Women Wore 'Handmaid's Tale' Robes to the Texas Senate," *Huffington Post*, March 20, 2017, https://www.huffingtonpost.com/entry/women-wore-handmaids-tale-robes-to-texas-senate_us_58d034bee4b0ec9d29de74f5.
46. Ruptly, "Torched Confederate Flag & Witch Costumes: Activists Protest Against 'Free Speech' Rally in Boston," YouTube Video, 2:10, August 19, 2017, https://www.youtube.com/watch?v=gg5Mkiv_djA.
47. Timothy Bella, "Patrisse Khan-Cullors on 5 Years of Black Lives Matter," *New York* magazine, January 18, 2018, http://nymag.com/daily/intelligencer/2018/01/patrisse-khan-cullors-on-5-years-of-black-lives-matter.html.

48. Kirsten Gillibrand (@SenGillibrand), “我很荣幸地宣布，波多黎各自治邦圣胡安市市长@卡门 · 尤林 · 克鲁兹将与我一同出席 # 国情咨文演讲。克鲁兹市长在波多黎各自治邦的飓风危机中展现出了非凡的领导力，为保障圣胡安市民的权益进行了无畏的斗争。” Twitter, January 29, 2018, 6:21 am, https://twitter.com/SenGillibrand/status/957982123377545216.
49. Samhita Mukhopadhyay, “2017: The Year Women’s Anger Was Unleashed,” Mic, December 22, 2017, https://mic.com/articles/187016/2017-the-yearwomens-anger-was-unleashed#.XymO8o0op.
50. Laurie Penny (@PennyRed), “Most of the interesting women you know are far, far angrier than you’d imagine,” Twitter, July 18, 2017, 2:27 am, https://twitter.com/pennyred/status/887423515892342786?lang=en.
51. Manohla Dargis, “Harvey Weinstein Is Gone. But Hollywood Still Has a Problem,” *New York Times*, October 11, 2017, https://mobile.nytimes.com/2017/10/11/movies/harvey-weinstein-hollywood.html?hp&action=click&pgtype=Homepage&clickSource=story-heading&module=first-columnregion&region=top-news&WT.nav=top-news&_r=0&referer=https://t.co/Jl3eXTRHqT?amp=1.
52. Oluo Ijeoma, “Does This Year Make Me Look Angry?” *Elle*, January 11, 2018, https://www.elle.com/culture/career-politics/a15063942/ijeoma-oluowomen-and-rage-2018/.
53. Melissa Harris-Perry, “Women Are Angrier Than Ever Before—and They’re Doing Something About It,” *Elle*, March 9, 2018, https://www.elle.com/culture/career-politics/a19297903/elle-survey-womens-anger-melissa-harris-perry/.
54. Amanda Arnold, “Steve Bannon Is Really Worried About the ‘Anti-Patriarchy’ Movement,” *The Cut*, February 10, 2018, https://www.thecut.com/2018/02/steve-bannon-is-worried-about-the-anti-patriarchy-movement.html.
55. Caitlin Flanagan, “The Conversation #MeToo Needs to Have,” *Atlantic*, January 29, 2018, https://www.theatlantic.com/politics/archive/2018/01/theright-conversation-for-metoo/551732/.
56. Michelle Goldberg, “The Teachers Revolt in West Virginia,” *New York Times*, March 5, 2018, https://www.nytimes.com/2018/03/05/opinion/westvirginia-teachers-strike.html?action=click&contentCollection=opinion%C2%AEion=rank&module=package&version=highlights&contentPlacement=3&pgtype=sect

ionfront.

57. "Florida Student Emma González to Lawmakers and Gun Advocates: 'We Call BS,' " CNN.com, February 17, 2018, https://www.cnn.com/2018/02/17/us/florida-student-emma-gonzalez-speech/index.html.
58. Leon Stein, ed., *Out of the Sweatshop: The Struggle for Industrial Democracy* (New York: Quadrangle/New York Times Book Company, 1977), pp. 196–97.

第二部分　美杜莎们

我是在得克萨斯州埃尔帕索市出生的。当时母亲需要剖腹产，[45]
但是被医院拒绝收治，因为她是黑人。那是家天主教医院。祖母是曾祖母做女佣时被强奸生下的，所以她有一半是爱尔兰血统。看上去是白人的祖母，不得不努力说服住院处的人，让他们相信那的确是她女儿。最后他们终于同意了让我母亲住院，却把她丢在大厅的一张轮床上不闻不问，而已经陷入昏迷的母亲需要立即手术。后来终于有医生注意到了她，把她推进手术室，但为时已晚，已经没法剖腹产了。她几乎为此送了命。他们不得不用产钳把我拽出来，我也几乎没挺过来——她差点就活不成，而我也差点就没办法站在这里。所以你觉得我没被气疯吗？得了吧。我不太喜欢提这件事。但我想，从我出生那天起，愤怒就成了我人生的一部分。愤怒驱使着我一生都在与种族歧视、性别歧视以及妇女保健的匮乏作斗争。愤怒是我战斗的原因。

——国会女议员芭芭拉·李（Barbara Lee）

[46]

第一章

控制你的脾气/管好你的嘴巴

国会女议员芭芭拉·李气疯了。

这是2017年的夏天，这位代表加利福尼亚州奥克兰地区的自由民主党人士刚刚取得了一次惊人的胜利，真正赢得了两党的支持。至此，她在漫长而坎坷的国会任期内已经跋涉了十多年。

芭芭拉是唯一一个投票反对《授权作战法案》（AUMF）的国会议员。2001年，9·11恐怖袭击事件发生后的第三天，国会众议院就《授权作战法案》发起投票，芭芭拉投了唯一的一张反对票。《授权作战法案》赋予美国总统不经国会批准就发动军事行动的权力，美国总统曾经以该法律为依据对14个国家发动了31次军事行动。自那之后，芭芭拉就一直在四处奔走，想要撤销这项授权。2017年6月，她终于在终止《授权作战法案》上取得进展，征得共和党的支持，获得八个月的时间来修正该法案。尽管众议院议长保罗·瑞安（Paul Ryan）对此表示反对，但芭芭拉提出的国防开支法案修正案在民主党和共和党两党人士的支持下，得到了众议院拨款委员会的口头表决通过。[1]“政客网”称这次表决是“国会中难得一见的场面，通过一场真诚的辩论改变了一些人的想法，随后的表决结果没有人能预想得到”。换句话说，在这异常灰暗的 [47]
一年，这次终止《授权作战法案》的表决尤为独特，它证明了民主制度还是能够发挥作用的；当终止法案的提议以绝大多数支持票得到拨款委员会批准通过时，众议院里响起了掌声。[2]

然而，三周后，芭芭拉的修正案还没提交众议院全体投票表决，就被保罗·瑞安从国防法案中拿掉了。没有任何投票，也没有任何解释，他就那样在大半夜移除了这份终止授权法案。

“它凭空消失了。”修正案离奇蒸发过去几周后，芭芭拉在一次采访中说道，“就好像他们把它涂白后又重新写了什么上去。真的太卑鄙了。彻头彻尾的卑鄙。”

震惊不已的芭芭拉在众议院法规委员会面前冷静地陈述了自己的反对意见，指出自己的修正案不应未经任何程序就直接移除。对于她礼貌的陈述，委员会主席、来自得克萨斯州的共和党人皮特·塞申斯（Pete Sessions）的回应却是轻慢得紧。“皮特·塞申斯简直让我发疯，”芭芭拉回忆道，“但我努力压制着自己的怒火。”

芭芭拉回忆说，自己和塞申斯来回争辩时一直在努力平复情绪：“我不能让他们觉得我不负责任，觉得我不知道自己在说什么。我必须得有逻辑，有条理，不能让自己的情绪流露出来，否则他们就会说‘**这个愤怒的黑人妇女又来了。她总是气呼呼的。瞧，又来了**’。”

芭芭拉保持着分寸。她一再表达自己的疑惑与沮丧：自己的修正案已经由拨款委员会表决通过，得到了两党的普遍支持，怎么能任凭个别立法者的好恶就此移除？移除的理由是什么？她面无表情地听着塞申斯，这个和她在众议院里待的时间几乎一样长、来自得克萨斯州的白人男性，向她解释说事情就是这么运作的。

在这轮对峙的最后，芭芭拉终于允许自己表现出了一丝沮丧，她对塞申斯说道："整件事情的发展和过程让我非常震惊，我希望未来……本着两党合作的精神，考虑到我们的正常秩序和民主程序，这样的事情不会经常发生，这样做真的太不公平了。"她摆出事实，指出过去的一年里这种事情只发生过两次。塞申斯把头埋
[48] 进双手，做出疲倦的样子。芭芭拉继续说道："我只是希望人们能明白，民主非常重要，民主化程序非常重要。议员们共同合作拟定的法案得到两党的支持，不应因个别议员的破坏就此撤掉……况且这种事情居然发生在大半夜，真是匪夷所思。"[3]

芭芭拉说，在加利福尼亚远程观看直播的同事，为她始终在坚持指出刚刚发生的不公正现象爆发出欢呼。"他们说，'你一直在反驳他，消磨他的斗志。'这可能是管用的，因为如果我真像他期待的那样情绪爆发，可能就没法消磨他的意志了。"的确，从策略上讲，芭芭拉很好地抑制了自己的愤怒，她也清楚自己必须做到。她与这名男同事当面对峙，描述其他男同事如何戏弄自己、试图欺骗自己，还极为傲慢地对待自己时，一直保持着彬彬有礼的态度，这才是最重要的。

她告诉我说，那些自己党内的成员祝贺她成功压抑了自己的愤怒："所有人都在对我说，我是多么的大度，他们看得出来我几

乎快要对他发脾气了，但是我忍住了。他们能看到我的愤怒，但我正确处理了这股怒火，他们为我感到骄傲。”

芭芭拉说，比起委员会的肮脏把戏，这些党内成员的反应更让她火冒三丈。

“他们以为我可能会成为那个愤怒的黑人妇女，不是吗？他们因为我没有变成愤怒的黑人妇女而称赞我，而我只想对他们破口大骂。他们的言外之意不就是：**你真冷静**，**真克制**，**处理得真好**，**到临了有点情绪激动**，**但真的很棒**。我想说，‘妈的，你们这些家伙根本不知道自己在说什么！’”

那些党内成员对芭芭拉说的这些话，意味着他们根本未曾想过，芭芭拉这位令人敬重的同事若想与那些对待自己不公的人作斗争，能力是多么有限。她完全有理由愤怒：为了让这个修正案得到通过，她已经奋斗了十五年，如今政治对手却用不合规的手段移除了她的法案。那些党内成员称赞她成功隐藏了自己的愤怒，这是在向她暗示，愤怒是一种不恰当的手段。但实际上，对于同 [49]
事不合规的职业行为，芭芭拉的愤怒完全是一种合理的回应。那些党内成员话中流露的信息是，他们从未考虑过女性，尤其是黑人女性因为种族和性别歧视而遭受的压力，她们哪怕有再正当的理由，也只能克制自己的憎恨，隐藏自己的沮丧。

芭芭拉明白自己**不能**公开表现愤怒，她知道尽管自己完全有理由表达这种正当合理的愤怒，但愤怒不仅无济于事，还会削弱她的立场。在这种倾斜的权力分配下，白人男性在政府中具有巨大的影响力，政府各个部门的领导人和发言人中，白人男性的比例要远远高于其他人群。

芭芭拉指出，那些赞美她没有表达愤怒的声音只会让她更加愤怒。她对自己的同事感到愤怒，对自己的对手感到愤怒，对《授权作战法案》还没有被废止感到愤怒。“我真的太受伤了，是的，也很生气。”芭芭拉称自己会再次尝试，“一次不行，再来一次，直到成功为止。我不会允许任何人阻止我。”

芭芭拉出生在得克萨斯州，她的母亲从不掩饰自己的愤怒。在芭芭拉的描述中，母亲“不愿接受束缚，言行举止非常直率，毫无修饰，不会拐弯抹角，也不会忍受别人胡来”。芭芭拉回忆起母亲讲过的一个故事：那时母亲在念大学，想和朋友一起加入美国的第一个黑人姐妹会 AKA（Alpha Kappa Alpha）。AKA 姐妹会当时只接收浅肤色女性，这对芭芭拉的母亲来说不成问题，因为芭芭拉的曾祖母在爱尔兰人家庭做女佣时被雇主强奸，生下了她的祖母，她的“祖母看起来就像个白人，因此母亲也是白皮肤绿眼睛”。但是姐妹会拒绝了母亲最好的朋友胡安妮塔的申请，只因胡安妮塔的肤色较深。芭芭拉的母亲气坏了，说“见鬼去吧，我才不要加入”，她请来民权活动家、教育家玛莉·麦克里欧德·贝休恩（Mary McLeod Bethune）帮助得克萨斯南方大学的学生组织抗议活动。“我母亲就是这样的人，”芭芭拉讲道，“她永远在向前推进。”

芭芭拉在加利福尼亚州圣费尔南多市读高中的时候很想加入啦啦队，但这所学校从来没有过黑人啦啦队队员，因为队员选拔不会公开举行。“我当时气坏了，”芭芭拉回忆道，“我知道那些白
[50] 人女生都有资格成为啦啦队队员，而我没有。我一气之下就去找了全国有色人种协进会（NAACP），问他们能不能帮我，他们答应了。”于是芭芭拉和同班同学一起组织了抗议，最终改变了选拔规

则，确保所有女生都有权利在全体学生面前参加选拔。芭芭拉因此成为圣费尔南多高中的第一位黑人啦啦队队员，后来很快亚裔学生也加入进来。“那是愤怒，”她说，“我当时非常愤怒。我表达了自己的愤怒，用了一定的策略，得到了自己想要的，也为所有想成为啦啦队队员的有色人种女生争取到了她们想要的。”

芭芭拉二十出头的时候，在加利福尼亚州密尔斯学院（Mills College）读大学。那时，她是个抚养着两个儿子的单亲妈妈，依赖社会福利和医疗补助计划维持生计。“当时我对这个充满压迫和种族歧视的体制愤怒不已，我生活的这个体制中，每天都有压迫和歧视，哪个人会不愤怒？我遭到社工的侮辱，遭到男性的耍弄，各种破事。”她是这所学校的黑人学生联盟（Black Student Union）会长，也和黑豹党一起从事社会工作。“我想采取一切可能的措施，来改善别人的生活境遇。”不过她的措施里并不包括选举政治，她那时不想进入美国的政治体系，在她看来，“选举都是幕后操纵的”。这种对于政治体系的不信任也危及了芭芭拉的成绩：作为政治专业的学生，她需要实地考察一场选举，但到1972年初，她甚至都还没有注册成为选民。

那时正在参加总统大选的雪莉·奇泽姆来到密尔斯学院，用流利的西班牙语向学生发表演说，就医疗、贫困、女性权利、种族平等、移民权利等一系列议题表达了自己的观点。芭芭拉惊呆了。她在演讲结束后找到奇泽姆，表示自己想为其在加州的初选活动出力，并且坦陈自己之前从未参与过选举政治。芭芭拉回忆说，奇泽姆“冲着我摇了摇手指。‘小姑娘！’——我那时已经25岁了！我有两个孩子，他们可能就在我身边！——总之，她说的是，‘小姑娘！

如果你当真坚持自己的信念，就要去注册选民，去参与政治，去尝试带来改变。因为我们需要你。'”

芭芭拉后来和其他湾区大学生一起负责为奇泽姆在北加州组织竞选活动，还作为奇泽姆的代表出席了迈阿密举办的民主党
[51] 全国大会。奇泽姆的竞选活动结束后，芭芭拉在 1973 年助力鲍比·希尔（Bobby Seale，黑豹党的创立人之一）竞选市长，随后在国会议员罗恩·德勒姆斯（Ron Dellums，美国国会黑人同盟成员、奇泽姆的支持者）手下工作了十年，继而当选加利福尼亚州众议员、参议员。德勒姆斯从国会退休后，芭芭拉赢得他的席位成为一名国会议员，为奥克兰地区服务了二十年。

她告诉我，在这个职位上，“我已经学会了每次感觉自己或者别人遭到不公正对待时，如何……甚至不能说是巧妙处理，只能说是如何不大发雷霆地处理”。

对于那些生活在公众视线中的女性，尤其是那些努力为更多群体争取平等机会的女性而言，有一点一直都非常明确：她们对于这个体制的愤怒和挑战这个体制的渴望，可能是最初推动她们参与社会变革和政治生活的动力，却也将被用来牵制她们、打压她们。

把泼妇口钳拿上来

直到今天，我们都被灌输着这样的理念：愤怒的女性狡诈而又冷酷，违反天性、违背社会规范。愤怒的女性丑陋不堪、情绪冲动，她病态失控、惹人不快，她疯狂荒谬、幼稚可笑，她毫无魅力。总之，

她的声音不该被人听见。

泼妇口钳又称“长舌妇的缰绳”或“女巫的缰绳”，是16世纪出现的一种刑具，用来惩罚那些出言不逊的坏脾气女性，以金属面箍将她们的头和下巴紧紧箍住。有些铁口钳带有压舌板，能够插进嘴里，有些甚至底部带有钉状突起，能够刺穿那些反抗者的舌头。伦敦塔上就展览着一个1588年内部带有尖刺的金属颈箍，展览标签上只写了“颈圈刑具”，但导览册上的描述则是一种“用于戴在辱骂别人、不守规矩的已婚女性脖子上”的装置。[4]

我们也许不再会被戴上颈箍，但男性仍在要求我们用微笑让自己变得更加漂亮，提醒我们扼杀消极的念头，明白自己不过是男性世界的装饰。这种观点在全美上下都很普遍。2016年希拉 [52]
里赢得一场初选之后，MSNBC的节目主持人乔·斯卡伯勒（Joe Scarborough）在节目里指责希拉里说：“笑一个吧，你可是刚赢了一场选举。”[5]2018年，白宫新闻秘书萨拉·赫卡比·桑德斯（Sarah Huckabee Sanders）在CNN的一档节目中，指责众议院议长南希·佩洛西（Nancy Pelosi）在特朗普的第一次国情咨文演讲上表情过于阴冷。她讲道：“我觉得她应该多点笑容。多笑笑对这个国家有好处。她好像成了……愤懑的化身。”[6]

愤懑，这个暗示着一种压抑焦躁的愤怒的形容词，这种没人想去表达的情绪，总是突然出现在愤怒女性的身上。这个词似乎总是被用来诽谤那些最有理由感到愤怒的人。詹姆斯·鲍德温(James Baldwin)几十年前描述黑人愤怒的时候，就曾描述过这种怨恨：“人们最终会试着罔顾社会现实，对你说，‘但是你这么愤懑’。是的，我也许愤懑，也许不愤懑，但如果我感到愤懑，我就有很充分的理由，其中最主要的原因就是美国人的这种盲目无知，或者说是胆小怯懦，让我们假装自己的生活里好像没有什么理由去……感到愤懑。”

在过去，具有破坏性的女性常常被视为美杜莎。美杜莎在密涅瓦神庙中被海神涅普顿强暴，在密涅瓦的诅咒下，她的一头秀发变成毒蛇，凡与其对视者皆会石化，后来被珀尔修斯斩首。1893 年，苏珊·安东尼在《芝加哥论坛报》（*Chicago Tribune*）的一篇文章中指出，女性被要求去附和那些掌管主流报纸的男性的观点，并且“如果她们不这么做，就会被斩首”。[7] 她挤入男性话语空间，就选举权和禁酒运动发表自己的观点。当时一位牧师称这位女性改革家“是人类的怪胎，社会的颠覆者……是美杜莎的头颅，是不祥的预兆，是可怕的幽灵，是对一切神圣不可侵犯之物的歪曲”。[8] 正如英国历史学家玛丽·比尔德（Mary Beard）记录的那样，美杜莎的叙述也常常被评论家用在希拉里身上，无数条毒蛇蹿出她的头颅。[9] 布赖特巴特新闻网（Breitbart）的一位作者称希拉里的雕像一直塑不起来，因为“见过她的人都立刻变成了石头”。[10]

但政治女强人并不只是会被贴上美杜莎的妖魔化标签；共和党在其竞选宣传里集中火力攻击佩洛西，把她称为尖叫的女巫、残
[53] 忍的恶徒。记者彼得·贝纳特（Peter Beinart）在 2018 年的一篇文章中写道：“2003 年，佩洛西升为众议院少数党领袖还没几天……共和党就在反对一位民主党人竞选路易斯安那州国会议员的广告中印上了佩洛西的面容——‘俗艳又扭曲’，这是当时某杂志里的原话。”画面里的佩洛西总是张着嘴，没有任何口钳或缰绳的限制。这位国会里最有权势的女性就这样被描绘成危险、善变的形象，

敌对阵营的人也想方设法让她闭嘴，其直接原因可以说正是对她的力量的惧怕。佩洛西是现代最为成功的司法战略家之一，在奥巴马任期内，她带领着难以对付的国会领导班子，成功通过了医疗改革和刺激消费的法案。与之形成鲜明对比的是那些坐上过相同位子的共和党男性，从保罗·瑞安到约翰·博纳（John Boehner）再到丹尼斯·哈斯泰特（Dennis Hastert），他们都只展现了最为疲软的领导才能。

强大的女性，尤其是那些能力显然要比男性强的女性，经常会因为挑战了男性的权威而被视作乖戾可怕、违背自然的糟糕形象。“疯了”，一个用于描述精神疾病的词语，也成了形容愤怒的词语。对女性来说，这两个层面似乎是联系在一起的。

州议会大厦里的疯女人

我们日复一日地在政治话语中听到人们诽谤说愤怒的女人是多么的反复无常，都没意识到自己已经彻头彻尾地接受了这种观点。2017 年，美国海军陆战队队员被曝散播女兵不雅照，军方未能及时处理该性骚扰事件，参议员柯尔斯滕·吉利布兰德咄咄逼人地向美国海军陆战队司令罗伯特·奈勒（Robert Neller）发起质问。当天晚上，福克斯新闻台主播塔克·卡尔森（Tucker Carlson）在面向全国观众的电视节目里声称“参议员柯尔斯滕·吉利布兰德彻底疯了”，说她像疯狗般冲着奈勒上将“乱咬”。

同年，国会女议员马克辛·沃特斯就特朗普与俄罗斯的财务关系质问财政部部长史蒂文·姆努钦（Steven Mnuchin）时，态度强硬，声称要“夺回（自己的）时间”。真实政治网（RealClearPolitics）称她表现出一种“彻底崩溃”[11]，烈火新闻网（TheBlaze）和布赖
[54] 特巴特新闻网这两个右翼新闻网站频频用“精神错乱”来描述她[12]。特朗普的支持者、黑人牧师达雷尔·斯科特（Darrell Scott）则将沃特斯形容成一个“疯大妈……老是揪着芝麻大点的小事说个没完没了”。[13]

很多人认为女性的愤怒从根本上来说是不正当的，因为并没有什么**真正的**大事能让她们合理愤怒，正是在这种观点的支撑下，那些人才声称暴怒的女人都精神失常。而这种观点也的确会让女性**感到**发疯。“我们的愤怒被忽视，被贬低，变得苍白无力，”“黑人的命也是命”运动创始人艾丽西亚·加尔萨谈到黑人女性时说道，“我们生气的是，我们被告知，那些正在我们面前发生的事情实际上并不存在，我看真是疯了。”

不管愤怒的女性是被逼得发疯，还是被误当作精神病，在这样一个排斥精神失常的社会里，她们都被贴上了相同的标签：情绪反复无常、不理性、不可靠，无足轻重、令人反感。

用图片搜索引擎随便搜一位政治人物或公众人物里的女强人，尤其是那些以各种方式——竭力推动军队改革、刑事司法体系改革、银行业改革或者参加选举打败有权有势的男性——对白人男性权力构成威胁的女性，你会看到许多张沃特斯、佩洛西、参议员卡玛拉·哈里斯和伊丽莎白·沃伦的照片，她们在照片里毫无顾忌地张大嘴巴，大喊大叫，唾沫横飞——这正是要给她们贴上制造噪音的标签，暗讽她们面目丑陋、性格残暴。要想败坏这些女性

的名声，让她们看起来令人反感，最好的办法就是抓拍一张她们大喊大叫的照片；一位女性张大嘴巴，带着怨气强势地大声喊叫，在我们心里就会被编码为丑陋。

“我想不出，那些当众发火的女性里，有谁没有遭到过嘲笑或者丢掉工作的。”女权主义散文家林迪·韦斯特（Lindy West）2017年写道。她枚举了许多遭到公众抗议和谴责的女性，例如出言不逊、与众多媒体交恶的爱尔兰歌手希妮德·奥康娜（Sinéad O’Connor），因反战言论失去大量乐迷的美国乡村音乐女子组合南方小鸡（Dixie Chicks），出席反特朗普主题和平舞会遭指责的美国歌手索朗·诺尔斯（Solange Knowles），以及因冲着特朗普车队高高竖起中指而遭到其所在的政府承包商公司解雇的单亲妈妈朱莉·布里斯克曼（Juli Briskman）。[14] 2018年夏天，21岁的国会实习生凯特琳·马里 [55]
奥特（Caitlin Marriott）在特朗普走进美国国会大厦时冲他大喊“总统先生……我操你妈！”，被停职一周，没收证件。不过值得一提的是，她的上司、新罕布什尔州民主党参议员玛吉·哈桑（Maggie Hassan）向媒体指出，“不应”将马里奥特的行为“与总统那些争议很大的破坏行为，比如剥夺人民的医保……比如将儿童和父母分开相提并论……并且这位年轻女性立即为自己的行为负起了责任、承担了后果，而总统可是什么都没做”。[15]

这种对于大声叫喊的女性的否定，可能要追溯到女性照顾下一代时比男性付出更多劳动这一现象。女性提高的嗓门和语调让男性觉得自己又回到了小时候，回想起了那些令人不快的责骂，以及养育、教育他们的母亲、祖母、姐姐、保姆和老师惩戒的手掌。“我们是由女性抚养长大的，”格洛丽亚·斯泰纳姆说道，“因此我们小时候就看到了女性的力量。男性在长大后看到强势的女性时，就尤其会觉得退回到了小时候，因此会想要攻击她。”[16]

成年女性的严厉斥责可能会让我们回想起早年的家庭环境，那个唯一能让女性获得绝对权力的环境，也说明了女性一旦亮出嗓门发起挑战会带来什么：它会打乱秩序，让我们回想起女性曾经拥有权威的那个时刻、那个地点。而一旦这种成年女性的斥责发生在政界、工作场所、激进运动或者公共领域的其他地方，就会成为一种不合时宜的反常行为。从这种意义上而言，向权力结构发起挑战的愤怒之音里，回荡着叛乱的威胁。

2017 年特朗普深陷“通俄门”丑闻时，曾任检察官的参议员卡玛拉·哈里斯就俄罗斯调查向司法部部长杰夫·塞申斯（Jeff Sessions）抛出一连串尖锐的问题，却被塞申斯的朋友、亚利桑那州参议员约翰·麦凯恩（John McCain）吩咐不要插话。在争论中，塞申斯也大声指出哈里斯参议员的审问让他“紧张”。这场激烈的交锋结束后，特朗普的前顾问杰森·米勒（Jason Miller）指责司法部部长“满腹牢骚和怒火”；相反，哈里斯在审问塞申斯时则表现得过于“歇斯底里”。

这种“编码”不仅仅来自男性：一位愤怒的女性也会让其他女性感到紧张。大选结束后，伊丽莎白·沃伦发表了愤怒的演说，
[56] MSNBC 公司的主播米卡·布热津斯基警告观众说“有一种刺耳……毫无节制、精神错乱的愤怒在蔓延”。甚至在《纽约时报》的报道里，沃伦也被贴上了“长舌妇”的标签，和该报用来形容她的另外一个词“专横傲慢”看起来正好凑成一对。但沃伦其实非常善于清晰地讲述美国经济故事，并且也会关照那些在金融机构的

势力变得日益庞大之时遭到欺骗或遗忘的美国民众，传达他们的沮丧和憎恨。

这些女性似乎象征着一种混乱。而其中似乎也蕴含着深远的历史回响：20 世纪早期呼吁妇女参政的宣传影片里，争取选举权的女性将孩子留在家中，丢给软弱无能的丈夫。[17] 天性被抛在一边；女性对于自己被排斥在公民参与之外的怒火引发了家庭内部的混乱。女性在任何政治背景下的愤怒都会被打上失序的标签，而男性的愤怒则得到理解，被认为是理性的，甚至值得钦佩的。

这也许能解释我为写这本书进行采访报道时，尤其是在特朗普就职典礼之后的那几个月里，为何几乎每一位受访的女性都会将自己的愤怒描述为过去时。“我当时很生气，”受访者会说，“但是我现在不再生气了；我接纳了自己的愤怒，化愤怒为行动。”愤怒需要成为过去时，才能让这些受访女性带着权威、带着自信、带着激情说出口。在每次采访中，这些向我保证说自己已经抛开愤怒的女性，没过十分钟又会开始提高嗓门大声咒骂，表达自己是多么的生气，对特朗普生气，对自己的父亲生气，对自己的朋友生气，或者更宽泛地讲，对这个国家及其所有的不公生气。这些女性当时很生气；她们当时当然很生气，但她们习惯了从一开始就否认这种愤怒。

认可愤怒

格洛丽亚·斯泰纳姆向我描述了自己是如何用一生去学习感受

愤怒、认可愤怒、承认愤怒并且及时表达愤怒的。她在俄亥俄州
[57] 托莱多市长大，她的母亲为抚养孩子放弃了记者的工作，后来患上精神疾病，由女儿们照看。斯泰纳姆曾经是抗拒愤怒的。“我们来自好脾气的中西部，得嗑点药才知道生气。”她说。在一段时间里，她会“像其他女性经常做的那样，把愤怒转移到其他事情上去”。她会为别人虐待动物或者虐待他人而生气，却不会为自己生气。

斯泰纳姆 30 多岁时，经常作为记者活跃在 20 世纪 70 年代早期的纽约媒体现场。她曾经乔装打扮成一名兔女郎潜入纽约花花公子俱乐部，撰写一篇揭露色情文化的报道，掀起轩然大波。她也报道了反战运动和黑人权力运动，还曾被派去报道一场关于堕胎的听证会。斯泰纳姆回忆说：“我很确定我在第一场堕胎听证会上感觉到的（正是愤怒），那时我突然意识到，**没错**，我堕过一次胎，每三名女性里就有一名堕过胎（但这在当时是违法的）。我很确定当时我感觉到的是愤怒：**怎么可以这样**？**这根本不合理**！我怒火中烧。”这股怒火驱使她投身女性运动。然而她也指出，在很多年里，“我终于能够做到周四再告诉别人我周一那天很生气，却还是没法当时就告诉他们”。五十多年来，作为女权主义运动组织者、女性领导人的斯泰纳姆，就算明白“愤怒是政治实践主义的上好燃料；愤怒好得很，我重视愤怒，也珍视愤怒”，还是称自己直到今天，也“只能偶尔”当场将愤怒表达出来。

如果连格洛丽亚·他妈的·斯泰纳姆都难以自信地释放愤怒，也就难怪在很多高中和大学校园里，和我交谈的那些年轻女学生都会问我应该如何表达自己的愤怒了。她们告诉我说，她们害怕公开自己的愤怒，担心会为此遭到朋友、同龄人和男性的疏远，担

心在别人看来自己精神错乱、咄咄逼人。她们没有精神错乱，也没有咄咄逼人；她们只是感到愤怒。但她们怎么才能说自己气疯了，而又不会招来谴责和冷眼呢？怎么才能充满自信、毫无歉意地表达自己的愤怒？这样难道不会吓跑别人吗？她们问我有什么秘诀：我是怎么想办法登上她们学校的舞台慷慨陈词的？

我能告诉她们什么呢？我 32 岁时和朋友一起去访问某个海滩 [58]
社区时，被引见给一位很有魅力的年长女性。我告诉她我是女权主义作家，她上上下下打量着我，冷漠地问：“男人们对你的工作怎么想？”就好像这是关于这个职业最为重要的问题。我告诉她，我的约会对象似乎对我的工作挺感兴趣，她挑了挑眉毛，手指划过我的大腿，像是在检查有没有毛。我很尴尬。“我倒要看看你们能谈多久。”我也不想向她们回忆起，我刚开始从女权主义视角写政治、文化内容的时候，就算一直都很小心地试图用幽默、轻松的文笔掩盖愤怒，读者来信里还是有一半都急于指出我的文章多么的愤怒,就好像认定我愤怒就是对我的一种侮辱。有些人推测说，我这么愤怒是因为我长得丑、没人要，还有些人则十分确信，要是我能找个男人就好了，他们也许能帮上我。也许我不应该向她们提起，一位我十分信任、也十分在意的男性友人，曾经私底下和另外一位、也就是后来把他的话转给我的这位男性讲道：“丽贝卡是这么热情风趣，你根本不会把她和她写的那些愤怒的玩意儿联系到一起。”

但是！我很想对那位朋友（尽管他压根儿不知道自己的话被转告给了我）讲：这个友好风趣的我**正是**那个愤怒于不公的作者；那个不管单身还是恋爱都很快乐的女人，那个和一个爱着她的男人谈恋爱的女人，那个玩得开心、感觉快乐的女人，那个操心工作、在意朋友的女人，那个纵情度假、吃喝玩乐的女人，那个下厨做饭、宠爱孩子的女人，同时也是一个非常愤怒的女人。

然而，这种认为愤怒与和蔼可亲的女性气质有些不搭的想法，也许是基于一个事实：女性太习惯于压住自己的怒火，掩饰自己的愤怒，解构自己的愤怒，一旦向别人透露出平静之下翻腾的愤怒，就会让人觉得惊讶、困惑甚至不安。

[59] 这对你不好

人们一直都认定，生气对女性不好。2018 年初，我的牙医告诉我，自从特朗普当选后，来找他看牙的女性里大约有四分之三都是怒气冲冲的。我听了立马觉得这令人鼓舞，但他却摇摇头，沮丧地说：“这对她们不好，她们（气得）咬牙切齿。”

我的牙医并不是唯一有这种担忧的人；很多女权主义的女性活动家都和他一样担心愤怒会有害健康。2018 年休斯敦洪水肆虐的那段时间里，特朗普再次威胁要废除“童年入境暂缓遣返计划”（DACA），赦免了种族歧视的警长乔·阿尔帕约（Joe Arpaio），还宣布暂停实施奥巴马政府要求企业向政府公开工资数据的举措。就在那期间，我收到了一封订阅邮件，来自格温妮丝·帕特洛（Gwyneth Paltrow）创办的 GOOP 健康生活方式品牌，邮件提供了如何管理愤怒的建议。那封邮件指出，心理治疗师认为愤怒“对于我们的发展至关重要”，能够作为“一剂燃料，推动你度过不同的人生阶段”，然而，接下来的专家问答部分传达的却是截然不同的信息——针对GOOP以女性用户为主的读者群，邮件指出，在人际关系中，发火只不过是一条捷径（“我们宁可发火，也不愿意承认我们内心深处的脆弱”）。邮件还告诫读者，在政界有“太多政客……被自己的愤怒蒙蔽了双眼，从而犯下更多的错误。真正的领袖能够做到……即便犯了错误，人们与他们意见相左，他们也不会愤怒失控。他们也许会觉得愤怒，但不会表现出来”。[18]

愤怒被这样污名化，被看作不干净、不健康的，导致一些女性即便正是出于对社会不公的愤怒而开展政治活动，也常常会弃绝愤怒，并且警告说愤怒会带来不良后果。民权活动家赛普蒂玛·克拉克（Septima Clark）是一名解放黑奴的女儿，她在成长过程中获得的教育机会和经济机遇都很有限，长大后却成了一名硕果累累的教育家，并且创办了公民教育学校，致力于提高成年黑人的识字率，帮助非裔美国人掌握“读写能力”这个他们迫切需要、却经常得不到的技能，增加他们的公民参与机会。克拉克有一句话很出名：“我从来不觉得生气能给你带来什么好处，那 [60]
只会影响你的消化，让你食不下咽，于我这是一大不幸。”

但是女性实在是太善于按捺自己的愤怒了，直到最近女性愤怒终于爆发，我才意识到原来有这么多女性到全国各地宣讲女权主义的时候，都会像我一样被那些年轻女性问起同样的问题。女权作家罗克珊·盖伊（Roxane Gay）指出，“在很多我公开谈论女权主义的活动里，年轻姑娘都会问我，她们要怎样做才能在践行女权主义的时候看起来不那么愤怒。她们问出这样的问题，就好像全世界的女性在面临不公、挑战、暴力和压迫时，感到愤怒都是不合理的。”

女性渴望得到认可，同时又期待有人能对她们的感受表现出好奇。

“一直以来，我们听到的话都在说女性的愤怒是一种破坏性的力量，只会带来干扰，毫无用处，并且还会引起分歧，带来倒退，”艾丽西亚·加尔萨指出，“却好像从没有人质疑过：**你们为什么他妈的气疯了？**”

“你是第一个明确问我是否愤怒的人。”阿底提·朱内贾（Aditi Juneja）对我说。27 岁的她从小患有癫痫，如今是一名律师、活动家，她在 2016 年大选期间与人合作创建了名为《抵抗指南》（*The Resistance Manual*）的行动指南文档。“人们会问我怎么自理，是否有归属感。从来没人问我是不是生气。”朱内贾说自己也知道原因，“如果你问女性是否愤怒，所有人都会否认。”

朱内贾说她一直在思考大选以来，“谁得到了表达愤怒的许可，以及被允许怎样表达愤怒”。她说从特朗普当选前一个月开始，自己就停止观看特朗普的演讲和新闻了，因为从新闻媒体的报道里只看得到特朗普，却看不到丝毫像自己这样被特朗普点燃的怒火，这让她陷入了深深的自我怀疑。“我感觉只有我自己在听他胡言乱语、自相矛盾，别人都听不到。”在政治媒体的报道里，他的行为和言论都是合法的。“我开始质疑自己。”

2017 年的某个时刻，朱内贾告诉父亲，自己已经不再看关于
[61] 特朗普的新闻报道了，因为那会让她非常困惑。她的父亲回答道：“好吧，我没觉得困惑，我知道他是什么样的人。”朱内贾茫然地看着父亲，然后终于意识到：“噢，恭喜你，从来没人要求过你去

适应社会，怀疑出错的是不是自己，没人指出过你感知世界的方式是无效的。”

2016年总统大选清晰地证实，愤怒这种情感在（某些）男性身上是得到允许，甚至得到鼓励的，愤怒能给他们带来好处，而对女性来说，愤怒，则是禁忌，是无效的，会招致自我挫败感。

[62]

第二章

诱捕的圈套：狂怒的高昂代价

2008年希拉里初次竞选总统时，人们对她品头论足，嫌她的声音尖锐刺耳，嫌她的举止咄咄逼人、野心勃勃，并且经常把声音和举止混为一谈。许多人都认为她的声音天生充满邪恶。她若是笑，媒体会将她的笑声称为“母鸡咯咯叫”；她若是讲话大声，人们会认为这是她那令人不安的野心的映照。那时候，《华盛顿邮报》记者乔尔·阿亨巴赫（Joel Achenbach）在文章里幻想回到从前有泼妇口钳的时候，认为希拉里“需要一个无线遥控的电击项圈，那样一旦她开始尖声叫喊，助手就能给她一下”。[19]

在那次竞选中，希拉里之所以遭遇媒体和民众如此反感，原因之一就是女性的声音在总统竞选演说中实在是前所未见。希拉里当时的竞选对手奥巴马作为第一位非裔美国候选人，碍于自己的种族背景而不能大声表达愤怒。他在演说中淡定沉稳、踔厉骏发，与希拉里的大嗓门、尖语调形成了鲜明对比。即使在奥巴马执政期间，希拉里也仍然被继续丑化成怒气冲冲、攻击性十足的形象。《华盛顿邮报》记者达纳·米尔班克（Dana Milbank）和克里斯·齐利扎（Chris Cillizza）调侃道，如果希拉里出席奥巴马的啤酒峰 [63]
会[①]，给她递上的肯定是“疯婊子”啤酒。[20]

到了2016年总统大选，局面则变得不太一样。从一开始，这场总统竞选的主题**就是**愤怒：伯尼·桑德斯愤怒不已，唐纳德·特朗普也怒气冲冲，并且他们还相当直接地谈论这种愤怒。2016年，共和党阵营的南卡罗来纳州州长妮基·黑利（Nikki Haley）建议选民不要去听特朗普等人针对移民问题的那些“最为愤怒的声音”。对此，特朗普在接受CNN采访时讲道：“她说得对。我就是很愤怒。……在我看来，愤怒挺好。愤怒和激情正是这个国家所需要的。”[21] 十天后，桑德斯回应比尔·克林顿称他愤怒的时候也给出了类似的回应：“你知道吗？他说得对。我的确非常愤怒。美国人民也都非常愤怒。”四天后，希拉里也加入了这场愤怒的表达。“许多人不只是充满忧虑，满怀沮丧，”她指出，“他们还愤怒不已。……而我，也像他们一样愤怒。”

但不知怎的，希拉里就是无法让人们相信她也同样感到暴怒，也许是因为她讲话的语调不太对劲。《华盛顿邮报》针对这场演说发表的一篇评论里，开篇就描述了希拉里的嗓音是如何从“像保龄球在球槽上急速滚动般的轰鸣……变成了深思熟虑的轻声细语”。

---

① 2009年7月16日，哈佛大学黑人教授盖茨从海外旅行归来，因家中前门损坏而试图撬门进入。白人警官克劳利等接到他人报警后赶到盖茨住处并与其发生争执，一度将盖茨拘捕，引起轩然大波。7月30日晚，奥巴马邀请盖茨和克劳利到白宫玫瑰园一起喝啤酒，希望借此机会平息这场全国范围的种族歧视争论。这次会晤被媒体称作“啤酒峰会”。

这篇评论里另有两处将希拉里的声音描述为“大叫”，在结尾处引用了一位希拉里的支持者发表的意见：“伯尼·桑德斯极具魅力，能够直抵人心，而希拉里则缺乏这种内在魅力。”

这位总统候选人对于愤怒的坚定表达在不少人眼里只是一种不真诚的表演模仿，但为什么与此同时，又让这么多人觉得是在向他们不断咆哮呢？

希拉里与桑德斯的首场辩论结束后，《纽约时报》在评论中指出，桑德斯这位以指手画脚、大呼小叫、剧烈摇头作为日常沟通方式的佛蒙特州参议员“非常镇定”，而希拉里却“不时表现出紧张甚至是愤怒”[22]，并且怀疑希拉里的“凶神恶煞状”是否“太过冒险，毕竟许多选民……对她的印象本就不算太好”。曾报道过“水门事件”的资深记者鲍勃·伍德沃德（Bob Woodward）发表意见说，希拉里面临的质疑来源于她的“讲话风格和呈现方式……她会大喊大叫，交流方式不够自如”。肖恩·汉尼提（Sean Hannity）在节
[64] 目中播放了一段希拉里愤怒地大声呼吁反对枪支游说团体的视频，然后问道：“这有什么可爱的？……愤愤不平，声嘶力竭？”

指责希拉里的不只是右翼主流媒体，还包括左翼媒体。“她到底是总统候选人，还是想要出演《惊声尖叫》重启版？”左翼网络政治评论网站“少壮派”（*The Young Turks*）主持人约翰·亚达罗拉（John Iadarola）这样问道。他指出，我们“必须记住……有些东西历史地看也许是正确的，例如认为女性声音刺耳、絮絮叨叨的这种性别歧视或者刻板印象，男性一直以来已经指出过太多次……但那并不意味着女性就不可能……不需要大声讲话的时候还那样做。”[23] 换句话说，不能因为这种观点涉嫌性别歧视，就觉

得它是错误的。

这是一个令人出离愤怒的完美圈套：这个候选人老是大喊大叫，却没表达出足够的愤怒，而当她尝试更好地表达愤怒时，却又被认为是在假装。

“在这种愤怒的民粹主义时刻，她正是一个错误的候选人。”自由主义记者托马斯·弗兰克（Thomas Frank）在竞选的事后调查中写道。他指出，希拉里是“局内人，而民众却在呼喊着要局外人”。弗兰克能够看到那些叫喊的人们的愤怒，明白那是一个愤怒至极的时刻。但是在希拉里身上，弗兰克看到了一种“尖锐的自以为是，这种来自上流社会的愤怒呼喊招致了民众的反感”。[24] 然而，希拉里的竞争对手同样也是有权有势之人，一位是在国会里任职将近三十年的议员老将，一位是坐拥亿万家产的地产大亨，很难想象弗兰克会觉得希拉里惹人讨厌当真是因为她的社会地位，而不是其他因素。

讽刺的是，尽管希拉里对银行业的友好态度和作为中间派的妥协立场引发了许多争议，她的经济议程却直接指向最为愤怒的群体，例如煤矿工人和那些在毒瘾中挣扎的白人工人阶级群体。希拉里主张提供育儿补助、让看护人的经济状况更加稳定，也提出废除海德修正案①、解决生育自主权相关的种族和经济不平等问题。但很多人都认为她谈论这些议题的方式非常糟糕、缺乏说服力，而这的确也与她自身在演讲方面的不足有关。然而，希拉里之所 [65]

①“海德修正案”（Hyde Amendment）规定，在大多数情况下（因强奸、乱伦而怀孕或挽救母亲生命的情况除外）禁止联邦资助计划为堕胎提供援助，禁止使用联邦医疗经费支付堕胎费。

以表现出这些不足，也许是因为她就像以前那些在公众面前演讲的女性一样，被批评说话过于大声、过于气势汹汹，这让她感到紧张、感到犹豫，不敢燃烧激情、不敢尖声喊叫、不敢情绪激动，生怕提高嗓门会让那些听众有想法。她只能如履薄冰、有气无力地与听众交流，听上去无聊而又机械，完全没法真诚坦率地传达自己的想法，更无法让选民感受到她对于民生的关切。

最新研究表明，（白人）男性强烈表达愤怒也许不仅没有问题，事实上还能给他们带来好处，甚至能对他们的女性对手不利。

心理学教授丽莎·费尔德曼·巴雷特（Lisa Feldman Barrett）在《纽约时报》上刊文介绍了其研究团队开展的一项研究：研究员向被试者展示男性和女性面部表情的照片，发现他们更有可能认为女性的情绪变化是内部因素导致，而男性的表情变化是受到外部因素触发。用丽莎的话说，“她是泼妇，而他只是遇上了倒霉事”。[25]

这也正是政治顾问、演说教练约翰·奈芬格（John Neffinger）设法解决的问题。奈芬格在竞选期间曾为希拉里写过一系列备忘录，帮她调整自我表达的方式。他和同事梳理文献时发现，公众一般用两个标准来评价候选人：力量和温暖。人们通常假定男性候选人是力量型的，这种力量与技能、权威、才干和经济实力相关联；而女性候选人本质上是温暖型的，用政治语言表述就是亲切、有趣、友好，真正关心自己想要代表的群体。

“如果一个人能够设法表现得既有力量又很温暖，我们就会说这个人富有魅力，我们想和这样的人在一起，也想成为这样的人。”奈芬格指出。在人们看来，那些力量感大于温暖感的人是“可怕的”，而那些温暖感超过力量感的人则是“可爱的”。问题在于在政治家身上，这两种品质会得到怎样的评价。政治思想家马基雅维利曾经说过，尽管一个人应该既让人敬畏又让人爱戴，但由于两者很难同时存在，令人敬畏比让人爱戴要安全得多。奈芬格认为，“真 [66]
的很难找到能够将两者结合的候选人”。理论上讲，男性候选人能够通过展现“可怕”侥幸成功，尤其是遇到国家危机的时候，独裁专断的男性人物通常会被当成保护者，例如 9 · 11 事件期间时任纽约市长的鲁迪 · 朱利安尼（Rudy Giuliani），以及脾气暴躁出了名的战争英雄约翰 · 麦凯恩。他们不能“可爱”，因为那会让他们女性化，会让人们不把他们当回事。

对女性来说，不管哪一极都是毒药：若想“可怕”，就会遭到诽谤、排斥，获得怪异、丑陋的公众形象；若想“可爱”，就会被认为不严肃、没能力。女性需要费尽心思，在两极之间寻找一点微妙而又难以稳定的平衡。事实上，男性若是表现出一点温暖，常常会大有帮助；女性若是表现出一点力量，却很容易过火。

顶着一头乱发的伯尼 · 桑德斯是个出了名的坏脾气，他的一贯风格就是义正词严地反复向听众大喊要破除不平等。他在某次演讲中冲着停在讲台上的一只小鸟笑了笑，就能散发出魅力。而在奈芬格看来，如果一个女性“以某种具有力量感的方式坚持自己的观点，她身上的温暖感就会瞬间消失，人们会认为她给社会秩序造成了威胁。男性就算和蔼一点，也不会丧失力量感，而女性哪怕加上一点点力量，都会失去温暖感”。

这正是希拉里 · 克林顿面临的困境：和她竞争的两位男性都在利用愤怒的力量，将其打造成自己的主要卖点。而希拉里身为一名女性、竟敢与男性争夺美国的最高职务，本就已经扰乱了秩序，如果再以这种富有力量感的方式和他们竞争，就只会加剧公众的焦虑。她团队里的每一位成员都了解这些会如何影响她的表达方式。

希拉里的演讲撰稿人丹·史韦林（Dan Schwerin）2017年曾告诉我："男性候选人可以大喊大叫，人们会说他富有激情，而女性
[67] 候选人要是提高嗓门想煽动群众，就会被说成是刺耳的尖叫，这是有原因的。"史韦林讲道，正因为希拉里懂得这一点，"她很克制，不会大声叫嚷，举止极为谨慎。于是人们就认为她不够真诚，认为这意味着她无法理解民众的沮丧和痛苦，因为她不像那些男性那样愤怒。她一定是觉得现状没什么问题，因为她都没在生气。"

希拉里在大选回忆录《发生了什么》（*What Happened*）里谈到这个看似无解的问题给她带来的沮丧，字里行间抑制不住内心对于这种情形的鄙视。"我试过调整自己，"她写道，"我反复听到有些人讲不喜欢我的声音，就向一位语言学专家寻求了帮助。"那位专家却让她深呼吸，注意表达积极情绪。希拉里以不动声色的愤懑笔触，描述着自己如何被迫维持一种天生快乐的女性气质幻想，"那样，当民众活跃起来开始呼喊、就像集会人群常常做的那样时，我就能忍住，不去正常地大声回应他们。"希拉里告诉那位专家自己会尽力而为，"但是我很想知道，你能不能给我举个例子，有哪个女性公众人物能够成功做到在群情激昂的民众面前还柔声细语地讲话？"

那位语言学家没能举出来。

米歇尔·奥巴马，那个“愤怒的黑人妇女”

如果说希拉里·克林顿觉得自己很难找到合适的方式表达沮丧等复杂情感，而又不会让人觉得受到威胁，那么和米歇尔·奥巴马相比，她的困难就是小巫见大巫了。

米歇尔在芝加哥南部出生长大，妈妈在家全职照顾子女，爸爸是一名水管工。她毕业于普林斯顿大学，后来在哈佛大学法学院取得法律博士学位，博士毕业后进入芝加哥的盛德律师事务所，一家“白鞋”律师事务所[①]工作。在那里，她被指派负责指导一位同样来自哈佛的学生，那位学弟正是她未来的丈夫巴拉克·奥巴马。后来，奥巴马放弃优厚的待遇投身芝加哥的社区组织运动，随后去了芝加哥法学院教书，米歇尔离职后则转到芝加哥市政府做市长助手，之后进入芝加哥大学出任学生事务处副处长。这对夫妇 [68]
在芝加哥生活期间，米歇尔是更为闪耀的一方：她爱交朋友、魅力四射、幽默风趣、充满活力。米歇尔在芝加哥腐败的政治环境中长大，对政治充满了不信任，不想和政治扯上任何关系，但她的丈夫却正好相反。

后来，巴拉克·奥巴马成为一代人心中划过美国政坛的最亮明星，他的妻子却遭到了全国民众的审视。她充满激情的演讲和富有感染力的坦率，她对于美国历史的洞见和对于政治形势的忧虑，以及她敏锐的幽默感，都开始成为令她饱受非议的因素，令人费解。

米歇尔的丈夫在参议院名声大震的时候，她在媒体中的形象

① “白鞋”（white-shoe）律所，指那些拥有顶级客户、从事顶级交易业务的精英律所，往往由特权白人开办。“白鞋”的称呼来源于一度在常春藤盟校毕业生中非常流行的白色羊皮鞋。

是翻着白眼说“也许有一天他会做点什么，来保证自己还能获得这么多关注”。两年后，奥巴马正式宣布竞选总统，她仍然在充满柔情地埋怨他不会铺床、袜子乱丢，说他睡觉时打呼噜，醒来时有口臭，称他是个“有天赋的人，不过说到底，也只是个普通人”。这很快引起了《纽约时报》专栏作家莫琳·多德（Maureen Dowd）的注意，她担心人们听到米歇尔把丈夫描述成“一个没有规矩的小孩”，会“削弱男子气概”。——又一次，女性批评的声音被描绘成了母亲的责备。

相比于米歇尔在丈夫竞选总统期间的其他遭遇，这已经是最温柔的一次了。

奥巴马开始赢得初选、看起来有望获得美国民主党总统候选人提名之时，米歇尔在一场演讲中讲道：“这个国家的民众已经做好了迎接改变的准备，人们渴望打开新的政治局面……成年之后，我第一次为我的国家感到骄傲，因为希望之火终于重燃。”

这句话本身是积极温暖、充满期待的，但从米歇尔嘴里讲出来，就让有些人觉得完全是在辱国。保守派专栏作家比尔·克里斯托尔（Bill Kristol）斥责她不知为美国赢得冷战感恩；资深政治记者吉姆·格拉蒂（Jim Geraghty）也在《国家评论》杂志上撰文写道：“美国对她不好吗？什么，有机会上普林斯顿大学，读哈佛法学院的博士，在顶尖律所和医疗中心工作……这还不够好？”似乎努力
[69] 工作、成绩斐然的她对这个国家但凡少了点巴结和感激，就让人无法接受。

在这个国家，米歇尔的曾曾曾祖母遭受过奴役，她的丈夫是首位可能获得总统候选人提名的黑人，她若想住进白宫就得放弃

自己的工作和独立身份，而那座白宫还是奴役劳工建成的。她仅仅对这个国家提出了一些温和的批评，就足以让民众认定她是一个令人担忧的愤怒的黑人妇女。

她出现在《国家评论》的封面上，（当然）嘴巴大张，恶狠狠地看着读者，头顶的标题写着“不满夫人”（Mrs. Grievance）。保守派专栏作家米歇尔·马尔金（Michelle Malkin）开始称她为“令奥巴马痛苦的另一半”。同为黑人的保守派专栏作家马凯·马西（Mychal Massie）则写道，米歇尔“给人的印象就是一个愤怒的黑人泼妇，往这个让她功成名就、获得声望的国家脸上吐口水”。

对此，尼日利亚小说家奇玛曼达·恩戈兹·阿迪契写道：“就因她说出了自己心中所想，就因她只有想笑时才面露笑容，没有一直假笑，就遭到美国人最低级的讽刺，被夸张地描述成‘那个愤怒的黑人妇女’（the Angry Black Woman）。一般来说，女性是不被允许愤怒的；但对于黑人女性来说，在此之外，人们还期待她们表现出无尽的感激，越卑躬屈膝越好，就好像她们的公民身份只是做做样子，不能信以为真。”

将米歇尔和美杜莎合在一起的表情包在网上广为流传。米歇尔被塑造的谬误形象更是愈演愈烈，从愤怒的黑人妇女转变成了激进的武装分子。美国国家公共电台（NPR）评论员胡安·威廉斯（Juan Williams）将米歇尔与民权运动领袖斯托克利·卡迈克尔（Stokely Carmichael）相提并论，称她是“穿着设计师时装的卡迈克尔”，后者在20世纪60年代从非暴力运动转向更为激进的运动形式，提出了“黑人权力”。在知名网络杂志《Slate》上，曾经是左翼人士、后来转为新保守派的记者克里斯托弗·希钦斯（Christopher

Hitchens）发表了一篇令人震惊的不实报道，试图将米歇尔的本科毕业论文与黑人权力运动扯上关系。米歇尔那篇论文写的是自己
[70] 身为黑人在普林斯顿大学的读书经历，希钦斯声称 21 岁的米歇尔在论文里表示自己受到卡迈克尔的“极大影响”，而卡迈克尔又与伊斯兰民族组织领导人路易斯·法拉堪（Louis Farrakhan）不无关联。福克斯新闻网的主播则更加荒诞，居然指摘米歇尔在奥巴马获得民主党总统候选人提名当晚碰拳庆祝的时候，是否做了个“恐怖分子的击拳致意”。《纽约客》的一期封面漫画里，画家巴里·布利特（Barry Blitt）将米歇尔在人们眼中的激进武装分子和愤怒黑人女性形象夸张地演绎出来，呈现了一个顶着 70 年代爆炸头、扛着机关枪的女性形象。这幅漫画名为《恐惧的政治》（*The Politics of Fear*）。

等到奥巴马在丹佛接受民主党总统候选人提名之时，米歇尔的公共形象已经得到了重新塑造：她开始谈论穿衣打扮，不再谈论政治和国事，也不再以批评的论调谈论自己的丈夫。在大会上，她被（准确地）塑造成贤妻慈母的形象，打小就喜欢看情景喜剧《脱线家族》，仅此而已。她自己在演讲中也非常谨慎地表达了自己的爱国之情，感谢这个国家为自己提供机会。米歇尔就这样被强力阻止了发声，不能有丝毫的抱怨。事实上，在整个过程中，她从没有真正表达过愤怒，只是表达自我时自由、直率了些，就很快被认定是带着怨恨，导致她再也不能发表自己的观点，发出自己的声音，再也不能表达任何可能会被理解成沮丧或抱怨的情绪。

搬出白宫之前，米歇尔接受了脱口秀主持人奥普拉·温弗瑞（Oprah Winfrey）的采访。回忆起那个被描述成“那个愤怒的黑人

妇女”的时期，米歇尔讲道：“怪了，你根本都不认识我……怎么讲得出这话？”[26] 又过了一年多，在佛罗里达州的一场黑人女性集会上，米歇尔和前白宫资深顾问瓦莱丽·贾勒特（Valerie Jarrett）谈论起这个过程时更坦率地指出，早些时候她“回看了自己的一场演讲，发现自己觉得充满活力和激情的表达，一被新闻引述就会很容易变成愤怒、攻击的言论”。她接着讲道：“我当时想，噢，这是一场游戏。这的确是一场游戏。我之前在想什么呢？我还以为这次是玩真的，结果还是一场游戏。而我没有把这当成一场游戏，我表现得充满激情，因为我觉得人们想看到我这样做……但是他们也不知道自己真正想要什么。所以我不得不学会如何传达——”讲到这里，她挂上一个灿烂的笑容，甩了甩头发，继续说，“信息。”[27]

倡导民权和选举权的女性活动家玛丽·丘奇·特雷尔（Mary Church Terrell）1940年出版了一本自传，她在自传开头写道，自己的人生就是“白色世界的一名有色妇女的故事”。她说：“这和白人女性写的故事不可能有相像之处。一个白人女性只需要克服一种障碍——性别障碍。而我需要克服两种——性别障碍和种族障碍。在这个国家，只有一个群体面临两种如此巨大的障碍，而我正是其中一员。有色男性也只面临种族障碍这一种。”在罗格斯大学妇女与性别研究中心的布里特妮·库珀（Brittney Cooper）教授看来，特雷尔的这段话“最早指出了交叉性中的政治利害关系”。1989年，黑人女权主义学者金伯利·威廉姆斯·克伦肖提出了“交叉性”（intersectionality）这一概念，用于描述美国有色妇女面临的那些环环相扣的歧视。这带来的不只是双重的歧视，而是更甚： [71]

非白人女性面临的性别歧视会加剧她们遭到的种族歧视，而种族歧视反过来又会让她们更容易遭到严重的性别歧视。

实际上，这种格局一直以来都意味着，黑人女性表达的沮丧和抵抗，甚至是温和的批评，都会被美国社会的棱镜放大为黑人女性的某种关键特征。在黑人女作家乔尔·奥乌苏（Joelle Owusu）看来，美国社会对黑人女性愤怒形成的这种看法，导致她“在所有场合都被看作挑衅的一方……即便你在某场争执里一直很有礼貌，很尊重对方，也总会有人说是这个黑人女性‘态度’有问题或者具有‘攻击性’”。[28]

人们会用各种各样的方式将黑人女性的愤怒看作一种问题。不管黑人女性是温和地、猛烈地还是间接地表达不满，男性和白人女性都会本能地做出防御，不愿正视她们不满的根源，还会毫无根据地认定这种不满是她们忘恩负义的体现，认定她们消极负面、喜怒无常。

“人们告诉我们说，我们是不可理喻的疯子，我们与现实脱节，享有权利却又制造混乱，没有团队合作精神。”库珀教授在探讨黑人愤怒的女权主义著作《怒于言表》（*Eloquent Rage*）中这样写道，“愤怒的黑人女性被看作一种需要压制的人群，是一群净惹麻烦的公民，只知道喋喋不休地讨论自己的权利，完全不履行自己的职责，不会冲着大家微笑。”

玛克辛·沃特斯的正义之怒 [72]

2017年10月，国会议员玛克辛·沃特斯在为阿里·福尼中心（Ali Forney Center），一个为无家可归的性少数群体（LGBTQ）中的青少年提供支持的组织，举办的活动上，谈到自己听了无家可归的黑人变性青少年支持者的故事后是多么的感动，她指出："带着这样的鼓舞，我今晚要干掉特朗普。"

作为呼吁弹劾特朗普的主导人物，沃特斯指的当然不是要采取什么暴力行动，但是接下来的几天里，保守派却对她这段演讲片段展开了猛烈的抨击。右翼评论家劳伦斯·琼斯（Lawrence Jones）在《福克斯与朋友们》（*Fox and Friends*）节目里指出"应当对煽动暴力的言论展开调查"，他担心沃特斯的言论会"让人们去刺杀共和党"。这番话遭到反驳之后，他又重申道："她要是想弹劾总统，可以明确说弹劾。但她说的根本就是要刺杀总统。"[29] 沃特斯的政敌奥马尔·纳瓦罗（Omar Navarro）也发推文表示："我呼吁逮捕玛克辛·沃特斯。"[30]

将沃特斯的言论描述成谋杀威胁的不只是福克斯新闻频道的外围政治报道，主流媒体也做出了同样的疯狂举动。CNN主播克里斯·科莫（Chris Cuomo）在直播里采访沃特斯时，从一开始就把她塑造成了军国主义者。科莫首先评论说，总统和其批评者之间的冲突"已经成为一场肮脏的文字战争"，而沃特斯正是"这场战争中的参战者之一"。接着，科莫播放了沃特斯演讲的片段，指出"这些话被理解成企图夺取总统的性命"。沃特斯回应称他的观点"荒诞至极"，指出"没人会相信一个79岁、在国会和政界摸爬滚打了多年的奶奶辈国会议员，当时说的是要去造成人身伤害”。[31]

但人们当然是相信的，或者说愿意相信，这或许是因为黑人女性向白人总统权威发起理性的政治挑战，对权力结构造成了一

[73] 种严重的扰乱。科莫质问沃特斯是否应该“更有礼貌地讨论那些想要批评的对象，尤其这个对象正是美利坚合众国总统”。这种质问清楚地表明，沃特斯的言论违背了人们关于什么人准许对谁使用攻击性语言的观点。

沃特斯完全明白他话里有话。“我认为我已经极其负责、极其清晰地阐明了弹劾总统的理由，”她说，“但人们不习惯让一位女性，尤其是一位非裔美国女性来主导这个过程。我怎么有胆量挑战美利坚合众国总统？”[32]

2017 年至 2018 年间，掀起了一阵对沃特斯的狂热崇拜，数百万民众公开表达了对沃特斯的赞赏，称赞她秉持正义、积极发声，慷慨激昂地挑战特朗普的权威，并且在遭到质疑的时候能够迅速回击、捍卫自己。沃特斯从老花镜上方审视前方的表情包在社交媒体上广为流传。她质问财政部部长史蒂文·姆努钦时强调自己在“夺回时间”的视频片段也被做成动图疯狂传播，甚至被混音剪成了一首福音歌曲。沃特斯登上日间脱口秀节目《观点》（*The View*）接受访谈的时候，一位惊喜嘉宾演唱了这首歌曲——这一幕令人目眩：该节目的四位白人、一位黑人主持人，和白人为主的现场观众，一起伴着歌声舞动着身体，而这歌手演唱的歌词，却是玛克辛·沃特斯在一场剑拔弩张的国会听证会上所说的话。[33]

这一幕有些奇妙，却又有些怪诞。这位女性被一些群体称为“玛克辛阿姨”，让人联想起黑人家庭里的阿姨形象，绝不受人

欺侮，偶尔讲些真心话，以示尊重与喜爱。新闻聚合网站嗡嗡喂（BuzzFeed）上的一篇文章称赞沃特斯“充满正义、满腔怒火、从不屈服”，这篇文章写道，“零运动”组织① 联合创始人、黑人人权运动活动家布列塔尼·帕克奈特称沃特斯为“老板阿姨”，“像你的阿姨那么真实，又像黑人女性才做得到的那般强大”。沃特斯早在1989年就曾说过：“我有权利愤怒，也不想让任何人对我说教，说我不该愤怒，说愤怒不够友好，或者说我生气是有毛病。”在这样一个国家，黑人女性的愤怒很少会被看作令人愉悦、鼓舞人心的爱国主义情感，因而大众对于这样一位黑人女性的追捧显然能够带来些安慰。

然而沃特斯并不只是在表达正当的愤怒，她也一直在承受愤怒带来的代价。许多年来，她逆流而上，不断遭到诽谤中伤，这是那些使用她侧目而视的动图和表情包的人从来都没有遭受过的。 [74]

诚然，沃特斯曾被指控帮扶一家她丈夫持股的银行，接受过漫长的道德调查（后来宣布她没有任何不当行为，应当谴责的是她的一位高级助理）。但在那次调查前后，她的政敌都只是把她当成一个不起眼的小角色看待，常常还带着恶毒的种族歧视。2012年，沃特斯猛烈抨击共和党众议院领导人埃里克·坎特（Eric Cantor）和约翰·博纳（John Boehner），称他们为“魔鬼”，福克斯新闻主播埃里克·波林（Eric Bolling）向她“好言相劝”道：“国会议员女士，您也看到惠特妮·休斯顿的下场了……离吸毒管远点吧。”2017年，比尔·奥赖利提到沃特斯公开指责特朗普的演讲片段时，称他一个

① “零运动”组织（Campaign Zero），黑人人权运动中的一个重要组织，致力于解决警察暴力问题，将美国全国范围内的警察暴力事件清零。

字都没听进去，因为沃特斯的“詹姆斯·布朗式假发”太过惹人分神。[34]

然而，并不是只有沃特斯的政治对手会对黑人女性的愤怒展开诽谤中伤。2018 年夏天，特朗普政府对越过墨西哥边界进入美国的无证移民实施“零容忍”政策，将至少 3000 名儿童强行从父母身边带走，把原本的难民营改造成儿童收容所。愤怒的抗议者开始在特朗普政府官员外出就餐、看电影时打断他们；弗吉尼亚州一位餐厅老板拒绝接待特朗普的新闻秘书萨拉·赫卡比·桑德斯就餐。面对这日益高涨、具有政治意义的合理愤怒，玛克辛·沃特斯是唯一待之以尊重、认可与鼓励的民主党政治家。

在加利福尼亚州的一次演讲中，沃特斯敦促那些愤怒的民众要“出现在任何需要我们出现的地方”，并且建议“如果你在餐厅、在百货商店、在加油站看到任何一位内阁成员，你都要去找来人群抵制他们，让他们知道自己不再受欢迎，哪里都不欢迎他们”。沃特斯并不是在提倡暴力，而是在呼吁人们联合起来进行抵制。这与她自己的经历也是一致的：她代表被剥夺了权力的群体，因而能够听到被压迫者的愤怒，会帮助他们使用自己的愤怒来反抗压迫者。

然而，就在沃特斯践行自己的理念，呼吁民众奋起反抗、发起
[75] 抗议之时，她**自己党内**的成员却开始干预她的行动，对她进行谴责。参议院少数党领袖查克·舒默忠告说“任何人都不应该呼吁别人骚扰其政治对手”，责备沃特斯给民众的建议“不是美国的做法”。（这当然是极其美国的做法，其传统可以追溯至美国独立战争时期。）南希·佩洛西也插嘴称“特朗普平素缺乏礼貌，招来的这种回应虽

在意料之中，却也不能容忍”。令人毛骨悚然的是，总统自己也发了一条隐含威胁的推特，将沃特斯称为“一个智商极低的人”，莫须有地指控她呼吁“伤害支持者”，最后还加上一句可怕的警告：“小心别许错了愿，玛克辛！”而目睹这一切的两位民主党领袖丝毫没有为沃特斯辩护。

一位黑人女性支持政治抗议会遭到公开指责，而一位白人男性主宰者赤裸裸地呼吁对该女性使用暴力却免于谴责，这是有意利用了人们的冲动，利用了他们对不愿顺从自己的女性和有色人种的种族焦虑、性别焦虑，利用了想要惩罚这些人的冲动，特朗普和他那白人男性主宰的支持党正是如此。沃特斯的同事一边指责她做得太过火，表现得过于好斗、可怕，一边对那些最有权势的白人男性向她发出的威胁缄默不语，真是一场该死的闹剧。沃特斯所在的党派本应代表那些被剥夺了权力的弱势群体，认可他们的愤怒所具有的重要意义，支持他们，设法为他们解决问题——这正是沃特斯几十年来一直致力于的工作，她努力为那些渴望让自己的愤怒得到倾听、得到注意、得到有效认可的人群争取权益，到头来却落得如此下场，真是讽刺。

在艾丽西亚·加尔萨的记忆中，早在 1979 年，沃特斯就因“奋力让人看见”尤拉·洛夫（Eula Love）案件而声名鹊起。在那个案件中，警察因和一名黑人家庭主妇就煤气费问题争执不下，将其射杀。[35] 加尔萨谈及当时对这一事件的新闻报道时讲道：“玛克辛当然气极了。她被描述成一个彻头彻尾的疯子。她被塑造成不可信的形象。可她还是勇往直前。”

加尔萨指出，这些天来，“每个人都在说‘玛克辛阿姨，勇敢上吧！’但这其实是她毕生的事业。她一直在运用愤怒追求更高的目标。”在加尔萨看来，人们会盲目痴迷于黑人女性的愤怒，却从来不会真的把它当回事。“我们可以喜欢玛克辛说要夺回自己时间的那一幕，但我们会喜欢听她谈论黑人当前的生活处境吗？我们对此置之不理，因为我们把这个愤怒的黑人妇女看作某个为我们表演的人，并不会去关心她谈论的实质问题。”

[76]

另外有一点同样重要，那就是民众对沃特斯热情高涨之时，正是沃特斯所在的民主党没有任何实权的时期——这是自 20 世纪 20 年代以来共和党在众议院占有最多席位的时期。沃特斯可以很直接地表达想弹劾总统的愿望，这也是上百万美国民众的愿望，但实际上她并没有这么做的权力。一个女性不带来任何政治威胁的时候，就更容易让人欣赏她发火的模样。白人女性中也有同样的现象，例如鲁斯·巴德·金斯伯格和不在竞选总统时期的希拉里·克林顿的表情包，都充满了敬慕和崇拜。但这也清楚表明，有时某位愤怒的黑人女性获得的赞赏，事实上正体现了她的无权无势。

金斯伯格因其在最高法院总是持有强有力的异议而成为互联网上的传奇人物，被网友称为“声名狼藉的金斯伯格”①。人们之所以乐于赞美她的强悍，或许是因为她是一个身材瘦小的八旬老人，得过两次癌症，不大可能带来什么威胁——这正是关键所在。她就像一个表现女性愤怒的小玩偶，尽管她的异见一次又一次地被投票否决，我们仍然会为她欢呼。很难想象，如果她的意见能

① “声名狼藉的金斯伯格”（the Notorious RBG），这一说法来自传奇饶舌歌手“Notorious B.I.G”，一个壮硕的黑人男性，与瘦小的白人老奶奶金斯伯格构成形象上的鲜明反差，使这个称呼深入人心。

够真正改变法律，人们是否还会欣赏她那些愤怒的观点，将她的面孔文在自己身上？

至于希拉里，她在民主党初选中败给奥巴马、在后者邀请下担任美国国务卿的那几年里，可能是她会因为表现出攻击性而获得最多称赞的几年。在那些年里，她成了社交媒体的宠儿，一张她坐在军用飞机上、戴着看起来不好惹的墨镜低头看手机的照片在网上掀起恶搞热潮，有人甚至为她开了一个名为“希拉里来信”（Texts from Hillary）的汤博乐轻博客[①]，专门收集那些恶搞照片，照片里她给其他权贵人士发着粗鲁的短信。但是她在这个时期得到大家的称赞，是因为她表现出了团队精神，能够辅佐自己的前政治对手。一旦她再次成为总统候选人，人们就再度想起了她的个人权力，意识到她给男性竞争者带来的威胁，进而对那个强硬、挑剔而又正直的希拉里的喜爱之情，一夜之间就消失得一干二净。

女性的刚毅，只有在她们不给权力结构带来任何紧迫的威胁 [77]
时才会得到称赞。因而，我们思考黑人女性的愤怒得到怎样的盲目迷恋和称赞时，必须认清这一点。从某种意义上说，人们之所以容易接受那些表现黑人女性以掐脖子、瞪眼睛的方式发出强烈谴责的夸张漫画，正是因为那与真实的政治权力、经济权力和社会权力是脱节的，本质的滑稽使其不具有给白人男性权威带来实质破坏的威胁。黑人女性与白人和父权的优势都有着相对较远的距离，她们的刚毅在某种程度上容易得到称赞，因为她们压根不会带来任何真正的威胁。

①汤博乐（Tumblr）是轻博客网站的始祖。轻博客是一种以图片为主、短小精悍，介于微博与博客之间的形式。

要是她们**真的**威胁到白人男性了呢？约翰·奈芬格给出了卡玛拉·哈里斯的例子。2017 年，卡玛拉在参议院听证会炮轰司法部部长杰夫·塞申斯，令后者狼狈不堪，在这个白人男性统治的社会里遭到了讨伐。“卡玛拉粗暴地质问杰夫·塞申斯，”奈芬格指出，“这立即成了共和党谈话的中心，他们把她打造成歇斯底里的形象。不过你看看那场听证会就会发现，天呐，她绝对不是个歇斯底里的人。但是他们知道这样做能让她名誉扫地，他们也必须这样做，只有这样你才能动摇卡玛拉·哈里斯的地位，使这类大胆冷静、能力出众、极具威胁的女性失去权威。你要把她塑造成一个愤怒的黑人妇女。”

和沃特斯一样，哈里斯炮轰塞申斯的视频片段很快被一些支持者做成了表情包，赞扬她发挥了“女孩上吧！”的精神，斥责塞申斯充斥着白人男权的观点。愤怒的黑人妇女的卡通形象在网络上广为流传，很多人也会用这些形象来表达那些白人女性想表达却不敢表达的愤怒。这种网络社交媒体现象被称为“数字黑脸”(digital blackface)，即白人和其他有色人种都会使用黑人动图来替他们表达情绪。

1995 年上映的电影《待到梦醒时分》（*Waiting to Exhale*）里，有一幕是黑人女演员安吉拉·贝塞特（Angela Bassett）扮演的角
[78] 色遭到出轨白人同事的老公抛弃，愤恨不已地把他所有的衣物都装在汽车里付之一炬，这一幕被许多女性做成动图，用来表达她们对男性的愤怒。人们在网络上表达自己怀疑或者看穿一些破事的时候，也总是喜欢用一些黑人女性侧目而视的图片，从黑人女演员维奥拉·戴维斯（Viola Davis）到黑人歌手蕾哈娜，再到 1963

年马丁·路德·金发表《我有一个梦想》演讲时民权运动教母多萝西·海特对他侧目的照片，他们用这些黑人女性替自己表达愤怒。

“我们替你出言不逊，替你无动于衷，替你怒火中烧，替你讨人喜欢，替你惹人讨厌……”《纽约客》特约撰稿人劳伦·米歇尔·杰克逊（Lauren Michele Jackson）这样写道。《纽约时报》文化评论员阿曼达·赫斯（Amanda Hess）也在一篇文章里指出，“在互联网上，白人把他们的情绪劳动外包给了黑人”。[36] 女性向白人男性表达愤怒会遭到社会非难，白人女性又与白人男性群体更为相近，因而许多白人女性都依靠黑人女性，这个她们觉得默认处于愤怒状态的群体来替她们表现情感。

1981 年，非裔女权主义作家奥德丽·洛德向美国女性研究协会发表了名为《愤怒之用》的著名演讲。她提到，有位白人女性读了她的诗《致愤怒中的女性》之后问她：“我们要怎么处理自己的愤怒？您会怎么做？我觉得这太重要了。”洛德问她怎么利用自己的愤怒，却在看到“她茫然的眼神”之后不得不扭过头去。“我的存在，”洛德指出，“不是为了替她感受愤怒。”[37]

这种联系在政治上由来已久。一代又一代的黑人女性被要求站出来反对右翼的崛起，她们是最可靠的民主党选民集团，她们是在国会中最大声表达愤怒的女性，她们是为推进这个国家的政治参与和公民参与而组织活动、积极行动的中坚力量。而民主党的总统候选人几乎没有为她们投入过什么，政策上的支持和保护也少之又少。与此同时，在特朗普执政期间，政治媒体进行重大政治分析时总是会忽略她们，只是一味地报道那些白人工薪阶层的特朗普支持者们，挖掘他们的生活与动机。

2017 年亚拉巴马州举办的国会参议院特别选举中，98%——
[79] 百分之九十八——的黑人女性选民将票投给了民主党候选人道格·琼斯（Doug Jones），其竞争对手是罗伊·摩尔（Roy Moore），一个公开表达种族歧视、多次遭性骚扰指控的候选人。在那场选举中，黑人女性的投票率比黑人男性高了几乎 50%，而 63% 的白人女性都投给了摩尔。选举结束后，人们纷纷在社交媒体和专栏文章里“感谢”黑人女性“拯救了美国”，但这个说法实则暗示着即便在这一刻，虽然人们看似认可黑人女性在决定谁能当上议员代表美国时发挥的重要作用，但实质上她们仍然处在美国的边界之外，或者说处于界内的边缘地带。政治顾问安吉拉·皮普尔斯（Angela Peoples）在《纽约时报》上撰文指出，这次黑人女性在亚拉巴马州特别选举之后赢得的称赞是“往正确的方向迈出的一小步。但是我们不需要感谢，只需要你们别挡路，跟着我们走。”[38]

世人和天使啊，赐我以忍耐吧

既然公共领域和政治领域的女性因为愤怒而遭受四面八方的围攻，我们还如何能够围绕她们时不时，甚至是经常感觉到的愤怒制定策略呢？

“世人和天使啊，赐我以忍耐吧。”1852 年，美国女权运动的先驱领袖伊丽莎白·卡迪·斯坦顿（Elizabeth Cady Stanton）在给友人苏珊·安东尼的信中写道。斯坦顿意识到母亲和妻子的身份给自己带来了不公平的负担，让自己不能自由地通过写作和演讲表达政治上的愤怒。她继续写道："我已经出离愤怒了！如果不能用言语表达自己的愤怒，我们将会死于一场理智的压抑，一次女性权利的动乱。"[39]

到了 2017 年，已经有上百万种方案让女性能以恰当的方式来表达愤怒，也许能让她们在别人可以接受的范围内宣泄自己的愤怒。针对那些"今天待办事项里的头一件事"就是"骂出所有脏话"的女性，杂志推荐她们去上健身课[40]。"女性艺术学院"的创办者吉纳妈妈① 敦促自己的信徒"大声感受……像一头愤怒的母狮般发怒……像一只发情的母狗般嚎叫……大声呼喊……大声狂叫"。[41]

《不开心就打电话》（*For A Bad Time, Call*）是一个"专为女性愤怒开设的播客节目"，旨在鼓励非男性性别认同的人群打给一个自动录音的电话，发泄自己的沮丧情绪。这一连串的录音片段会被拼到一起，全景展示女性的愤怒："我真的、真的烦透了那些他妈的成年男性，他们有自己的工作、自己的生活，却要来教我要怎么处理我的工作、过我的生活。""我受够了女人被迫认为自己怎么做都不够好。""我就是很气这种不得不生气的状态。真的什么时候都要生气，这简直都成了一种新常态，女人总在不断遇到倒霉事。"在这个播客的结尾，主持人再次向听众和来电者表示："你的愤怒是真实的。你的愤怒是合理的。我们想要听到你的愤怒。" [80]

2016 年秋天，我作为嘉宾参加了一期《比尔·马赫脱口秀》（*Real Time with Bill Maher*）节目的录制。那时总统大选的第二场辩论刚结束没几天，那场辩论开始前的 90 分钟，特朗普突然找来

①吉纳妈妈，本名雷吉纳·托马肖尔（Regena Thomashauer），教师、作家，创办了吉纳妈妈女性艺术学院，旨在改变女性对于自身性别和身份的认知，鼓励女性释放自我、解放自我。

了自称遭到美国前总统比尔·克林顿性侵的几位女性，举行了一场新闻发布会，杀了希拉里团队一个措手不及，也为随后的正式辩论定下基调，满是对希拉里的憎恶和怨恨。希拉里把麦克风攥得指节发白，没和特朗普对峙，也没对他狠毒的手段有任何表示，她保持着镇定的语调，展现着专业的风范。马赫对此表示很沮丧，他在讨论会上向我指出，希拉里应该“当着他的面直说，他就在那儿，就对他说，‘你这个满口胡言的混蛋！’”

马赫或许没有设想过，要是希拉里对特朗普勃然大怒，将会带来多大的风险：她对特朗普表达的愤怒会很容易被定义成是在玩手段、打“女性牌”；人们马上就会觉得她是在扮演霸凌的受害者，想赚得廉价的同情；她很有可能会给别人造成大势已去、精神错乱的印象；而那些批评她的人则会为此高兴不已，因为她终于被激怒了。

但希拉里在那个现场实时盘算过。她在几个月后的采访中告诉我，那场辩论是整个总统竞选过程中最为艰难的时刻之一，特朗普在辩论中的举止“让人极其心烦……他跟着我，盯着我”，回想起来都让人打寒战。她讲道，在辩论的进行中，她的确考虑过是否应该向特朗普发火，吼一句“离我远点！”，但很快就意识到
[81] 那样做只会正中特朗普的下怀。“他会加分，而我只会减分。”她当时心想。（这种考虑是正确的，那场辩论结束后，很多人都认为希拉里把特朗普踹得屁滚尿流，虽然她并没有真的踹他。）希拉里自己也承认，在那场辩论中她用了很大的力气攥住麦克风，那是她抑制内心怒火的一种外化表现。“想想每一次你用意念或者肢体动作控制自己情绪的时候，”她说，“想让自己不去回应，不去痛斥，

不去表现愤怒，因为你知道这只会让你遭到更多伤害。所以你得咽下这口气。”

你得咽下这口气。这是一直以来数百万女性做出的选择：最佳战略就是收起自己的愤怒，藏到心底。把愤怒释放出来只会给自己带来更多伤害，而不会伤到让你愤怒的对象。作为一位公众女性，“你不能为你自己愤怒，”希拉里指出，“你就是不能这么做。你可以愤愤不平，你可以生气恼火，你可以懊恼沮丧，但你就是不能表现得愤怒。”

芭芭拉·李曾经告诉我，她在很多情况下都会努力压住怒火，将愤怒有效转化为适当的行动，避免产生适得其反的效果。我问她，男性会不会知道女性内心有这么多战略性的考量。她叹了口气。“不会的，要我说，他们什么都不知道，”她笑道，“他们眼里只有他们自己对女性的看法。”而女性长期积蓄的忧虑不安常常会被遏制住，掩盖在礼貌之下。但是在她看来，男性不知道女性表面之下有多生气“对我们是有利的，这样我们能赢”。

也许这样做我们会赢得辩论，但目前看来，这样做并不会让我们赢得选举。并且事实上，许多男性根本不知道女性在愤怒的地带里有多么的举步维艰，这样的现实能让人气疯——当真是又想生气，又想发疯。

[82]

第三章

装扮你的愤怒

很多女性清楚地知道愤怒会妨碍有效沟通，因此她们常常会给自己的愤怒穿上各种形式的伪装，让它变得更讨人喜欢，也更正当合理。这里将介绍其中几种伪装形式。

以上帝之名

在公共领域里，让女性愤怒变得正当的一种常见策略就是把愤怒归因于别人，强调你的愤怒其实来自更权威的源头。比如，上帝。

纽约州民主党联邦参议员柯尔斯滕·吉利布兰德 2018 年接受采访时这么告诉我。她说：“女性必须要代表别人愤怒，才能被认真对待。摩西祖母① 和圣女贞德② 都声称自己得到了上帝的感召。”她还举了维多利亚·伍德哈尔（Victoria Woodhull）的例子。伍德哈尔是美国历史上第一位竞选总统的女性候选人，同时也是华尔街第一位女性交易商，她聪明睿智，卓有远见，倡导自由恋爱，言论极其大胆，曾经宣称：“我们打算推翻这个政府，我们打算脱离 [83] 这个国家……我们在谋划革命，我们将会推翻这个假冒的共和国，重新建立一个公正的政府。”尽管如此，她也认为自己只是充当了一个媒介，有时是早已作古的古希腊雄辩家德摩斯梯尼在借她之口讲话，有时则是拿破仑皇帝和约瑟芬皇后在借她通灵。

在这方面，伍德哈尔和那些比她正派的妇女参政论同胞并没有多少不同。有些女性会利用当时社会对招魂术的狂热，将自己颠覆性的想法与一些权威人士的在天之灵挂上钩。女权运动先驱领袖伊丽莎白·卡迪·斯坦顿在塞内卡福尔斯写下《感伤宣言》的那张桌子，曾经是用于举行降神会的。[42]19 世纪倡导妇女参政权的女性改革家弗朗西斯·威拉德（Frances Willard）也记叙了自己 1876 年为禁酒运动奔走期间，在某个周日晨祷时“独自跪在那里……我的脑海里突然响起一个声音，我相信那来自上天，那声音对我说：‘你应当为妇女投票权发声，那是妇女的武器，能够保护她们的家庭，让她们心爱之人远离酗酒的暴政。’”[43]

---

①即哈丽雅特·塔布曼，美国废奴主义者和女权主义者，杰出的黑人废奴主义运动家。曾为马里兰州种植园奴隶，20 多岁时成功逃脱奴役，后来帮助许多黑奴逃亡，被称为“黑摩西”或“摩西祖母”。

②圣女贞德（Joan of Arc），法国民族英雄，天主教圣人，英法百年战争中的重要人物。贞德原为农村中的少女，在 13 岁时声称得到“上主的启示”，要求她带兵收复被英格兰占领的失地。几番转折后，贞德得到王子查理授予的兵权，于 1429 年成功解除奥尔良之围，接连赢得胜利，成功驱逐了入侵的英军。

历史学家卡洛琳·德瓦尔特·吉福德（Carolyn De Swarte Gifford）指出，威拉德除了以上帝之名来推动女性投票权、进而推行禁酒令，“还领受了‘一整套理论说辞’，并且以此为基础，在同年举办的费城妇女大会上发表了第一篇关于家庭保护的演讲”。吉福德写道，那些女性奋力争取投票权、推行禁酒令，主要是希望以此保护妇女免受醉酒丈夫的家暴。这些女性确实“必须能够从宗教的角度为自己倡导妇女投票权的政治行动寻找正当理由。的确很有必要让她们相信，自己之所以做出这样的举动，出于某次上帝的感召，她们深信上帝希望她们去投票，召唤她们去投票”[44]。

禁酒运动中更为激进的卡丽·内申（Carrie Nation）同样声称自己在上帝的意志下行动，她不仅猛烈抨击酗酒的罪恶，还动手破坏饮酒的场所。在内申的记忆里，1900 年的某天，自己听到“一个声音好像在告诉我‘去凯厄瓦县’，我的手被举起来，又放了下去”。对于这则来自上天的讯息，内申的解读是“这说的显然就
[84] 是‘拿个东西在手里，扔向堪萨斯州凯厄瓦县的那些地方，砸碎它们’”。内申坚称自己完全是在上帝的指引下，收集大块石头打砸堪萨斯州那些酒吧的。后来她的丈夫开玩笑说她应该用短柄小斧，她觉得这是自从嫁给他之后他说过的最明智的一句话。第二年他们就离了婚，但内申却把这个短柄小斧的建议放在了心上，砍遍了凯厄瓦县西部所有的酒吧，因此扬名。她把自己描述成“奔跑在耶稣脚边的一只斗牛犬，冲着他不喜欢的东西狂吠”。

只是母亲和妻子

除了借助神迹之外，另一种最常见的为愤怒——至少是那些能给社会、政治和经济领域带来挑战的愤怒——给出正当理由的方式就是将母性的本能、母亲的道德感和妻子的责任感援引为激起政治激愤的因素。

玛丽·哈里丝·琼斯（Mary Harris Jones）是一位老师兼裁缝，她的家人1867年染病身亡，开的女装店又在1871年的芝加哥大火中付之一炬，从此成为一名劳工运动组织者，也是世界产业工人联盟（Industrial Workers of the World）的早期成员。琼斯反对妇女选举权，认为那是上层阶级的消遣，“不用投票也能引起骚乱”。她自己就发动了很多骚乱，还提出了劳工运动的著名口号：“为死者祈祷，为生者奋战。”她也穿上老妇人的装束，将那些她为之争取权利的矿工和其他劳工称为自己的“儿子们”，50多岁时被人尊称为“琼斯母亲”（Mother Jones）。一位美国联邦参议员曾经谴责琼斯母亲是“所有骚乱的祖母”。对此，琼斯的回应是：“我希望自己活得足够久，成为所有骚乱的曾祖母。”

艾拉·里夫·布卢尔（Ella Reeve Bloor）比琼斯小25岁，是一名工会组织者、社会主义运动家，也是美国共产主义劳工党（American Communist Labor Party）的创始人之一。布卢尔协助美国作家厄普顿·辛克莱（Upton Sinclair）收集数据，调查芝加哥的劳工情况，后者据此写成长篇小说《屠场》（*The Jungle*），于1906年出版。20世纪30年代，布卢尔还帮助爱荷华州农场工人组织了多起运动，例如，组织奶农们用送货卡车倾倒牛奶来抗议低工资 [85]

等。布卢尔前后被捕三十六次，《生活》（*Life*）杂志称她为“美国共产党的老太太”。[45] 她也被人们尊称为“布卢尔母亲”（Mother Bloor）。历史学家玛丽·特里斯（Mary Triece）指出，琼斯母亲和布卢尔母亲虽然政见不同，却都“扮演了某种战斗母亲的形象，这种形象能够发动全家人的力量，与全国各地那些腐败的工厂主和势力集团作斗争”。[46]

1930年，范妮·佩克（Fannie Peck）有感于“大迁徙”（the Great Migration）中迁到北方城市的非裔美国人很难得到工作机会，忍无可忍，在底特律非裔卫理圣公会教堂（Bethel AME Church）地下室里召集了五十个女性同胞，策划抵制那些不雇用黑人雇员或者漫天要价的商家，尤其是肉类加工业。据记载，她们烧毁了一家大屠宰加工厂。到1935年，佩克建立的“家庭主妇联盟”（Housewives Leagues）在全国各地已经吸收了一万多名成员，其中上千名成员游行穿过芝加哥，迫使整个肉类加工业停工。历史学家史蒂芬·塔克（Stephen Tuck）认为佩克“是一位精明的战略家”，成功组织了大规模运动，呈现的却是“没有威胁性的家庭主妇姿态”。[47]

这种做法巧妙地利用母亲身份削弱了自身的威胁感，这种非威
[86] 胁性的姿态，或者说这种姿态的呈现，在1992年参加参议员选举的帕蒂·默里身上也能见到。1980年的时候，默里还是一位在家照顾两个孩子的全职妈妈。那年她被州政府削减学前教育经费的做法激怒，带着孩子驱车去了州议会大厦。“我在大厅里四处走动，找人说话，”默里接受记者杰伊·牛顿–斯莫尔（Jay Newton-Small）采访时回忆道，“州议会议员说，‘这是个不错的故事，但你只是个穿网球鞋的妈妈。’”默里更加怒火中烧，回家就给其他穿网球

鞋的妈妈打了电话。“然后她们又打电话给自己认识的妈妈们。大家都很生气。最后我们又一起回到了州议会大厦。”这些妈妈们发起的抗议，最终成功让政府收回了削减教育经费的决议，默里也从此开始投身选举政治。1991 年，听闻安妮塔·希尔的遭遇气愤不已的默里，下定决心次年竞选参议员，最后和另外三名女性一起当选，写就了历史。她的竞选口号正是“只是个穿网球鞋的妈妈”。

默里用母亲身份降低威胁性的做法继续掩盖着她的愤怒，尽管正是这种愤怒驱使她投身于选举政治。“帕蒂不会情绪激动，”共和党众议院议长保罗·瑞安曾经这样评价默里，“有些家伙会愤而离场，威胁恫吓。她不会。”

在长达八十年的妇女选举权奋战中，女权主义活动家们齐心协力试图修复传奇人物苏珊·安东尼的坏脾气形象，将她塑造成一位家长般的女神。事实上，安东尼本人有意选择了不婚不育，她对于婚姻制度表现出极度的鄙视，也看不起她那些走进婚姻的同事，包括艾达·B. 韦尔斯（Ida B. Wells）在内。然而，就在安东尼去世前几年，随着争取妇女选举权运动的稳步推进，《皮尔森杂志》（*Pearson's Magazine*）上刊登了艾达·赫斯特德·哈珀（Ida Husted Harper）撰写的《安东尼女士在家中》，文中赞叹道：“苏珊·安东尼真是个好管家，浑身上下每根神经都为操持家务而生！”哈珀将这位为妇女选举权和劳工运动奋斗了一辈子、年事已高的领袖人物称为“苏珊阿姨”，热情称赞她“像一位可爱的祖母”。哈珀写道：“她建议大家修复社会损伤的方法，可比教自己侄女缝补衣服差远了。”历史学家萨拉·亨特·格雷厄姆（Sara Hunter Graham）分析指出，对于安东尼操持家务的慈母形象的打造，“树立了一个贤惠持家、不具威胁性的女性偶像，取代了原先那种男性化的狂热分子的刻板形象”。[48]

这样做明显奏效了。安东尼去世后，媒体对来到墓前哀悼的人群进行了温情脉脉的报道。美国工人运动领袖尤金·维克托·德布斯（Eugene Victor Debs）称赞她是“品行端正的女英雄，进步事业的倡导者，未来社会的先驱”。格雷厄姆指出，对于安东尼形象的重塑意味着妇女选举权运动到了最后阶段，“终于摆脱几十年来一直笼罩着的极端主义，将‘苏珊阿姨’选为自己的守护神，证明妇女选举权运动终于成熟了。”

[87] 对于母亲形象的强调诚然能够让女性参与到政治之中而不遭到严重的社会惩罚，同时却也掩盖了这些女性参与政治、发动叛乱背后的驱动力：愤怒。

民权运动初期最直击人心、最具催化作用的时刻可能就是爱默特·提尔（Emmett Till）的谋杀案了。14岁非裔美国男孩爱默特·提尔1955年去密西西比串亲戚时，因遭指控调戏白人女性而被活活打死，抛尸河中。他的尸体打捞上来之后，主管部门想把他葬在密西西比，不允许他远在芝加哥的母亲玛米·提尔（Mamie Till）看他最后一眼。“我不知道他们哪儿来的权力去埋葬我的儿子，但他们给了自己这样的权力。”玛米在2005年的一部纪录片中回忆道。她坚持让当局把棺材运回芝加哥。棺材运到之后，芝加哥的丧葬承办人告诉她，自己得到的命令是绝不允许打开这个装着她儿子尸体的棺材。提尔对这个承办人说：“你有锤子吗？……如果你不能打开，我可以，而且我还要进到里面去。”

棺材打开了。五十年后，玛米·提尔接受采访时仍然非常具体地描述着自己凝视儿子尸体时看到的细节："我看到他因为窒息而伸长的舌头耷拉在下巴上。我看到他的眼珠迸出落在脸颊上。我看着他的眼睛，那里什么都没有。我看着他的鼻梁，像是有人拿绞肉机绞过。我看着他的牙齿，那曾经让我引以为傲的牙齿……我只看到了两颗……牙都被敲掉了，我看着他的耳朵……我没有看到耳朵……我在那里发现了一个洞，透过那个洞可以看到另外一边的光线……我还发现他们拿了把斧子直接砍在他的脑袋上，他的脸和后脑勺是分开的。"

玛米·提尔看着丧葬承办人说："我们要开着棺材办。"承办人回头看了看，问她是否需要为爱默特修复遗容。玛米回答说："不要，就让人们看到我所看到的。"[49]

人们看到了这一切。超过五万人亲眼看到了爱默特的尸体（若不是他手上戴着一枚戒指，这具尸体几乎无法辨认身份）。他们之所以能看到，是因为悲痛欲绝的玛米·提尔坚持为遭到残忍谋杀的 [88]
儿子举办开棺葬礼，并且邀请民众前来参加。他们之所以能看到，是因为玛米·提尔希望将儿子浮肿发胀、面目全非的照片公开刊登在《Jet》杂志上，让全国人民看到。

玛米·提尔被认为是一位带来变革的人物，但她常常被刻画为一位在儿子墓前哭泣的悲伤母亲，在棺材边被人搀扶着，几乎不能自己站立，因为失去挚爱而号啕大哭。从来没有人教我们去思考她的悲伤和痛苦背后，是怎样的怒火在熊熊燃烧。一个女性坚持要看到儿子的尸体，发誓要砸开儿子的棺材，让公众永远记住他的身体和面容遭到的损毁，一定要让世界看到自己的家庭和人生所遭受到的种族主义暴行——悲痛和哀伤是无法驱使她这么做的。

愤怒能够做到。在玛米·提尔事件中，是愤怒点燃了社会斗争的火苗，燃烧的熊熊烈火在一定程度上重塑了美国社会，削弱（当然不可能消除）了推进种族平等所面临的许多法律障碍和政治阻碍。

而我们从来不认为，也从来没有被要求将**她的愤怒**视为那正义的火花。

简单擦除

当然，我们也要看到这样一个事实：女性爆发的愤怒就算催化了社会运动，这种愤怒也从来不会得到记录和注意，更不会被解读成重塑国家的举动，进入公众的记忆。我们通常只能将白人男性的愤怒形容为英勇行为，这般公认的事实近乎滑稽却又异常可悲。

1969 年 6 月 28 日凌晨，曼哈顿下城区的一家酒吧里人头攒动。那之后的很多年里，人们都在愤怒地争论当时谁在酒吧里面、谁在酒吧外面，谁在什么时间讲了什么话、扔了什么东西。不过无可争议的是，这个没有自来水、又脏又乱的石墙酒吧作为当时纽约市里少有的娱乐性质的同性恋酒吧，不仅是同性恋白人男性的
[89] 圣地，也聚集着变装皇后、异装癖者、女同性恋者、性工作者以及无家可归的青年。在那个各类同性恋群体都遭到边缘化的时代，这个酒吧为这座城市最边缘的人群提供了去处。那时候，警察经

常会突袭搜查同性恋场所，还常常会把穿异性服装的顾客强行带到洗手间，检查他们的生殖器；那时候，扮成另一种性别在纽约市是违法行为，穿着少于三件符合其性别的衣服就能成为逮捕的理由。

1969 年的那天晚上到底发生了什么，历史学家和当时的在场者也许仍然争论不休，不过在大多数人的回忆里，那天晚上处于整个事件中心的可能是异装癖者、变装皇后（也就是如今所说的跨性别者）以及一些女同性恋。非裔美国人玛莎·约翰逊（Marsha P. Johnson）是一位跨性别变装表演者，当时在酒吧里面；斯托米·德拉维利（Stormé De Larverie）是一位偏男性化的女同性恋，当时也在酒吧里面；西尔维娅·里维拉（Sylvia Rivera）是一位跨性别同性恋权利活动家，当时在外面的街道上。

那晚警察突袭石墙酒吧的时候，里面的顾客并不是太配合。因为遭到抵抗，这次突袭持续了很长时间，酒吧外面聚集起很多围观的人群，里面顾客的朋友也赶来声援。有些人说是约翰逊最先在酒吧里面抵抗的，他向警察扔了一个烈酒杯，喊道："我有我的公民权利！"也有许多人说德拉维利在被警察押出酒吧的时候极力反抗，大声痛骂，愤怒地抱怨自己的手铐太紧。警察把她押上警车时，据说德拉维利向那些同情观望她的人群呼喊："你们为什么不做点什么？"就在这个时候，里维拉向警察砸了个酒瓶，其他人砸了些硬币，大家一起冲向了那个关押着被捕顾客的警车。很快，砖头、酒瓶和酒杯就齐飞了，外面的人群向还在酒吧里面的警察发起了攻击，往窗户里面丢石头，还从街头搬来一个停车收费器作攻城槌，砸酒吧的大门。里维拉后来回忆说，当时石墙酒吧的顾客和街头的人群突然燃起了反抗的怒火，那感觉就像是："这些年来你们一直像对待狗屎一样对待我们，哼，现在轮到我们了！"她称之为"人生中最棒的一刻"。[50]

这起持续了数日的所谓"石墙暴动"标志着同性恋解放运动
[90] 的开端。约翰逊和里维拉成立了同性恋解放阵线（Gay Liberation Front），后来也参与创立了街头变装行动革命者组织（STAR, the Street Transvestite Action Revolutionaries），致力于为无家可归的跨性别有色人群提供支持。《纽约时报》上刊登德拉维利的讣告时，写到在石墙事件之后的那些年里，德拉维利在曼哈顿下城区串街走巷，"就像一个同性恋超级英雄……她可不好惹，别做梦了"。[51]

德拉维利后来也坚持认为应当谨慎谈论那几天发生的事件。据说她有意构建了自己的叙述，使之成为一次正当的政治行动。"这是一次违抗，一次起义，一次公民权利的反抗，"她在某次石墙酒吧的讨论会上讲道，"而不是什么暴动。"[52]

然而，人们在重述这起反抗事件的时候，常常会抹去那些处于事件中心的愤怒女性和性别不符合传统惯例的人群；同性恋权利运动也是一样，其代表性人物常常是富有的异性恋白人男性。2015年，好莱坞发布了一部名为《石墙》（*Stonewall*）的电影，聚焦的正是石墙酒吧发生的事件，但这部影片的主人公不是跨性别女性、变装皇后和女同性恋，也不是那些性别不符合传统惯例的有色人种。影片虚构了一个来自中西部地区的异性恋白人青年，自然也就能够安排这个角色在石墙事件中带头向窗内抛去砖头，高喊"同志力量！"

选择闭口不谈

“#MeToo”运动中，好莱坞不断曝出关于性骚扰和性别不平等的故事，有位记者问女演员乌玛·瑟曼（Uma Thurman）对此有何感想。“我发现自己一旦在愤怒时讲话，”瑟曼回答道，“事后往往会后悔。因此我在等自己的怒火息下来。等我准备好了，我会如实说出我想说的。”[53]

瑟曼的克制让女权主义作家林迪·韦斯特非常沮丧。“女性被指望去忍受性暴力和亲密伴侣的暴力，我们在职场中遭到歧视、总是处于从属地位，我们免费干家务，但我们若称自己为受害者却会受到责备，每一天，我们的力量都在遭到削弱，微妙而又无形，” [91]
韦斯特写道，“而我们甚至都不被允许对此感到愤怒。”

有些时候，压抑愤怒也是一种策略。例如瑟曼就是在等待一个时机，后来她接受《纽约时报》记者莫琳·多德的采访时，就讲出了全部的故事。

塞西尔·理查兹（Cecile Richards）多年来一直担任美国计划生育协会主席。2015 年，一组篡改过的视频在网上传播，暗指该协会倒卖堕胎胚胎器官，理查兹在国会众议院里接受了共和党长达五个小时的盘问。她在回忆录《制造麻烦》（*Make Trouble*）里记录了这一事件。她记得有位朋友曾发信息让她坚强，提醒她“带上千百年来所有女性的愤怒”。这则信息鼓舞了她，但她在接受质询时采取的策略却是**克制**住所有的愤怒。她写道，自己拒绝表现出愤怒的策略奏效了，逼得那些审问者发了疯，他们恼羞成怒、结结巴巴的沮丧模样在电视观众面前一览无余。

在一场和理查兹的公开对谈中，我向她指出，这种策略完美地体现了甘地组织民权运动时的非暴力不合作传统，其背后的逻辑是受压迫者的和平抗议会激怒压迫者，让他们（最好是在电视摄像机前）展现出咄咄逼人的姿态，从而名誉扫地。但理查兹称，自己走进听证会的时候并没有把这当成一种战略来考虑，这“只是我的本能”。她是无意识地保持了冷静、压下自己积蓄的怒火，冷眼看着那些审问者勃然大怒。

这样做会奏效，却也助推着人们去忽视，甚至从来都看不到女性愤怒的催化力，因为如果愤怒隐藏在表面之下，哪怕只是一种策略性的隐藏，我们都不需要承认它的存在。正是在非暴力抗议策略的教导下，1955 年蒙哥马利市的一辆公交车上，罗莎·帕克斯拒绝让出自己的座位；也是在那一年，玛米·提尔强行将私刑的面目曝光在世人眼前。

作为一位民权女英雄，帕克斯为大众所铭记、所称赞。但人们也会纪念她默默承受一切的坚忍，同情她疲惫不堪的境遇，赞赏她拒绝表现愤怒的姿态。

[92] 事实上，帕克斯终其一生都是一位愤怒的斗士。她反对性暴力和种族暴力，捍卫那些被白人女性诬告性行为不检的黑人女性。作为全国有色人种协进会的干事，她参与调查了多起黑人女性遭白人男性强奸的案件，其中就包括亚拉巴马州阿比维尔县的黑人女孩里茜·泰勒（Recy Taylor）被六名白人男子轮奸的残忍事件。到了晚年帕克斯开始关注黑人权力运动，也表达过对黑人领袖马尔科姆·艾克斯（Malcolm X）的钦佩。然而，帕克斯的这些反强奸行动一直尘封在历史里，直到 2010 年历史学家丹尼尔·麦奎尔

(Danielle McGuire）的新书《在街道的黑暗尽头》(*At the Dark End of the Street*）出版，才终于为世人所知。而她在政治上投入的力度也被掩盖在美化过的形象之下——塑造了她这毫无怒气的形象的不仅有媒体，还包括那些她帮助发起的运动的领袖。民权运动中的女性活动家，例如保利·默里（Pauli Murray）和安娜·阿诺德·赫奇曼（Anna Arnold Hedgeman）等人，就对那些运动领袖非常生气，指责他们贬低了帕克斯的重要性，没有看到她是一位活跃、充满干劲、发愤图强的政治鼓动家；也有许多女性自此之后一直在努力让世人更完整、更全面地认识帕克斯。

“提及蒙哥马利巴士抵制运动，大多数人想到的是马丁·路德·金这个名字。”安吉拉·戴维斯在纪录片《愤怒之地》中指出，“当然，人们知道罗莎·帕克斯，是因为她在公交车上拒绝给白人让座坐到车尾。但她多数时候被描绘成一个不参与政治的形象，只是突然有一天受够了坐在车尾，拒绝让座……虽然，她很有可能的确是受够了，但她拒绝让出座位并不是出于这个原因。对她而言，这是一种政治行为。”

当然，缓和、控制自己的愤怒并不总是一个积极的战略方法。有些时候，这是一种彻底的压抑，压制自己的愤怒，惧怕显露自己的愤怒，甚至不允许自己去**感觉**到愤怒，促成这一切的正是我们所处的社会文化：在这种文化里，我们听到的是，愤怒对身心无益，会让我们变得扭曲错乱，变得丑陋孤立。

希拉里·克林顿在大选回忆录里写道，选举期间，她为自己的愤怒而感到焦虑，祈祷能够“保持乐观、胸怀坦荡，不要变得愤世嫉俗、尖酸刻薄……这样我的余生才不会过得像郝薇香小姐[①]那样……一天到晚在家里喋喋不休、耿耿于怀”。我们很能认同这样

[93] 的念头，谁也不想一辈子都活在强烈的愤怒之中。但希拉里写下这本书的时候，离败选只过去了不到一年，她有充分正当的理由可以感觉愤怒，却如此害怕愤怒会对自己有害、让自己疯狂，以至于请求上帝帮自己停止愤怒。

黑人作家琼·乔丹在《愤怒之地》中推测道：“如今，美国各地的黑人群体和低收入群体都饱受毒品的折磨，其中一个原因就是自20世纪60年代以来，愤怒已经失去了地位。在民权革命时期，人们是非常坦率地接受愤怒的……如果你不再对邪恶势力和敌对势力发怒，就只能与自己为敌，只能开始绝望、开始放弃……这就导致了当下瘟疫般的毒品泛滥。”

从精神分析学家西格蒙德·弗洛伊德（Sigmund Freud）、女权运动先锋格洛丽亚·斯泰纳姆，到电视剧《黑道家族》（*The Sopranos*）里的治疗师詹妮弗·梅尔菲(Jennifer Melfi)，有很多人都警告过，如果愤怒转向内心，将会导致抑郁，这也许正解释了为何女性表达愤怒的一种最为常见的方式就是流眼泪。

愤怒的泪水

我们愤怒时哭泣，也许是因为我们知道自己无法说出、无法

①郝薇香，狄更斯的小说《远大前程》中的重要人物，因在新婚之日被未婚夫抛弃而采取极端的手段报复男性。

喊出自己想要表达的内容而悲伤；也许是因为让我们愤怒与悲伤的，是同一个东西。

作家梅根·奥罗克（Meghan O'Rourke）在母亲患癌去世后对悲伤进行了研究，她写道，2016 年大选结束后的那周，有朋友建议说她们应该服丧，指出“我们体验到的不仅仅是政治失败的痛苦，也有对某些东西付诸东流的哀悼和悲伤”。奥罗克认为我们是“为我们本可以成为的国家而悲伤，我们当中有些人以为我们已经是这样一个国家了：这个国家选举出了一位女性总统，摈弃了唐纳德·特朗普信奉的排外主义和过度恐惧”。[54]

不过，我们也许是本能地觉得，从策略上而言，对我们（尤其是白人女性）来说更好的做法是用眼泪来表达自己的情感，这样能让人联想到女性的脆弱，而不是像愤怒那样让人想到女性的 [94]
威胁。哭泣能够肯定我们的女性身份，如果你是一名女性（尤其是白人女性），表现出传统女性的样子会得到奖励，抨击别人则会得到惩罚。有研究表明，在女性遭男性家暴的案件庭审中，如果女性做证时很愤怒，法官更有可能轻判被告；如果女性在证人席上很伤心，表现出脆弱、软弱的女性一面，对被告的量刑则可能会重。[55]

作家莱斯莉·贾米森（Leslie Jamison）写道，自己曾经因为声称“伤心”而非“愤怒”感到自豪：“伤心看起来更有教养，也更无私——就好像你把痛苦藏在心里，而不是逼别人去承受它的冲击。”[56]

心理学教授安·克林（Ann Kring）2000 年进行的一项研究述评发现，男性和女性的自我报告中感到愤怒的频率比例相当，但是女性会更多感到羞愧。克林还发现，男性更有可能通过身体攻击或言语攻击来表达愤怒，而女性，用她的话来讲，则“更有可能在愤怒的时候哭泣，就好像她们的身体在强行让她们回到‘悲伤’这个最经常与女性联系在一起的情感中去”。[57]

不管这当中到底有什么联系，政治中的确有许多哭泣，而很少有哭泣是因为女性的悲伤所致。

1876 年，苏珊·安东尼等五名妇女参政论者闯入一场建国一百周年的官方庆祝活动现场，向在场的观众分发了她们撰写的妇女权利宣言，并就妇女的公民选举权遭到不公正对待发表了演讲。在演讲开头，她们将自己的政治抵抗行为描述为一次悲伤之举：“在这洋溢着爱国主义情绪的时刻，举国上下都欢欣鼓舞，准备好了赞美之词，而我们却带着忧伤敲出不和谐的音符。”[58]

一个世纪之后，国会女议员芭芭拉·李向我回忆说，同样身为国会女议员的雪莉·奇泽姆当年“感到受伤时会关起门来哭泣，要知道，痛苦会带来愤怒”。在她的记忆里，奇泽姆在公共场合“非常冷静，她声音坚定、做派强硬，讲起话来就像是连珠炮一样。但
[95] 是关起门来呢？她会卸下盔甲，承认自己的痛苦”。在她看来，奇泽姆“非常敏感、相当受伤、极度愤怒”，所以才会容易哭泣。

“要记得，”芭芭拉·李对我说，“她是那里面唯一一个要与那些白人和黑人男性共事的黑人女性。环境真的对你施加着重重压力：你是个黑人，还是个女性。我记得她会对我说，‘芭芭拉，这些规则不是为你我制定的。’”在她的印象里，奇泽姆对美国国会黑人同盟和妇女运动中的白人女性同事的怠慢也非常敏感。“雪莉很清楚，白人女权主义运动没有理解种族歧视的本质，也不了解

黑人女性和黑人群体不得不面临的处境。她也对很多非裔美国领导人感到愤怒，因为在她看来，他们并不清楚女性正在遭受怎样的对待。”因此，奇泽姆虽然“在公共场合从不会让任何人击垮她”，私底下却会哭泣。

她从来都不是唯一会这么做的人。1972 年，在那场奇泽姆率领女权主义代表参加的民主党全国代表大会上，那场弗洛伦斯·肯尼迪和其他女性冲着记者大喊大叫、让他们不要碰自己的大会上，乔治·麦戈文说服了许多女权主义者支持自己（而不是奇泽姆或者别人），同时却又让他的代表去反对一条想要将堕胎合法化的纲领，并且违背了自己对那些女性的承诺，允许一名反堕胎活动人士上台发言。当时作为记者（后来成为编剧）的诺拉·艾芙隆（Nora Ephron）为《时尚先生》（*Esquire*）杂志报道了这场混乱的大会。艾芙隆写道，凌晨四点的时候，格洛丽亚·斯泰纳姆“流着泪与麦戈文的竞选经理加里·哈特对质：‘你们答应过我们不会这么卑鄙下流的，你个混蛋。’”

第二天，艾芙隆跟踪斯泰纳姆去了一家酒店。斯泰纳姆想去找麦戈文当面对质，没有成功。“如果你是一名女性，人们会觉得你和一名政客的关系只有两种可能，要么是陪他睡，要么是他的服装师。”离开酒店的路上，斯泰纳姆生着闷气，又开始哭起来。“他们就是不把我们当回事。”斯泰纳姆哭着对艾芙隆说，“我受够了被坑，被我的朋友坑，被乔治·麦戈文坑，他的第一场竞选活动经费里有一半的钱都是我募集的，他的演讲稿是我写的……他就是不能理解。有一次我们去找他谈堕胎议题的时候提到福利问题。 [96]
‘你们为什么会关心福利？’他问。他不知道这就是女性遇到的问题。

他们不想把我们当回事。我们只是行走的子宫。而电视报道……说既然女人都来了，看来下一步就是要有个左撇子立陶宛人领导班子了。”[59]

斯泰纳姆激愤的言辞被艾芙隆永远地记录了下来。这义正词严的抨击抒发着经年累月的愤怒，而她发泄这愤怒的时候却无法不哭泣。

“我们生气时会哭泣。”四十五年后，斯泰纳姆对我这样说道。她回忆起当时和艾芙隆的对话时仍然会摇头，显然有些后悔自己当时哭了，还被艾芙隆看到了。“我不觉得这是个稀罕事，对吧？女人生气的时候就是会哭的吧？”到了这个时候，斯泰纳姆仍然在寻求肯定，这不禁让我感到震惊：女性生气的时候当然会哭。但她接着说道：“有位女性帮了我很大的忙，她是某个地方的主管，她告诉我说自己生气的时候也会哭，但后来找到了一个办法——每当她生气、开始哭泣的时候，她就会和对方说，‘你可能会觉得我很伤心，因为我在哭，不是的，我是在生气。’然后她就会继续哭下去。我觉得这个方法太棒了。”

这让我们意识到，眼泪是一种女性发泄愤怒的最为常见的表征，但这同时也揭示了一个令人不快的事实：人们之所以接受女性以眼泪发泄愤怒，可能是因为他们根本无法正确理解女性愤怒的眼泪。我非常清楚地记得自己之前在一个男性主导的办公室里工作的时候，有一次因为某种说不上来的愤怒哭了起来，一个老女人揪住我的后颈把我拽到了楼道口。那是一个冷冰冰的狠角色，我一直都有点怕她。“绝不要让他们看到你哭，”她对我说，“他们不知道你在愤怒。他们以为你在伤心，甚至他们还会为此开心，因为他们得逞了。"

1987年，科罗拉多州联邦众议员帕特里夏·施罗德担任加里·哈特的总统竞选团主席期间，已婚的哈特在一艘名为"猴把戏"(Monkey Business)的船上被拍到出轨。施罗德大为光火，也对当时的被动处境失望不已，心想："没办法，我已经在外面活动，帮他到处出面，参加一些辩论了。"既然她的候选人已经出局，她没 [97]
有理由不去自己尝试一下竞选总统。

"那不是一个经过深思熟虑的决定。"三十年后，她大笑着对我说，"当时已经有七名候选人了，他们最不希望看到的就是再来一个。有人称我们是'白雪公主和七个小矮人'。"她明白自己入场太晚，资金募集远远落后，因此郑重宣布说自己募集到200万美元才会加入竞选。这是一场艰巨的战役。她仔细研究了募集资金的记载文档，发现自己的一些支持者会给男性候选人1000美元，但只会给她250美元。"看着这个数目我心想：他们是觉得给我要打个折吗？"她回忆起1987年秋天前，《时代周刊》的一项民意调查显示自己在民主党内部排名第三，"但你要是看看调查结果，看看有多少人说他们绝不会给一个女人投票，你就会意识到很多人说他们会投票的时候其实是在撒谎，我明白这是绝不可能发生的了，我会是永远的第三，而第三名没法让我当上总统。"

她决定宣布自己不会正式参选。发表演讲的时候她百感交集：对那些在这个漫长炎热的夏天里支持过她、为她而奋斗的人，她感激不已；对这个让资金募集变得艰难、让人难以针对选民展开活动的竞选体制，她感到沮丧；对种族歧视，她感到愤怒。种种情绪交织，她竟一时哽咽，说不出话来。[60]

“你们会觉得我疯了，”施罗德回想起媒体对她的反应时讲道，“你们会想舒洁面纸是不是我的企业赞助。我记得自己当时在想，他们会在我的墓碑上刻上什么？‘她哭了’？”有段时间，施罗德一直保存着一份她称之为“哭泣文件”的文档，里面列出了那年所有当众哭泣过的男性政治家。“里根每次看到旗子都噙着泪水。”她回忆道。她的文件里有很多记录，例如新罕布什尔州州长约翰·苏努努（John Sununu）卸任州长职务时落了泪，而老布什总统经常会哭。但这些男性落泪得到的媒体反应和施罗德得到的截然不同。

《周六夜现场》节目用一出滑稽短剧讽刺了施罗德。诺拉·邓
[98] 恩（Nora Dunn）在剧中扮演施罗德，在主持一场辩论的时候多次突然放声大哭。《纽约时报》则称施罗德淹没在了“泪海之中”。[61] 佛蒙特州一家报纸社论指出“这是多么致命的控诉，谴责着这个姑娘的品性”。《华盛顿邮报》一位专栏作者则写道，像施罗德这样的老女人把年轻女性奋斗的事业进程往回倒推了一个世纪，称她“疯狂鲁莽，身为国会里为数不多的女性之一……给那些不把女性当回事、觉得女性都是小甜妞的人送上了弹药。”

最后这个观点最让施罗德恼火。她记得有位男性也因当众哭泣而遭遇政治挫败，那个人叫埃德蒙·马斯基（Edmund Muskie），他在 1972 年的总统竞选中被眼泪毁掉了总统梦。三十年后，施罗德仍然困惑的是：“为什么我不记得有任何人说过他让男性事业倒退了呢？”

许多女性选择哭泣，也有另外一个层面的考量：哭泣象征着痛苦无助，能够激起人们的同情心和保护欲，尤其如果流泪的是白人女性的话。但这些泪水激起的保护欲却又经常被用作种族暴

力的正当理由。“白人女性的眼泪”打乱了关于种族歧视的重要讨论，它能够让人们去同情某些女性、想到某些女性，却对其他女性视而不见。“不是所有的眼泪都要紧，”作家谢伊·斯图尔特－布莱（Shay Stewart-Bouley）在 2018 年写道，“一个非白人女性的眼泪很少有什么价值……处于痛苦中的少女从来都不会是个黑人。”[62]

我向艾丽西亚·加尔萨讲起自己在写这本书时听到的一些故事，她说这些故事让她很伤心。“在我的愤怒之下是深深的忧伤。”她说，“雪莉·奇泽姆这样有远见的人都曾那样哭泣，这真让我心碎。芭芭拉·李这样有胆量的人都不得不保持自己的嗓音不颤抖，这也让我心碎。还让我感到非常困扰的是，玛克辛·沃特斯居然被描述成一个疯子，我不想说那些疯子的坏话，但是她真的没疯。我知道那种感觉，我经常觉得自己疯了。我常常觉得自己出了点问题。如果我没有精心去组建一个团队，尽力去召集这些百分百懂我的人，我可能就不会参加这个运动了。这也让我伤心。”

吃完苦药，来勺幽默 [99]

悲伤的近亲是欢笑，而另外一种较为常见的、为社会所接受的，也是广泛遭到误解的愤怒表达方式，就是喜剧。

帕特里夏·施罗德会用一些诙谐而又尖锐的反驳来发泄她在国会里的挫败感，这些话在她同事听来也不总是让人愉快的。她有些出了名的俏皮话，例如把前总统罗纳德·里根（Ronald Reagan）

称为“特氟龙总统”(the Teflon president)[①]。被人问了无数次她“作为一名女性”是否会竞选总统之后，施罗德开始反击：“我有得选吗？”身为众议院军事委员会（Committee on Armed Services）委员，施罗德还对国防部官员开玩笑说如果他们也是女性的话，就会一直处于怀孕状态了，因为他们从来不说“不”。《纽约时报》有篇报道写到施罗德在国会宣誓就职的时候手包里放着尿布，文章还引用了施罗德最为出名的一次回应，那次她被人问到自己如何兼顾妈妈和国会女议员的角色时回答说：“我有脑子，也有子宫，我两个都用。”[63]

“那句话明显太咄咄逼人了，我当时不该那样说的。”施罗德2017年接受采访时对我说。她早就注意到并且在《纽约时报》那篇报道中也讲过：“我觉得没人会喜欢一个自作聪明的人。”[64] 施罗德回顾自己的言行，指出自己有很多尖锐的幽默都会被理解成攻击，有同事称她是“邪恶的西部女巫、泼妇”。在她看来，这很不公平，她的冷嘲热讽往往是自己遭到性别轻视时的自我辩护。“如果一个男人说了什么来为自己辩护，”她说，“他就是在坚持自己的立场。如果你说了什么，你就是心胸狭隘、脸皮太薄。人们觉得女性就应该忍气吞声，继续前行。”

讽刺的是，施罗德签名时总喜欢在自己的名字上画个笑脸，也经常咯咯地笑，有意利用自己这种幽默、活泼、女性化的形象来减少人们的焦虑，让人们不那么关注她在政治上的雄心、她向政
[100] 治对手发起的谴责以及她那对抗性的做派。到了1990年，施罗德已经成为国会里最年长的女性，《纽约时报》称她“精明诡诈，有

①特氟龙式人物指虽曾有丑闻或曾被误解但名声未受损的人。

着最具杀伤力的政治洞察力”，“这些年来，她帮着开除的众议院军事委员会主席不是一位，而是两位”。但施罗德常常会引用自己父亲的建议说：“绝不要向你的敌人皱眉头。冲他们微笑——这能让他们吓破胆。”

20世纪70年代，反女权主义斗士菲利斯·施拉夫利带头反对《平等权利修正案》时，向她的小兵们发出的号令之一就是让她们一直保持微笑。她最为著名的一本书就叫作《积极女性的力量》（*The Power of the Positive Woman*）。[65] 然而，这种露齿微笑的积极只能帮助隐藏那些站队白人男性统治的女性们的雄心壮志。毕竟，施拉夫利阻止了《平等权利修正案》的通过，也很少会被人指责说虚伪：身为一个在全国各地活动的政治女强人，她一直在告诉其他女性，她们的使命就是待在家里。与此同时，左倾女权主义者施罗德在签名上画了无数笑脸，批评者却仍然对她评头论足。《纽约时报》有篇文章指出，施罗德在批评者“看来‘冷酷无情’，咧嘴笑得面目扭曲，讲话带着鼻音，咬牙切齿，眼睛眯得都看不见……事实上，施罗德是位胸怀大志的政治家，只是笑得用力过猛”，她酷爱讲俏皮话，这“掩饰、削弱了她的严肃”。[66]

但就算幽默不能每次都有效掩盖野心和攻击，至少也能让人觉得更容易接受。第二拨女权主义者出了名的缺少幽默感，但讽刺的是，她们之所以获得这样的名声，是因为她们反对黄色笑话，禁止别人把女性当作装饰品要求她们微笑。事实上，她们中的许多人都非常风趣和幽默，其中最主要的一位就是弗洛·肯尼迪。

“弗洛有句话特别经典，”经常与肯尼迪搭档演讲的斯泰纳姆回忆道，“有一次，后排有个男人站起来问我们‘你俩是同性恋吗？’

她的回答是'你要和我换换吗？'"在斯泰纳姆看来，肯尼迪"总是可以说点什么让人们哈哈大笑，但又总是有点道理，我是说，她并不会通过引人大笑来给任何人开脱"。

有些时候，幽默是最好的办法，能够刺中要害，清晰地表达愤怒。这些愤怒出于各种原因无法直接表现，只能通过夸张滑稽

[101] 地去模仿一个被边缘化的愤怒女性，假定她的愤怒可以表达、也得到尊重，用这种更为可行的方式来展现愤怒。

奥巴马总统任职期间，笑星乔丹·皮尔（Jordan Peele）和基根-迈克尔·基(Keegan-Michael Key)创造了一个名为卢瑟(Luther)的角色，为这个性情平和得出奇的最高统帅、这个绝不能大发雷霆的黑人总统担任"愤怒翻译员"。2016年大选期间，一个署名@shitHRCcantsay（希拉里没法讲的脏话）的账户在Medium平台上连续发帖，对希拉里内心的愤怒进行演绎，赤裸裸地拆穿了人们对待希拉里的方式。其中有段文字写道："我他妈一辈子都在为这份工作做准备，别让我在艾伦秀上跳舞，操，快给我个机会。"这个捏造的"恶搞版希拉里"违背了人们对女性的所有期待，也因而是希拉里本人绝不可能成为的模样：她充满自信，夸夸其谈，居高临下，愤恨于自己为了迎合美国对女性的标准，不得不费尽心力与狭隘愚蠢之人打交道。阅读这些内容让我觉得特别宽慰。[67]

希拉里输掉大选后，人们无情地指责希拉里，把过错全部归咎到她一个人头上，在此背景下这种恶搞的泄愤就变得更有必要。大选结束后的第五天，这个恶搞账户发了一篇帖子，让希拉里带着一副自以为是的防御架势，把责任推卸到除了自己之外的所有人头上。这种做法在现实生活中有多不合适，在这种恶搞里就有

多大快人心，因为没有哪个女性能够像这样公开发泄愤怒还安然无恙：

> 我想衷心地对全国新闻媒体说一声：去死吧！因为你们花在谈论我的邮件上的时间，比报道所有政策议题的时间都要多……因为你们永远在说我“有缺陷”或者“有缺点”……混账东西，你们倒是说一个啊！说我那个说我给穷人提供艾滋病药物的他妈的基金会？你们是认真的吗？还有，事到如今你们来放马后炮了？来批评我的竞选活动了？贱人，我是赢了普选的，我是在和美国对着干！最后，让我们为那些摇摆不定的选民举杯……亲爱的，如果你听到特朗普说墨西哥移民是强奸犯之后仍然犹豫不决，就只有一种可能：你要我完美无缺……要知道，1965年我竞选高中班长的时候输给了一个男生，那个男生对我说： [102]
> “你要是觉得一个女生也能当总统，就真的是太傻了。”好吧，五十年来我一直不知疲倦地为之艰苦奋斗，如今终于证明了那个小男孩讲得没错。[68]

喜剧能够为那些难言之隐打掩护，对于女性来说，这难言之物便是愤怒。这些愤怒有些时候需要发泄出来，并且不仅需要以充满正气的方式发泄，也需要以丑陋、自怜的方式宣泄。希拉里的支持者们，那些致力于帮助她赢得大选的人，那些遭到四面八方愤怒声讨的人，为什么不能讲点刻薄的粗话，来释放自己的怒气呢？

很多投身喜剧行业的女性都将喜剧看作宣泄愤怒的出口，或者可以说是她们的愤怒让她们选择了这个职业。“你要是觉得没什么可气，没什么可烦的，那你还有什么好讲？”喜剧演员琼·里弗斯（Joan Rivers）在2010年的纪录片《世间极品》（*A Piece of Work*）中这样问道，“我对所有事情都充满愤怒……如果没有这些愤怒的话……我就不会当一个喜剧演员了。愤怒为喜剧注入了力量。”

喜剧演员菲比·罗宾森（Phoebe Robinson）是喜剧播客节目《傻瓜二皇后》（*2 Dope Queens*）的主持人之一，她在回忆录《别碰我的头发》（*You Can't Touch My Hair*）中描述了喜剧如何帮助自己纾解痛苦，缓和观众对于自己那些不满情绪的态度。“如果我巧妙地用开玩笑的方式来表达自己的痛苦，就没人会觉得被冒犯了，对吧？”罗宾森写道，“如果大家都在大声笑，就没人会说你是个愤怒的黑人妇女了，对吧？”[69]

幽默能够很好地隐藏对种族歧视和性别歧视的愤怒，也能够向白人男性权威间接发起挑战，而不会有直接带来不良后果的风险。因此，听到喜剧演员蒂娜·菲开玩笑讲哈维·韦恩斯坦性侵，并没有让人觉得有什么奇怪。早在2012年，哈维·韦恩斯坦的性侵行为还没有被报道出来的时候，蒂娜·菲就在《我为喜剧狂》（*30 Rock*）节目上开了被韦恩斯坦压在身下、拒绝和他发生性行为的玩笑。2013年的奥斯卡颁奖典礼上，白人男性喜剧演员塞思·麦克法兰（Seth MacFarlane）也调侃韦恩斯坦，说那些最佳女主角提名候选者们再也不需要假装被韦恩斯坦吸引了。2017年的报道让
[103] 人们意识到韦恩斯坦的性侵犯行为有多恶劣之后，麦克法兰解释说，当年有个女演员朋友向自己吐露遭到韦恩斯坦的性骚扰，促使他讲了那个笑话。他指出，自己那时的俏皮话“无疑”来自“憎

恶和愤怒之地”。[70]

很多年里，一直有女演员称自己被喜剧演员比尔·科斯比性骚扰，却没有产生任何回应。同样身为喜剧演员的汉尼拔·布勒斯（Hannibal Buress）对科斯比教训非裔美国人“把裤子提上去”感到生气，开始在自己的单口喜剧表演中反驳他：“是的，但是你强奸女人，比尔·科斯比。消消你的气焰，少发点疯吧。”布勒斯的玩笑被媒体报道之后，多年来针对科斯比的那些指控才终于引起人们的注意。

喜剧不仅能为愤怒提供友善的伪装，还能吸收愤怒、平息愤怒。萨曼莎·比（Samantha Bee）在美国特纳广播公司（TBS）开始做一档新喜剧节目时，开设了一个特别的“强奸威胁热线”，对自己作为女性喜剧演员遭到的网络谩骂做出回应。拨打这个热线的人将会听到以下这段话：“没有人会接听您的电话，但是您对于非自愿性行为的提议对我们很重要，请从以下菜单中做出选择：想告诉我说我是一个蠢婊子、需要被强奸，请按 1；想告诉我说您想插遍我这个智障圣母婊身上的每一个洞，请按 2……”

“这不是在跟大家开玩笑，”她在 2016 年的一次采访中正色道，“这可能是最为黑暗的讽刺，也揭示了这个行业中女性的生存现状。”

事实证明，在整个大选期间以及选举结束后的几年里，萨曼莎·比每周的喜剧节目都充斥着愤怒的女权主义幽默，成为发泄女权主义愤怒的一个主要途径。她的开场独白很多时候就是长时间的咒骂，但引得观众大笑的并不总是笑话，听到坏人得到应有的指责时那种酣畅的愉悦也会让人哈哈大笑。赤裸裸地发泄怒气本身就是一种幽默，好笑的部分就在于这其实才是最为理性的回应，但如果不是这种喜剧独白的形式，这样的愤怒表达是不可能实现，也不会得到严肃对待的。

2018 年，众议院议长保罗·瑞安宣布不再竞选连任的那周，我和丈夫坐在电视机前目瞪口呆，那些非常严肃的有线电视新闻节目里，许多专家在郑重地告诉观众，瑞安——这位 2015 年以来担任美国众议院议长的威斯康星州联邦众议员，这位多年来走在
[104] 保守主义前沿、让这毒株给我们带来了特朗普总统的议员——事实上是位好心的税改达人，他这次辞职意味着他那套可靠而又温和的保守主义已经不再受特朗普政府的喜欢了。我俩对此大为光火。瑞安本人从大学饮酒派对时就开始幻想利用医疗补助计划剥夺穷人的医疗补贴；他利用自己长年在政府部门工作的影响力，推动通过了一项为富人减税的政策；作为立法者，他整个职业生涯都在全力反对堕胎权，哪怕是强奸和乱伦引起的堕胎……这种美化瑞安的过往、将其神化的做法荒谬至极。而那些新闻报道里到处都在说他是个有着坚定道德信念的人。

几天后，我们坐下来看《萨曼莎·比之全面开战》(*Full Frontal with Samantha Bee*）节目的时候，发现她已经气到冒烟。“保罗·瑞安是个坏人，”她在开场独白中讲道，“他不是政治家，而是精神失常的疯子。”她预测瑞安总有一天会去竞选总统：“他指望我们忘掉他有多傻×、多可恶，但我们绝不会忘记。保罗·瑞安，你留下的遗产是让穷人为富人的大规模减税买单，你夺去数百万民众的医保，损毁社会福利，捍卫穆斯林禁令，令美国陷入一场宪制危机，还想方设法让所有人都相信向民主规范和社会保障体系纵的这把火是温和的。”我和丈夫欢呼起来。她几乎没有假装自己

是在讲笑话。她讲的正是令人愤怒的事实，将这事实暴露无遗并且理直气壮，就会引人发笑。

但并不是所有人都认为她这种表达愤怒的方式管用。2016 年 10 月，萨曼莎·比在开场白中提到了《走进好莱坞》录音事件，她把特朗普和主持人比利·布什称作“两个色眯眯的假阳具”，声称“我认识的每一个女性都曾像人体保龄球那样，被某个风骚变态抓过身体”。《大西洋月刊》供稿作者梅根·加伯（Megan Garber）忧心忡忡地指出，她对特朗普这种色狼般恶劣行径的回应是一种“没打算披上‘讽刺’外衣的愤怒，是怒火中烧……这种愤怒本身就是愤怒的终极目的”。加伯认为她“对特朗普的愤怒也许是……正当的，但这样做有多大成效尚无定论……愤怒能够帮助我们搞清楚一些事情，但我们很少会认为这个办法有多好。”[71]

萨曼莎·比这些大不敬的愤怒之词之所以引起加伯的担忧，也 [105]
许是因为加伯清楚如果喜剧对权力发起的挑战太过尖锐，就会遭到谴责。2018 年的白宫记者晚宴就清晰证明了这一点：晚宴上，喜剧女演员米歇尔·沃尔夫（Michelle Wolf）把特朗普政府和前来参加庆祝年会的记者团狠狠讽刺了一番。她满嘴脏话地向媒体发难，还在一节讲到唐纳德·特朗普缺乏财力的段子里，运用喜剧中间离① 的方法，让观众反复齐声问“**他有多穷**”，再用一些不得罪人的俏皮话来回答，直到最后一次观众发问“**他有多穷**”的时候，她丢出了最重磅的包袱：“他穷得向俄罗斯人借钱，所以现在他妥

①间离（distancing）是德国戏剧家布莱希特提出的术语，指让观众看戏但不融入剧情，使观众对所描绘的事件有一个分析和批判的立场，调动观众的主观能动性，促使其冷静理性地思考。

协了，容易受人勒索，可能要对共和国的覆灭负责……耶，这个游戏真好玩。”[72] 沃尔夫也把特朗普的新闻发言人萨拉·赫卡比·桑德斯骂得体无完肤。她把桑德斯比作电视剧《使女的故事》(*The Handmaid's Tale*) 里努力维护残暴的父权政治体制的莉迪亚嬷嬷。她还称桑德斯“烧毁”事实，然后用焚烧后的灰烬画出完美的烟熏妆，接着问应该如何称呼桑德斯：“对于让其他白人女性失望的白人女性，和汤姆叔叔相对应的说法是什么？——啊我知道了，库尔特阿姨①。”

沃尔夫毫不留情，也不再避开媒体的痛处，她直言道：“我觉得这间屋子里没人想承认，特朗普帮了你们所有人。……他帮你们的报纸和书籍赢得读者，帮你们的节目赢来观众。你们帮忙创造了这个怪物，如今也正在从他身上捞钱。如果你们打算从特朗普身上捞钱，至少应该先给他点钱，因为他太穷了。”

沃尔夫的愤怒直接而又明确。讲到最后，房间里的气氛已经变得僵冷。她的结束语也充斥着加倍的愤怒：在这个两党代表出席的高端文明人宴会上，沃尔夫提醒在座宾客不要忘了那沙砾般粗糙的现实，不要忘了面临遣返的“追梦人”②，不要忘了密歇根州弗林特市的居民，他们因为政府收紧开支切换自来水水源而长期饮用铅含量超标的饮用水。沃尔夫最后讲道：“好了，就像那些被父母带到这里、没做错任何事情的移民一样，我得滚出这儿了。晚安。弗林特到现在还是喝不到干净的水！”

①库尔特阿姨（Aunt Coulter），此处“库尔特”来自右翼权威人士安·库尔特（Ann Coulter）的姓氏。

②追梦人（Dreamers），指孩童时期非法抵达美国的移民。

《纽约客》撰稿人玛莎·葛森（Masha Gessen）写道，沃尔夫的讲话“戳破了礼貌和表演的泡沫，也打破了媒体和喜剧间的藩篱。它让在场者一头扎进了现实，在特朗普时代，这样的现实就是喜剧素材：沃尔夫用令人憎恶的幽默曝光了杜撰般的肮脏事实，也让人看到这一切从本质上说并不可笑。”[73] [106]

右翼人士不出所料地对沃尔夫发起了回击；而政治新闻记者团也同样向她发出了反击。《早安，乔》的主持人米卡·布热津斯基发推，声援桑德斯：“看着一位妻子、一位母亲，在全国观众面前被人进行外貌羞辱，实在是令人愤慨。”[74]《纽约时报》记者玛吉·哈伯曼（Maggie Haberman）也在推特里写道，桑德斯“坐在那里，当着全国观众的面忍受着别人猛烈抨击自己的长相”——事实上，沃尔夫并没有抨击她的长相——“自己的工作表现等，而没有愤然离席，这令人敬佩”。[75] CNN 记者克里斯·齐利扎（Chris Cillizza）也赞叹桑德斯居然能够忍受这样的攻击，指出“幽默是一回事，霸凌别人则是另外一回事了。沃尔夫对桑德斯就是在霸凌……霸凌是不对的。任何时候都不对”。要记得，2009 年有个记者开玩笑说希拉里·克林顿是个“疯婊子”，那个记者正是齐利扎；并且齐利扎还在特朗普竞选总统时期称他为“骂人界的迈克尔·乔丹”，发表了一篇自己最爱的特朗普骂人脏话合集，其中有句是特朗普称伊丽莎白·沃伦为“波卡洪塔斯”①，极具种族歧视的意味。

沃尔夫毫不畏缩地以喜剧展示愤怒，表达观点，指出媒体和

①波卡洪塔斯（Pocahontas）是住在弗吉尼亚州的阿尔冈琴部落酋长的女儿，1613 年被英国人掠为人质，后来嫁给殖民者约翰·鲁尔夫。迪士尼动画片《风中奇缘》即基于其真实事件改编而成。

特朗普的追随者共同助长了这个凶暴残忍的独裁政权的气焰。她抨击的对象给予的回击恰恰证实了她的观点，证实了他们决心保护这个政权、掩护这个政权。

去他的

对于女性讲脏话来宣泄、表达自己的愤怒，人们褒贬不一。2016 年民主党全国代表大会期间，我采访了威斯康星州民主党国会众议员格温·摩尔（Gwen Moore），她的脏话就让我感到震惊，
[107] 但也让我感到愉快。我喜欢脏话。她讲到自己作为黑人单亲妈妈，一直遭受着各种经济阻力，还说自己会向那些准备在 11 月投票给第三党派的人“竖中指”。她凝视着我，承认说：“我真他娘的害怕。”我很少听到当选官员，尤其是*女性*当选官员公开向记者讲脏话，但是这种直接的表达令人耳目一新。我*清楚无误*地明白了她的意思。

到了 2017 年，华盛顿很多女性都在讲脏话了。联邦参议员卡玛拉·哈里斯和柯尔斯滕·吉利布兰德都开始在公共场合爆粗口，试图表达她们对于特朗普政府的强烈憎恶，对于允许这一切发生并且袖手旁观的共和党的强烈反感。

在旧金山的某次活动中，哈里斯提到共和党想废除奥巴马医改计划时，嘲讽了一位说过“没有人会因为没有医保而死掉”的国会议员。“这他妈说的什么？”哈里斯在台上这样问道。几个月后哈里斯接受《纽约时报》采访时，措辞也只是稍微收敛了些。“有

人告诉我，在这种采访里我不应该说——”这里记者消了音，但是足以让读者知道这里缺的词是“去他娘的”——“所以我就不打算说了。”[76] 2017年，同样是在为医改斗争期间，吉利布兰德接受我的采访时肆口谩骂，一度提出作为参议员，“如果我们没有在帮助人民，我们就应该都他妈的滚回家去”。我收到很多读者的反馈，说他们觉得吉利布兰德是在模仿总统咒骂。事实上，吉利布兰德在她2014年的回忆录里就一直在讲脏话了，也在书里承认了自己特别喜欢爆粗口，只不过是这个特朗普时代允许她在政治演说中也开始飙脏话。2017年7月，吉利布兰德在一次活动中向观众发问：“特朗普信守承诺了吗？”接着，她回答道：“没有，妈的，没有！”事后，她自然就被右翼媒体贴上了“精神错乱”的标签。

归根到底，陷在特朗普政府领导下的立法机关地狱中的这些女性，也许都是把讲脏话当成了一种镇痛药。心理学教授理查德·斯蒂芬斯（Richard Stephens）接受《纽约时报》采访时介绍了自己开展的一项研究。在这项研究中，他让实验对象把双手浸在冰水里坚持尽可能长的时间，同时嘴里反复念一个单词，要么是脏话，要么是中性词。那些重复讲脏话的人能够让双手在冰水里多坚持50%的时间，并且疼痛程度也有所减轻。《纽约时报》的那篇文章总结道，咒骂能“带来精神宣泄……并且也许能帮助更好地忍受痛苦”。另外还有一些正在进行中的研究，想要搞清楚咒骂除了让我们感觉不到不适，是否还有可能增强我们的力量。这些研究结果也许能让我们更加了解（也更觉复杂）为什么在那些抗议特朗普政府的活动中，有那么多抗议者会选择在自己的游行标语板上写下脏话。 [108]

女性的愤怒会被阻拦，咒骂也一样，因为这样做不像淑女，过于男性化。然而，咒骂之所以有用，正是因为它为那些被压抑的愤怒提供了一个出口。“咒骂是一种应对，是一种发泄，帮助我们缓解压力。”蒂莫西·杰（Timothy Jay）教授接受《纽约时报》采访时讲道。他指出，讲脏话让我们能够“在表达我们的情感，尤其是愤怒和沮丧的时候，有一种象征性的表达方式”，而不是通过肢体动作或者暴力行为来表达。[77]

不同于直接表达愤怒或不满，女性爆粗口更容易打出酷拽、幽默的名片，也标志着她们与男性打成一片。爆粗口可以让人显得风趣幽默，更通人情。与此同时，在真正爆发愤怒的时候，爆粗口也可以是一种本能的、近乎兽性的行为。

前 NPR 调查专员艾丽西亚·谢泼德（Alicia Shepard）记得在一次贸易集团的会议上，她要求一位年长的白人执行董事澄清某个问题，那位董事回答道：“网站上都有，亲爱的。”她下意识地回应道：“不许叫我亲爱的，操蛋脸。”“我自己都不知道从哪里学来的‘操蛋脸’这个说法，”谢泼德 2017 年接受美国传媒教育机构波因特（Poynter）学院采访时说道，“我很多年里一直被别人喊小甜心、亲爱的……那次终于忍无可忍，爆发了一次。”[78]

“有些人真的会被脏话冒犯到，”格洛丽亚·斯泰纳姆讲道，“但我发现讲脏话的艺术就在于把‘他妈的’放到词语中间，而不是单独讲出来。”斯泰纳姆说自己是从音乐剧《长发》(*Hair*) 中学到的这个小把戏，那部剧中有首名为《阿比宝贝》的歌，歌词中将亚伯拉罕·林肯这位第十六任美国总统称为“奴隶解他妈放者”。斯泰纳姆很喜欢这个说法，也开始用脏话来分解、强调或者玩弄自己使用的词语。"所以我会说太他妈棒了或者扯他妈的淡，诸如此类。"

不过，脏话能获得这么重的分量，我们也许可以从中学到些 [109] 什么。《纽约时报》那篇文章里的研究者指出："脏话之所以有力量，只是因为我们赋予了它们力量。如果所谓脏话没有遭到审查，就只会是平常的词语。"[79] 正是我们对脏话的抑制和审查给了它力量，这一点，那些仍然寄希望于抑制女性愤怒的人不妨记好。

火山爆发

压抑愤怒、为愤怒正名、以泪水或笑话来表达愤怒、用脏话来传达愤怒——当以上所有的方法通通无效，有些政界女性索性决定不管不顾，公开发飙。她们毫无歉意，也绝不善罢甘休。2014 年，《薪酬公平法案》（Paycheck Fairness Act）遭到参议院否决，这项法案如果通过，本可以在《同酬法案》（Equal Pay Act）的基础上带来更多薪酬保护，更好地确保女性，尤其是有色人种女性获得平等薪酬。法案遭到否决后，马里兰州联邦参议员芭芭拉·米库斯基（Barbara Mikulski）在参议院发表了讲话。

"我跟你们说我听腻了什么吧，我听腻了别人这样那样地说我们讲话时太情绪化，"米库斯基大发雷霆，"是的，我就是情绪化……当我知道女性每天都在这么拼命努力地工作，却拿着更少的工资时，我会掉眼泪。听到这个让我情绪激动。然后我听到那些虚假的理由，有些刻薄小气，有些毫无意义，我真的火冒三丈。我开始生气。我开始暴怒。我的火山爆发了。"

很多时候，这种毫不掩饰的粗犷愤怒很有演讲效果，尽管它并不能够真的带来立法、法律或政治上的效应，也未必能够引起什么反响，就像米库斯基的那次雷霆暴怒一样。

在人们看来，格洛丽亚·斯泰纳姆作为一名有着传统女性特质和魅力的白人女性，是很善于表达女性愤怒的。她在聚光灯下的那些年里，媒体常说她可能是美国人民**唯一**愿意倾听的女权主义者。但斯泰纳姆自己讲道，她和弗洛·肯尼迪一起四处奔走演讲的
[110] 时候，鉴于肯尼迪总是坚定直率地表达愤怒，“我总是先讲，因为我要是在弗洛后面讲，就会让人扫兴。我肯定得先讲”。

不加掩饰的愤怒可以给言语带来超能力，弗洛·肯尼迪或许是最佳例证。肯尼迪一生都在研究如何有力地向不公发起愤怒的抵抗。她在美国密苏里州堪萨斯城出生、长大，年轻时曾参与抵制附近一家可口可乐装瓶厂，因为那家厂拒绝雇用非裔卡车司机。她申请进入哥伦比亚大学法学院时曾遭到拒绝，从管理人员那里得知了拒绝原因不是她的肤色而是她的性别后，便威胁对方要发起歧视诉讼，最终，她被录取成为那届的八名女生之一，也是那届唯一的非裔美国学生。作为律师，她曾为被指控密谋制造爆炸事件的黑豹党成员辩护，曾起诉天主教会，还曾在 1969 年组织女权主义群体向纽约州堕胎禁令发起合法反对，致使该州在 1970 年放开了对堕胎的限制。1973 年，哈佛大学学生争论着要让学校平衡男女比例时，肯尼迪也在其中，她称哈佛校园是“全世界的屁眼儿”，并且组织了一次传奇的“到校撒尿”（pee-in）抗议活动，痛斥该校女厕所稀缺的现状。[80] 她还在 1983 年的女权主义电影《硝烟中的玫瑰》（*Born in Flames*）中出镜，那部电影讲述了革命女性

组成一支起义军，与性别压迫和种族压迫作斗争的故事。

《人物》杂志称她“在这个女权主义活动家和激进政治家并肩作战的战场上，是最为响亮、无疑也最为粗鲁的声音”。

斯泰纳姆记得自己和肯尼迪作为搭档到处演讲的时候，肯尼迪曾经责备她太过一本正经，不敢大声呼喊，不敢情绪激动，过于依赖自己做好标记的演讲稿。“一开始我记得她把我拉到一边，因为我一直在讲各种事实数据，以证明我们遭到歧视。弗洛把我拽下来对我说，‘亲爱的，你要是躺在一条臭水沟里，脚踝上压着辆卡车,你不会找人去图书馆找资料看这卡车有多重。你会把它挪开！’”

肯尼迪总是不知疲倦地敢怒敢言，但并不是所有女权主义者都能接受她这种做法。斯泰纳姆记得有一次自己邀请肯尼迪到华 [111]
盛顿的某个大型妇女组织活动上讲话。“很多人从各地赶来，一片混乱，我邀请了弗洛，”斯泰纳姆回忆说，“我记得贝蒂·弗里丹很生气地打电话给我说，‘你不能邀请她，她不能来参加这个活动。她会茅茅我们的’。”[①] 斯泰纳姆没有理会弗里丹。肯尼迪来参加活动并且发了言，“当然很好”。岂止是很好。在斯泰纳姆的印象里，肯尼迪的发言不仅燃烧着熊熊怒火，还充满了“让人惊讶的豁达”与令人愉快的幽默。人们总在谈论愤怒过头的危险，认为愤怒的人就是个刺头，带着敌意、咄咄逼人，却常常忽略了愤怒的释放也可以伴随着，或者说能带来欢乐、善意、温暖与关怀。

“弗洛深信激进人士可以用各种各样的方式来开展活动。”斯泰纳姆回忆道。但是肯尼迪非常愿意释放自己的愤怒，释放这种

---

①“茅茅党”是肯尼亚一个秘密政党组织，旨在用恐怖活动驱逐肯尼亚的欧洲殖民者，“茅茅”在这里指恶意攻击。

让一些女性遭到嘲笑的情绪，这种习惯激励了许多人，偶尔也吓坏了许多人。

“女性公众人物要能够代表我们所有感到愤怒的人去表达愤怒，这一点至关重要，因为这样我们才能拥有捍卫我们的人。”斯泰纳姆提起另一位同辈朋友贝拉·阿布朱格（Bella Abzug）时讲道。阿布朱格是一位国会女议员，声音低沉，言辞犀利，矮矮胖胖。斯泰纳姆记得，1977 年的休斯敦全国妇女大会上，当时 39 岁的州议会女众议员玛克辛·沃特斯等着与阿布朱格说话时，“贝拉正在冲我大喊大叫，吼着‘你搞砸了一切’之类的话”，沃特斯在一旁看着斯泰纳姆和阿布朱格争执不下，“看得出来玛克辛非常震惊，我把她拉到一边，告诉她，‘在纽约我们就是这样和别人讲话的，别担心’”。

斯泰纳姆接着讲道，不管她多粗暴，“贝拉都可以成为我们的斗士。我是说，她的确让一些人避而远之，但是人们喜欢她的愤怒。弗洛也一样。弗洛也可以成为我们的斗士”。

2000 年弗洛·肯尼迪去世后，她的挚友、纽约最高法院前法官艾米莉·简·古德曼（Emily Jane Goodman）指出，肯尼迪“给
[112] 我们一整代人展示了如何正确地度过我们的一生”。肯尼迪表现出来的愤怒极具感染力，她并不会让人们避之不及，她是女性表达义愤的楷模。她在自己的回忆录中写道：“我不过是个喜欢大声讲话的中年有色人种女性，做过脊柱融合术，少了不到一米的肠子，很多人就觉得我是个疯子。也许你也会这么觉得，但我从来都不会停下来琢磨自己为什么和别人不一样。让我费解的是为什么有更多的人和我不一样。”

第四章 [113]

少数派如何统治

愤怒的女性之间有一点最让人难以捉摸，那就是她们经常对彼此生气，并且常常还有极为充分的理由，这些理由主要涉及种族不平等、经济不平等和性别不平等，使得女性之间的团结总是转瞬即逝，难以实现，痛苦不堪。

2017 年 1 月，《纽约时报》的头版报道了十二天后将要举行的女性大游行，数百万女性将走上华盛顿以及世界各地的街头，举行一场声势浩大的愤怒游行。这篇报道名为《女性大游行开启坦诚种族对话》，细致讲述了女性群体之间在是否参加游行这个问题上的内部冲突。

“预计将有几十万女性聚集到首都，”这篇文章的开篇写道，“但詹妮弗·威利斯（Jennifer Willis）不再想成为她们的中一员了。”威利斯来自南卡罗来纳州，是一名 50 岁的婚礼牧师，她原本打算带着自己的女儿去华盛顿参加游行，但后来打消了这个念头，只因“她在游行的脸书页面上读到一条消息，让她觉得自己不受欢迎，因为自己是白人”。

[114] 接下来，这篇1600字的文章继续探讨了围绕这次游行层出不穷的种族焦虑，这些焦虑不仅关乎性别，还涉及刑事司法改革、中东冲突、虐待土著人口、环境种族主义，以及不只是堕胎权的生育公平等问题。这篇文章以这些大多数人都感到不满的时刻为由头，铤而走险地扩大了女权主义对话的范畴，试图将对话进一步推进，为之前遭到的不公和忽视要求解释。

这篇报道的作者是普利策奖获得者法拉·斯托克曼（Farah Stockman），她引用了游行组织者琳达·萨索尔的原话，“这是一次机会，一次能让我们更深入对话的机会”，来说明这些争论是有意为之。尽管如此，这篇报道拟定的标题和选取的侧重点都瞄准了这个想象中的联盟的脆弱性。报道里写道，开篇提及的那位南卡罗来纳州的白人女性被一个帖子的“语气”刺痛，发帖者是布鲁克林的一位黑人活动家，她敦促“白人盟友”少说多听，提醒那些政治愤怒意识刚刚觉醒的白人女性，对于许多女性，尤其是有色人种女性而言，她们从来都没有享受过可以不气到发疯的奢侈。正是这条帖子导致詹妮弗·威利斯取消了行程，她在采访中讲道：“我们在同工同酬、婚姻和领养问题上应该算是盟友，现在怎么就成了‘白人女性不懂黑人女性’了？”

这篇报道问道，“关于种族的辩论”是否“反映了更深层的问题，即在这个特朗普时代，进步主义有何未来。这次游行强调的到底是女性的分歧，还是女性的团结？”

讽刺的是，这篇报道本身就已经做出了回答，其标题指向的是活动人士之间的分歧，而非在这美国史上最大规模的单日游行活动中，数十万计的男男女女将有可能跨越这些分歧，集结到一起。

一年后，女性大游行再次举行，在一些美国城市里甚至比前一年规模更大。《纽约时报》也再一次在游行到来前刊登了头条报道，名为《女性大游行第二年，激进更多团结更少》。

这里指出人们常常过度关注女权主义的内讧，并不是说这些内部纷争不严肃、不重要；这些内部分歧是真实存在的，理解它 [115]
们从何而来也至关重要，如此有利于帮助我们理解女性运动理论上想要废除的那些偏见、压迫和不公。

争端是行动主义的最大特点

人们普遍认为，女权主义运动从一开始就处于崩溃的边缘，因为内讧一直都在现实中不断上演：种族分歧，阶层分歧，性向分歧，代际分歧，更不用说时时爆发的个人嫉妒和针锋相对的争权夺利了。这些分歧常常极为严重，具有破坏性，但并不能因为这些分歧的存在，就认为女性运动和其他社会正义运动有所不同。从民权运动到黑人民权运动，从移民权利运动到同性恋权利运动，从新左派运动到社会主义运动，无一例外，都曾因代际、种族、性别、性向和阶层的分歧，因战略差异和个人恩怨，闹得四分五裂。某种程度上可以说，这就是群众行动主义的本质。

大型政治运动中的派别之分极为常见，这是美国革命言论的一个核心要素。美国第一幅政治漫画是由开国元勋本杰明·富兰克林设计的。漫画中，一条蛇被切作八段，每段以十三块殖民地或地区的简称标记；与这幅画一起刊登在报纸上的是富兰克林撰写的社论——将“分裂的各州”凝聚成一股统一的力量至关重要：这幅漫画意在劝告殖民者们“要么加入，要么灭亡”。独立战争时期还有一个关于打雪仗的著名故事：来自各个殖民地的民兵集结成一支军队共同抵抗英军的时候，在哈佛广场爆发了一场雪仗。这些民兵中有的人来自农村，有的人来自城市，穿着打扮各不一样，有些是黑人，有些是南方人，有些是北方人。这场雪仗越打越激烈，最后演变成一场全面斗殴，乔治·华盛顿将军不得不出面驱散人群。我小时候学到这个故事，是因为它最能够体现美国在其革命初期
[116] 的特点：能够让形形色色的人聚集起来，共同追求一个更为远大的公民目标、政治目标和国家目标。

琳达·萨索尔 2017 年接受采访时，向我谈起了女性大游行之前那些关于她们内部分歧的报道：“人们觉得我们应该让陌生人立即变得亲密无间，组成一支唱着黑人传统圣歌的游行队伍，这想法本身就很疯狂，毕竟我们有着不同的背景、经历和宗教信仰，有些人来自市中心，有些人来自郊区。”她说的完全正确。我们在历史课上曾学习过，美国在建国时都需要努力逾越彼此的差异来组成一支团结、胜利的革命阵线，因而人们对女性运动的这种期望真是愚蠢至极。

然而，从美国第一支反抗队伍的集结到后来的诸多民权运动，很少有运动会像女性运动这样，在开始之前就一直被报道其内部分歧，甚至这内部分歧还被打造成最显著的特点，而她们统一的

目标和看似不可能的成就却没有得到应有的认可。这种强调分歧、弱化成就的手段能够对一个运动造成破坏，与一直以来争取性别平等的漫长运动的组织架构也密切相关。

女性运动不是被压迫的少数人的运动，而是被压制的大多数的运动。“大多数”这个范围本身就意味着其包含的群体有着不同，甚至是敌对的主次考虑和目标。凭借规模上的优势，大多数有着凌驾于少数人之上的权力，但如果其根基动摇，情况就不一样了。要想削弱、破坏一个群众运动，最经济的方法就是利用其内部差异让它四分五裂，从而将其维持在自己的掌控之下。

不过，也曾有过一些时期，不同的女性群体意识到各自的斗争彼此相联而结成同盟，进而代表那些边缘化的群体奋起斗争。例如在 19 世纪 30 年代，就有些种子开始萌芽，后来成长为重塑这个国家的一系列运动，致力于削弱白人男性资本主义权力的控制。

新英格兰地区洛厄尔纺纱厂年轻女工上演的第一次罢工，后来引发了轰轰烈烈的劳工运动；同时，她们也在组建全国第一个女性反奴隶制协会，她们很清楚，不同群体遭遇的压迫和不公是相互联系的。[81]1833 年，威廉·劳埃德·加里森（William Lloyd Garrison）在费城成立了美国反奴隶制协会（American Anti-Slavery Society），弗雷德里克·道格拉斯（Frederick Douglass）是活跃成员之一。1835 年，加里森在自己创办的废奴主义报纸《解放者报》（*The Liberator*）上刊登了安吉丽娜·格里姆凯（Angelina Grimké）的一封来信。格里姆凯是一位南方种植园主的女儿，她和姐姐萨拉后来成了废奴主义领袖，同时也支持妇女权利斗争，她们和玛丽亚·斯图尔特（Maria Stewart）一起成为美国最早一批向男女老 [117]

少公开演讲的女性。斯图尔特是康涅狄格州自由黑人的女儿，在30年代初期就成为面向不同种族群体发表演讲的第一位美国女性，也是就废奴和妇女权利问题进行公开演讲的第一位黑人女性。1837年，美国的黑人和白人女性共聚一堂，召开了第一届全国妇女反奴隶制大会。第二届大会在费城召开，因其给一些人带来极大威胁，原定举行会议的礼堂被烧为灰烬。1840年，在伦敦举办的世界反奴大会（World Anti-Slavery Convention）上，包括伊丽莎白·卡迪·斯坦顿和柳克丽霞·莫特（Lucretia Mott）在内的妇女代表被禁止发言，但许多女性活动家在这次大会上第一次见到了彼此，开始为后来的妇女选举权运动打下根基。

1848年，伊丽莎白·卡迪·斯坦顿在塞内卡福尔斯写下《感伤宣言》的那次会议中，弗雷德里克·道格拉斯也是其中一位参会者。道格拉斯后来提到斯坦顿时讲道："她比我们大多数人都看得更明白，有一项权利是重中之重，它包含了其他所有的权利，那就是选举权，她勇敢地讲出了这个词。"道格拉斯称："回望我这卑微的一生，最让我满意的是……我挣脱奴隶的枷锁才不过几年，就在那一天醍醐灌顶，开始支持她争取妇女选举权的决定。"

这个年轻国家的大多数，这些在这个国家的经济和政治力量不断增长的过程中遭到压制和劳役的人们，似乎有可能因为彼此相似的处境而团结起来，准备好与那压迫他们的白人父权主义少数派力量斗争。这场战斗是为废奴而战，为妇女选举权而战，也是为改革资本主义剥削而战。

投票箱的分歧

然而，少数派面对结成同盟的大多数的攻击时，也有办法保全自己。美国结束内战、废除奴隶制之后，美国政府给予了黑人男性投票权，却没有给任何肤色的女性投票权。这种父权的扩大成功切断了合作力量。不管是最赞成废奴还是最认同奴隶制的人中，都有人支持给予黑人男性而不是给予女性投票权。弗雷德里克·道格拉斯就认为黑人男性更需要投票权，因为他们一直遭到野蛮对待，而白人女性已经能够通过自己的白人丈夫享受到政治权力了。 [118]

在一些其他活动家看来，这种给予黑人男性公民权和选举权的做法却强化了制度性的性别歧视，把公民权定义成一种男性专属的权利。斯坦顿写道,国会里那些“朝圣者的儿子”只不过是在“试图让那些难以驯服的‘男性公民’进入我们不朽的宪法”。[82] 据传，黑奴的废奴主义者、妇女选举权倡导者索杰娜·特鲁斯（Sojourner Truth）也说过：“黑人男性获得权利引起巨大骚动，却无人提及黑人女性。如果黑人男性获得了权利，而黑人女性没有获得，那么黑人男性就会成为黑人女性的主人，情况就会和之前一样糟糕。”

斯坦顿和苏珊·安东尼等白人妇女参政论者对自己在美国内战期间把关注的重点从妇女选举权转移到废除奴隶制上恼怒至极，对那些废奴主义者盟友在政治上抛弃自己更是大为光火。她们眼睁睁地看着曾经的盟友向前迈出一步，愤怒地发起猛攻，显露出自己内心深处的种族歧视。

斯坦顿开始四处演讲，无所顾忌地表达自己的鄙夷：那些使她受辱的黑人如今都有投票权了，像她这样的白人女性居然还没有。她在 1865 年写道，自己为争取妇女选举权和废除奴隶制奋斗多年，“有个很严肃的问题就是，我们白人女性是不是最好靠边站，看着黑鬼‘桑波’① 先进入那个王国。”这种将妇女选举权与黑人男性选举权对立的策略造成了激进主义力量的进一步分裂，例如 1867 年堪萨斯州的全民公决②。一些种族歧视的言论同样会加剧分裂，例如有人（不算错误地）认为如果给白人女性选举权，她们会和自己的白人丈夫投一样的票，这样就会否定那些黑人新选民的权力，让权力仍然握在白人手里。

[119] 苏珊·安东尼不顾其他妇女参政论者的恳求，接受乔治·弗朗西斯·特雷恩（George Francis Train）的资金援助，创办了女性权利报纸《革命》（*The Revolution*）。特雷恩是一位在南北战争时期同情南方的北方民主党人士，曾经反对过废除奴隶制。安东尼与斯坦顿、特雷恩一道在堪萨斯州巡回演讲，谴责（支持黑人男性选举权的）共和党，并且当特雷恩对“黑人选举权的危险性”给出——用历史学家安德烈娅·穆尔·克尔（Andrea Moore Kerr）的原话说——“蛊惑人心的声明”时，她们就站在特雷恩的身边。[83]

特雷恩利用派系争斗为自己的种族主义政治纲领服务，将白人女性与非裔美国人的前景对立起来。一方面，他提出了一套说辞，如果非裔美国人获得公民权和选举权，“我们将会看到一些白人女性遭到黑鬼强奸后，庭审时陪审席上坐着十二个黑鬼”。另一方面，

①桑波（Sambo 或 Zambo）泛指非洲裔血统，带有种族歧视意味。1899 年，英国作家班尼曼出版了《小黑孩桑波》（*The Story of Little Black Sambo*），讲述了一个肤色偏黑的南印度小男孩桑波的故事，后来被非裔作家指出故事标题中的“black”还有插画中的黑皮肤都是对黑人及其后代的种族歧视。

②该公决投票否决了两个议案，分别是给予黑人和女性投票的权利。

他采取策略，向安东尼提供了她从前任盟友那里得不到的支持和经济资源。安东尼对于自己和特雷恩结盟给出的解释是：“他帮我们创办了自己的报纸，仅此而已。如果撒旦出现在我面前说，女士们我会帮你们办一份报纸，我也会说‘阿门’的。”克尔指出，安东尼和斯坦顿在这份报纸上推出的观点总是充斥着种族主义，“频频提到黑人男性的‘野蛮’‘暴力’和‘专横’”。[84]

1869 年，美国国会通过《第十五条修正案》后的几个月里，活动人士努力说服各州批准该修正案，美国平等权利协会（American Equal Rights Association）的年度会议上却上演了一次丑恶的较量。那时，特雷恩已经放弃了对《革命》的资助，但安东尼和斯坦顿仍然在鼓动人们反对修正案；与此同时，同为妇女参政论者的露西·斯通（Lucy Stone）则坚定地支持《第十五条修正案》，试图引导其他妇女参政论者和废奴主义者同盟也支持这条修正案，同时支持她以为将会赋予女性选举权的《第十六条修正案》。

“时至今日，几乎在全国所有的地方，不管是在公共场合还是私底下，都没有哪个黑人男性或女性能够获得白人男性和女性得到的那种认可。”斯通在一次演讲中讲道。她竭尽所能想要消除人们的恐惧，让他们知道不是所有的妇女选举权运动都反对黑人男性获得选举权。她担心如果斯坦顿和安东尼针对《第十五条修正案》的种族主义言论当真让这条修正案得不到批准，人们就会怪罪妇女参政论者。“我们的运动并没有反对黑人，”斯通焦急地向 [120]
其他妇女参政论者指出，“但这很容易就会变成现实，造成两败俱伤……这种我们不得不承受的负担让我觉得非常可怕、非常痛苦，这是没有必要的。”[85]

《第十五条修正案》当然得到了批准。但斯通幻想中会给予女性选举权的《第十六条修正案》并没有成为现实……至少要等到五十年后《第十九条修正案》出现。在此期间，让女性运动四分五裂的种族矛盾并没有缓和，妇女参政论者分裂成两个独立的阵营：一个由安东尼和斯坦顿领导，另一个则由斯通领头。这两个阵营在接下来的二十年里都没有达成和解，而这种分裂也将妇女选举权运动的进程拖慢了几十年。

1920 年，《第十九条修正案》批准通过，人们普遍认为“美国女性”终于获得了选举权，即便如此，也主要只是白人女性向前迈进了一步，因为在种族隔离的南方，人头税、识字测验和私刑的威胁都将黑人女性阻拦在选票站之外。这场经过长期斗争赢得的女性胜利到头来只是部分女性的胜利，由此引发的长久怨恨，到 1965 年《选举权法》通过之后仍在持续。

代表超过半数的人口开展运动显然非常棘手，需要努力维护那些本质上相互冲突的利益，体现那些存在分歧的观点，代表那些不同背景的群体，而这些不同的群体又很容易彼此怀疑，彼此怨恨，意见相左。那些惧怕女性运动潜力的人，常常会利用这种参与群体庞杂、多元的特点来对付女性运动。第一次女性大游行举行的两天前，格洛丽亚·斯泰纳姆告诉我，“这是一起大多数人的运动，因而很容易受制于殖民列强用过的那种分而治之的策略：让不同种族、不同阶层、不同代际的人群彼此敌对”，让“女人们相处不来，她们就是自己最大的敌人”这种谬见成为特别武器。

因而，当女性似乎真的能够大规模聚集起来为自己的愤怒发
[121] 声。例如 2017 年和 2018 年从夏威夷到休斯敦、从波兰到南极洲、

在世界各地上演抗议活动期间，我们会毫不惊讶地看到，媒体报道这令人不安、可能带来破坏的事件时，侧重于描写她们内部的紧张局势，却不会指出她们愿意解决矛盾，带着愤怒临时团结起来。

更重要的是，为削弱反叛运动的力量放大其内部怨恨，并非强者用来对付边缘群体的唯一法子。这些有权有势的少数人也有能力制造不平等，来激发那些怨恨。

美国的建国之父在建国文件里删去了对奴隶制的谴责之词时，白人父权主义少数派的统治地位就建立起来了，美国的选举机构也是围绕着保护少数派的统治而建立的。他们只给予白人男性选举权，并且在将近一个世纪的时间里都强行捍卫着这种专属的权利，确保这个国家只有白人男性能够掌管法律、商业和经济体系，能够决定立法和习俗，能够建立规范和准则。白人男性的少数派统治有着各种各样的实现机制：拒绝同工同酬保护，规定生育自主非法，拒绝向女性，尤其是贫穷的非白人女性提供全面医保；房产政策含有种族歧视，社会保障和政府补贴福利主要面向，甚至只向白人提供，婚姻法让女性无法获得财务和法律上的自主性，无法保护女性免遭强奸、私刑、威吓、骚扰和歧视的伤害。

白人男性虽然只占美国总人口的三分之一，却近乎一手掌控着政治、经济、社会和性别权力。面对可能起义的大多数，少数派当权者自保的方式就是破坏那些大多数的团结。而要想破坏团结，最好的办法就是向那些大多数中的一部分人提供好处和保护，将其他人排除在外，以此造成他们内部的矛盾和分裂。

[122]

白人女性怎么了

因此，一些美国女性获得了白人至上主义的好处，但这些好处却建立在损害其他女性利益的基础之上。某种程度上，白人女性的特权甚至建立在父权主义对所有女性的压制之上，建立在父权主义造成的女性的从属地位之上。在过去，女性在法律上没有财产所有权，缺乏受教育和工作的机会，无法建立自己的征信，也不能控制自己的生育；如今，有些挑战仍然存在，例如薪酬不均就意味着女性比男性赚得少，使得她们不得不依附于男性，女性对男性的依附又反过来让很多女性出于维护自己利益的考虑，转而去支持一些政策和党派，来保护她们所依附的那些男性的经济和政治地位。

更具体地来说，这种依附现象最主要存在于白人女性群体中。她们是白人男性的妻子、女儿、母亲、姐妹、邻居、雇员、同事和朋友，因为与有权力的白人男性关系亲近，能够更好地积累财富、找到工作、接受教育、拥有住房，也能够享受更好的医疗待遇。对白人女性而言，这种对于白人男性的依附激励着她们致力于保护白人男性的权力，因为她们享受的好处与白人男性的权力密切相关，确保后者拥有权力，才能反过来让自己分一杯羹。

然而，这种向白人父权主义的屈服以及随之产生的依附也将白人女性与非白人女性区分开来，因为那些非白人女性不会从这种经济、社会与政治上的白人至上主义中获得任何好处或者保护。这就阻止了白人与非白人女性结盟，让她们不太可能共同奋起去挑战白人男性的权力。希拉里·克林顿在大选结束后的几个月里一直笨拙尝试指出的也正是这一点，她经常说女性群体，“主要是……白人女性”，面临着“来自父亲、丈夫、男友和男性上司的巨大压力，让她们不要投票‘给那个女的’”。[86]

很多右翼和左翼评论家都揪住希拉里的这个分析不放，指出希拉里认为女性群体胆小怯懦、不够理智、缺乏自己的政见，这 [123]
种观点本质上是反女权主义的。

希拉里错就错在用了描述个体关系与选择的话语（这也不是没有道理，可能有些人的确是这种情况），而事实上她想指出的是，当前社会体系中有些激励机制能确保白人女性忠于并保护白人男性的权力。她讲的是白人父权主义统治为了自身的延续，如何让白人女性依附于白人男性，确保这些支持男性继续占据主导地位的女性能够从中获得好处，从而有意让她们无法获得其他女性的认同、联系与支持，而那些其他女性或许是政治候选人，或许仅仅是能够从白人男性权力被削弱中受益的边缘人群。

这也在一定程度上解释了为什么在女性群体，尤其是白人女性群体中，已婚人群和未婚人群之间存在巨大的党派分歧。比起未婚的白人女性，那些与白人男性结婚或曾经结过婚的白人女性更容易投票给共和党。政治科学家达拉·斯特罗洛维奇（Dara Strolovitch）、詹妮尔·黄（Janelle S. Wong）和安德鲁·普罗克托（Andrew Proctor）发表的一篇论文里，2016 年合作国会选举研究（Cooperative Congressional Election Study）收集的数据显示：未婚白人女性中有 59% 投给了希拉里·克林顿，而已婚白人女性则几乎相反，有 57% 投票给了唐纳德·特朗普。丧偶的白人女性中有 60% 投票给特朗普；分居的白人女性中是 56%；离异的白人女性中是49%。这项研究得出的结论是，白人女性离“传统异性恋婚姻的好处”越远、“投入”越少，就“越不可能支持共和党总统候选人”，即那些更有可能支持传统白人父权制的党派候选人。

长期以来一直存在的一个现象是：女性在政治进步上遭遇的劲敌正是女性自己。19世纪反对妇女选举权的运动是由女性发起的，1982年发起运动阻挠《平等权利修正案》通过的菲利斯·施拉夫利也是一位女性，2016年大选之前的焦点小组里，也能够看到同样的局面。

[124] 左翼活动人士杰西卡·莫拉莱斯曾为希拉里的竞选团队工作，她记得“在那两年里，基本上每次焦点小组里都会有些白人女性，有些受过高等教育，不过大多数没有，她们会说，‘我不确定我老公喜不喜欢她，得他喜欢，我才会投票给她。’‘我其实不太在意她是不是第一位女总统。’‘这有那么重要的历史意义吗？’人们没有意识到的是，我们当时是知道这些没有受过高等教育的白人女性会带来问题的。”莫拉莱斯认为这些女性是问题的症结所在。“大体上说，关键就在于她们能不能决定站到我们这边，而不是菲利斯·施拉夫利那边。结果当然是我们输了，因为这些女性从来都没有选择过我们这边，从来都没有。从来，从来，都没有。”

你，也可能是潜在的父权主义者

但白人父权主义统治者乐意施舍给部分人，以此造成分歧的不只是种族优势，还有父权制本身，后者给各个种族的男性都带来了好处。虽然非白人选民绝大多数都投给了希拉里，但在所有种族群体里，投票给特朗普的男性数量都超过了女性。黑人女性里只有 4% 投票给了特朗普，黑人男性里却有 13%。政治分析师哈利·恩腾（Harry Enten）指出，在年收入超过 10 万美元的黑人男性里，这个比例会稍微增加到 15%。[87] 尽管黑人男性因其种族身份受到压迫，他们却可以享受性别为自己带来的好处，也会努力让这种优势延续。

民权运动领袖黛安·纳什（Diane Nash）回忆起自己创建学生非暴力协调委员会（Student Nonviolent Coordinating Committee）的经历时讲道："有个很大的问题就是，在学生非暴力协调委员会的创建团队中，我是唯一一位女生……后来的南方基督教领袖会议上，主导会议的也是黑人牧师。这当中有着严重的女性歧视……人们期望领头的是男性。" [88]

1963 年的华盛顿大游行中，马丁·路德·金发表那场著名演讲的时候，一些民权运动的女性领袖却火冒三丈。其中就有纳什、罗莎·帕克斯、格洛里亚·理查森（Gloria Richardson）、多萝西·海特以及拉来三万白人新教徒参加这次游行的安娜·阿诺德·赫奇曼。她们为自己被禁止演讲而沮丧，为自己被吩咐和那些男性领袖的 [125]
妻子一起走在后面而愤怒。海特后来讲道："这是我见过最不可撼动的一股力量，但我们就是没法让女性参与者得到严肃对待。"她自己从中学到，黑人女性如果"不去争取，是不会得到这些权利的"。赫奇曼后来也明确表示："男性最好少花点时间哀悼自己失去的优势，多花点时间和女性合作。"

布里特妮·库珀注意到，从来没有人成功以父权制或种族优势方面的好处向黑人女性换取过支持，因此她们总是坚定不移、坚持不懈地领导着人们反抗美国的白人父权主义统治。“白人女性和黑人男性都想得到白人男性拥有的权力，白人女性想获得法人权力，黑人男性则想成为父权统治者。黑人女性知道我们永远都不可能得到这些，她们也不想要。我们不想行使法人权力，也不想去压迫别人。这解释了为什么我认为黑人女性是政治的未来。”

黑人女性一直以来都是我们政治运动和变革中的主心骨。她们为这些运动出谋划策，是各类运动中的抗议者、组织者和志愿者，她们动员人们投票、帮忙邮寄选票，也是革命思想的先驱。然而，在她们扶持壮大的政治党派里，黑人女性领袖却少之又少，她们的政策重点也常常得不到正视和认可；长久以来，人们都把她们在党派中的参与视为理所当然。而当白人女性终于赶上黑人女性之时，黑人女性花费很长时间取得的成果经常会被那些在经济、文化和种族上都更有优势的白人女性据为己有，她们原本的贡献得不到重视，也得不到承认。

20 世纪 30 年代，费城的黑人女律师萨迪·亚历山大（Sadie Alexander）撰写多篇文章，分析了外出工作给黑人女性及其家人带来的好处。但直到 1963 年白人作家贝蒂·弗里丹《女性的奥秘》出版，这个观点才被认为是革命性的。当然，那些被弗里丹唤醒的郊区白人女性的确亟须觉醒。弗里丹指出，她们在这些有权有
[126] 势的白人男性家庭中的生活是与世隔绝、令人窒息的，而正是这些麻痹的人群拥有的巨大力量，才让弗里丹的观点具有了政治层面的革命意义。然而，她的书里却没有提到黑人女性和她们的处境，没有提到种族歧视和经济劣势意味着美国大多数黑人女性总是不

得不外出工作赚钱，从来没有体验过白人女性这种“无人提及的问题”。这种因依附于男性生活、全职照顾家庭而带来的令人窒息的倦怠感，困扰的主要是那些离开（女性才刚刚开始能够进入的）大学校园和工厂、早早嫁人中产阶级家庭的白人女性，这些白人家庭的发家致富得益于住房贷款、《退伍军人权利法案》和新建公路的延伸，黑人家庭却无法从中获益，也无法成为中产阶级。《女性的奥秘》针对的正是、也只是白人女性，但弗里丹一直都被称为“现代妇女解放运动之母”。

当黑人女性对这些后来加入、却侵占了太多空间的白人女性予以反击之时，当她们对种族问题的抱怨使白人女性运动变得复杂之时，人们却总说是黑人女性在制造不和。从女性大游行的媒体报道中就可窥见一斑：黑人女性想让白人女性明白，对白人父权制的政治抵抗并非白人女性的发明，到头来却被指责说她们莫名其妙地不太友好。

一部分原因就在于，人们认为白种人是绝对的标准、绝对的中心，向白种人发出质疑就和向父权制发起挑战一样，会制造混乱，让更有权力者难堪。但是太多白人女性意识不到这一点，也难以明白虽然她们遭到男性的排斥，自己却也经常会排挤非白人女性。

艾丽西亚·加尔萨描述了自己阅读希拉里·克林顿2016年大选后愤怒写下的回忆录时感受到的“迷惑不解”。“是的，女性的愤怒不会被认为是正当或者合法的，”加尔萨讲道，“所以从某种意义上讲，她有他妈的一切权利痛骂影响她实现志向和目标的父权制，尽管她的很多观点我不赞同，她的人性与尊严却值得被每个人看到。”但加尔萨继续指出：“读到这些段落时，我火冒三丈。 [127]

是的，你可以非常愤怒。但我本能地感觉到她的愤怒不仅指向那些压制她的男性，也经常指向那些在她绝对应该受质疑时曾质疑过她的人。”——比如黑人人权运动中的活动家以及刑事司法改革的倡导者。

塞拉·拉奥（Saira Rao）是一位居住在科罗拉多的律师、编辑，2016年她愤然决定与现任民主党国会女议员戴安娜·德吉特（Diana Degette）竞争公职。拉奥说，每次她和朋友们提起种族或者白人特权问题时，“这群白人女性就会勃然大怒”。她说自己有个朋友，“一个白人女性，一位自由主义女权主义者，她告诉我说‘你最大的问题就是总在讲种族歧视’”。拉奥指出：“我认为白人女性之所以这样，是因为这个体制为她们服务，因为她们穿着露露柠檬[①]觉得舒服，把自己的法学学位撇在一边也觉得自在。所以她们想让我们闭上臭嘴，因为这个体制是为她们效劳的。”

这也正是奥德丽·洛德在《愤怒之用》中试图描述的内容。洛德写道，在为期一周的探讨黑人和白人女性的论坛结束后，一位“最能说会道的白人女性”说：“我觉得黑人女性现在真的越来越理解我了；她们现在更清楚我的出发点了。”洛德指出，这个例子说明了白人女性认为“理解她”才是“种族问题的核心所在”。

有色人种女性，特别是黑人女性群体最有可能认识到，自己的斗争是与其他女性的斗争、与黑人男性的斗争交织在一起的，她们也最有可能与白人女性和黑人男性并肩战斗。她们常常是思想的先驱者，活动的组织者，在解放和平等运动中发挥着核心作用。

①露露柠檬（Lululemon），加拿大一家体育用品公司，创立于1998年，其消费群体定位于“新型中产阶级”。

然而，人们却常常认为那些解放妇女、解放黑人的运动都是由白人女性和黑人男性领导的,这实在很不公平。人们之所以这么认为，是因为白人至上主义和男性统治体制让白人女性和黑人男性都更容易获得财富，与那些报道社会运动和政治活动家的媒体关系更加密切，而黑人女性却无法获得这一切。

因此，当白人女性想选举一位公开表达种族歧视和女性歧视、有着独裁倾向的无能总统来保护白人男性权力的意愿在这场选举中暴露无遗之后，她们又决定参与一场反对唐纳德·特朗普的抗议 [128]
活动，也就难怪黑人女性会急于澄清，这些最近才开始觉醒愤怒的白人女性就是这样：刚刚觉醒，还得学学。

2016 年大选让白人女性得以意识到有很多事情都应当让她们愤怒。但是最为关键也**最为要紧**的是，这次机会并不仅仅是让她们为自己愤怒，也是要让她们为其他女性面临的不公愤怒。而让那些女性遭遇不公的社会机制，也正是让这些白人女性得到保护、富裕起来的机制。因而，这些刚刚觉醒的白人若想真正融入当代社会运动，就一定不能想着去接管这项运动。必须承认，白人女性才是后来者。

混乱有什么错?

“我开始在演讲中告诉人们，历史上没有哪个运动不是混乱不堪的，也没有哪个运动没有内部问题，”艾丽西亚·加尔萨指出，“这是人类行为和人际关系的一大特点。摆在我们面前的问题是：我们准备好成为历史上第一个学会解决这种愤怒的运动了吗？不是去摆脱这种愤怒，也不是去压制它，而是学着穿过愤怒到达彼岸。我认为这就是我们当下面临的核心挑战。”

“引起争议的对话是有意为之的，”琳达·萨索尔在女性大游行之前对我这么讲道，“作为参与其中的有色人种女性，我们参与进来不仅是为了动员和组织，也是为了教育人们，为了指出我们谈论女性权利、谈论生育权利、谈论薪酬平等时，没法不谈到种族和阶层。”萨索尔称，组织者们“其实觉得得罪人没什么要紧，我们希望这种对话能够持续下去，也希望我们可以换个角度，聚焦于讨论我们如何跨越分歧集结起来”。

[129] 事实上，的确有观点认为女性运动维持了几个世纪，不是它罔顾那些不和谐的声音，而是拜这些不和谐的声音所赐：正是那些来自内部的压迫使女性运动不断发展得更好（虽然在“更好”意味着什么这个问题上并不总能保持一致），帮助女性运动在一个又一个时代里都能针对各种形式、各种呈现的不公采取行动。

不管之前女性大游行内部有着怎样的紧张局面，这次大游行都是美国史上最大规模的单日游行。数百万的女性里有很多是白人，也有很多是刚开始参与运动的人，她们或开车、或走路、或乘火车、或坐飞机，聚集到一起举起横幅，和其他女性并肩作战。那些女性已经在这个战场上战斗了很久，为黑人和土著居民的权利而战，为更好的医保、更公平的薪资而战，为生育权以及种族和经济不平等下的生育公平而战。这次大游行的一张标志性照片里，有一个标语写着“漂亮的白人女士，下次‘黑人的命也是命’游行上我会看到你们的，对吧？”很多白人女性都看到了这个标语，其中有些人也料想到了这标语背后那令人不安却又精准无误的讯息。

2017年夏天，白人至上主义者在夏洛特维尔市手持火炬、高呼纳粹口号穿过弗吉尼亚大学校园之后，又在波士顿这座一直有点种族歧视的白人至上主义气质的城市组织游行，由此引发了大规模反右翼游行。这次反右翼游行的主导者正是那些“漂亮的白人女士”。2017年秋天，女性大游行组委会在底特律召开妇女大会期间，有一场专题讨论名为“面对白人女性”，宣传语是“专为致力于加入交叉性女权主义运动的白人女性定制，剖析白人女性如何维护白人至上主义并从中受益”，参会者在门口排起了长队。因为申请人数过多，她们不得不在第二天换到一个能够容纳五百人的场地继续举办这场专题讨论。[89]

2018年，白人女明星艾什莉·贾德（Ashley Judd）首次在奥斯卡颁奖典礼上提到了“交叉性”，这是金伯利·克伦肖提出的概念，指的是各种形式的歧视如何相互交织形成不同的压迫事实与压迫视角。2018年夏天，六百名裹着银色铝箔保温毯的女性占据了哈特参议院办公楼的中央大厅，她们手挽手坐在地板上，抗议美国的移民政策。这些女性大部分看起来都是白人，大多数也都遭到了逮捕。接下来的一周里，南希·佩洛西谴责玛克辛·沃特斯鼓励 [130]
人们愤怒抗议，并且在特朗普针对沃特斯发出隐含威胁的推特时也没有站出来为她辩护。为此，一些白人女性写了一封公开信。“当你攻击一个大胆说出不公的黑人女性，当你在面对明目张胆的种族歧视时还要求‘礼貌’，”这封信写道，“你的背后是有着悠久历史的白人至上主义权力……让我们蒙羞的是，白人女性如今仍然总是在支持白人至上主义，哪怕这样做会对我们造成伤害……斥责敢于为那些最边缘群体慷慨发声的沃特斯议员，你就是在历史中站错了边。”不到一周的时间里，就有六千多名女性在这封公开信上署了名。

我们可能正在见证一场大范围的公民教育和社会教育。特朗普赢得大选的事实刺激了数百万曾经迷迷糊糊的美国人，让他们又震惊又恐慌地走上了进化之路。他们当中有些人决定开始学习，学习了解地方选举和州选举，了解政府工作的方式，了解政策方针，了解为什么说种族歧视、性别歧视和经济不平等是系统性的问题；有些人开始明白这些问题如何相互交织联系，其错综复杂的程度已经超出学术术语的解释范畴。

卡特·加尔文（Kat Calvin）创办的“传播选票组织”（Spread the Vote）旨在帮助有限制性法律的州选民获得选民身份证件。加尔文惊讶地指出，虽然投票的更多是黑人女性，“令人难以置信的是，事实上抵抗运动的志愿者和抵抗组织的管理者构成是多元化的。真的很惊人。我是个管理着抵抗组织的黑人女性，我每天都会被震惊到”。加尔文称，她组织里的志愿者大都是“白人女性，她们每周都会去收容所，开车载着那些之前通常不可能搭上话的陌生人到处跑，她们真的全力在帮忙。真的很不可思议”。[90]

“看，老奶奶们都在手工编织猫逼帽。”杰西卡·莫拉莱斯赞叹道，“她们像珍惜信物一样珍惜这个东西。你要是去社交媒体，就会看到原住民妇女核心小组（Native Women’s Caucus）兴奋得要命，和家政工人们一起唱歌。那些家政工人穿着红色上衣，讲着英语这门第二语言，每年只能赚 11000 美元左右。她们身边站着位有钱的女士，手上举的标语讲的是自己的阴道。看到这些，你就会觉得你明白了：这就是美国！”

“女性大游行里有些什么戳到了我，”艾丽西亚·加尔萨说，“因为这种政权更迭我这辈子第一次见到，甚至我的父母都是第一次见到。这对我来说似乎比任何东西都重要。”加尔萨承认，有许多同伴都有着和她不同的感受，她们觉得自己群体遭遇的苦难一直都在持续，并不是突然变得很糟的。但是加尔萨觉得最关键的不同就在于民主自身正在解体：“因此，如果说我们只局限于那些已经与我们看法一致的人群，而不去试着发起一场更大规模的运动，我们就无异于在拿着一张死刑执行令。” [131]

但是她赶紧补充说道：“这不是说你就不再继续让人们为自己的行为负责了。我的工作不是让白人女性不那么种族歧视，那是其他白人女性的工作。我绝对会让白人女性为她们迈出的每一步负责，但与此同时，如果有人说‘我想学学’，我也会帮忙搞定。”

莫拉莱斯指出：“我喜欢下象棋，而不是下跳棋。下跳棋的话我就会想，‘看看这些白人女士……你们之前在哪里？’但说实话，我也不想加入那种要你鞭笞自己来证明真心的运动。”因此，莫拉莱斯称自己正在努力打造一种不一样的手段：“欢迎。我们真的需要你们，因为就算每一个有色人种都他妈的觉醒过来为自己的种族斗争，那也才占美国总人口的38%。而你们控制着银行，控制着企业，你们是娱乐公司的头头。所以来吧，我们需要你们。”

这当然不会让人满意，也不能弥补什么。要求非白人活动人士去宽容地评价新加入的白人抗议者，本身就是不公平的。但如果我们想向前迈进，想最大限度地利用白人女性享有的权力，利用她们去吸引更多的媒体关注、获得更多的政治权力、避免选举失败带来的灾难性后果，将这种权力作为对付那些掌控一切的少数白人男性的武器，这就是解决方案的一部分。

加尔萨称，自己一直在思考洛德的《愤怒之用》。“洛德提出了憧憬，”她说道，“要是我们可以有责任感地愤怒呢？是的姑娘们，这一切会让你们气得发疯，但是在哪些问题上你们对别人的愤怒负有责任呢？这是个双向的过程，并不是非此即彼。”

“想让黑人女性和白人女性面对彼此的愤怒时没有否定、没有
[132] 僵局、没有沉默或没有内疚，这想法本身就很奇怪。”洛德主张，要想成功建立联盟，不同种族的女性之间就得诚实地表达愤怒。她讲道：“这意味着女性同伴们要在共同的基础上仔细审视彼此的差异，校正那些由差异形成的扭曲历史。正是这些扭曲让我们产生了分歧。我们必须扪心自问：谁会从中受益？”她继续指出，女性之间的愤怒“若能得到深刻理解，就可以将差异转变为权力。同伴之间的愤怒带来的是改变，而不是毁灭，这种愤怒带来的不适感和失落感并不意味着失败，而是标志着成长”。

加尔萨自己也仍然在与愤怒较量。“我对于白人女性一直以来排斥有色人种女性，尤其是黑人女性的做法仍然非常生气。这一点并没有改变。改变了的是我现在知道我们若想拯救自己，需要比当下更大规模的结盟。我希望人们能自由。很多事情都让我愤怒至极，每一天我的内心都充满愤怒，内心燃烧着熊熊怒火。但是比起气愤，我更想要自由。我想和那些同样更想要自由的人一起合作，因为这样也许我们真的能够做成点什么有意义的事情。”

墓志铭

1895 年弗雷德里克·道格拉斯去世的那天早上，他和苏珊·安东尼一起参加了一个妇女选举权会议，那个会议让他非常开心。事实上，他是在给妻子描述会议情况的时候突然跪倒在地，双手紧扣，而他的妻子只以为他是讲得激动才摆出这样的姿势，根本没有意识到他快要不行了。

“无比非凡的是，”《纽约时报》在道格拉斯的讣告里写道，“他生命里的最后几个小时，奉献给了他摆脱黑奴身份之后就一直在为之奋斗的事业……道格拉斯先生是全国妇女选举权协会的定期登记会员，一直参加这个协会举办的各项会议。”讣告里指出，在那次妇女选举权会议上，他的参会同伴是“安东尼女士，他一生 [133]
的挚友”，“那晚的会议中，苏珊·安东尼女士听闻道格拉斯先生去世的消息，非常难过。安东尼女士向来都能够很好地控制自己，但在今晚，她没有隐藏自己的情绪。”[91]

让女性运动四分五裂的种族歧视远未减弱，也不会很快减弱。近二十年后，1913 年在华盛顿举行的妇女选举权游行中，新一代妇女选举权白人领袖爱丽丝·保罗（Alice Paul）试图让提倡妇女选举权、反对私刑的黑人领袖艾达·贝尔·韦尔斯不要和州代表团走在一起，而是和其他黑人女性妇女选举权倡导者一起走在所有白人女性后面。未果。道格拉斯去世的那一年，安东尼也曾经让他不要出现在美国南方举办的一次妇女选举权会议上，因为她想在战略上争取白人女性加入运动。但在黑人和白人女性第一次共同开会推动废除奴隶制之后的将近六十年里，在道格拉斯于塞内卡福尔斯的会议上加入伊丽莎白·斯坦顿的队伍之后的四十多年里，不管是什么种族的女性，都没有获得过选举权。

弗雷德里克·道格拉斯去世时 78 岁；苏珊·安东尼在那之后十一年去世，享年 86 岁。因黑人男性在白人女性前面获得选举权而愤怒不已、公开发表种族歧视言论的伊丽莎白·斯坦顿那年 79 岁，七年之后去世。道格拉斯在自己人生的最后几年里，曾指出他们的战斗是相通的："我们都应该看到，这只能是由大家齐心协力共同完成的事业，单干是愚蠢又疯狂的。"[92]

当然，他们三人没有谁能亲眼见证《第十九条修正案》的通过与批准，更看不到《选举权法》的通过。事实上，参加过塞内卡福尔斯那次会议的女性里，仅仅有一位活到了《第十九条修正案》批准之后，并且投出了自己的一票。这些斗争和它们引起的内部分歧活得比我们任何人都要久，包括那些为这些外部斗争和内部分歧奉献了一生的人。但是在这为了解放和平等的旷日持久的战斗中，时不时也会出现个难得的机会，让所有人联合起来，尽管这种联合从来都不可能完美。

注释：

1. John Nichols, "16 Years Ago, Barbara Lee's Warning Against the AUMF Was Ignored. Nevertheless, She Persisted," *The Nation*, June 30, 2017, https://www.thenation.com/article/16-years-ago-barbara-lees-warning-againstthe-aumf-was-ignored-nevertheless-she-persisted/.
2. Austin Wright, "How Barbara Lee Became an Army of One," *Politico*, July 30, 2017, https://www.politico.com/magazine/story/2017/07/30/how-barbaralee-became-an-army-of-one-215434.

3. Rep. Barbara Lee, “Rep. Lee Testifies on AUMF Sunset Amdt in Rules Committee,”YouTube Video, 51:56, July 25, 2017, https://www.youtube.com/watch?v=BS51Lr0ibLc.

4. Thomas Carnan, *An Historic Description of the Tower of London and Its Curiosities*, (London: Londres, 1787, via Google Books), p. 47. 这个所谓“颈圈刑具”于 2017 年秋在伦敦塔展出，展品介绍里对其给出了生动的描述，指出其“以前曾用于戴在那些给丈夫戴绿帽或者辱骂晚归丈夫的女性脖子上，但如今这种习俗已经杜绝，避免人们为了颈圈争吵，因为没有足够的铁匠来制作这些颈圈”。

5. Jennifer Hansler, “A Brief History of Female Politicians Being Told to Smile,”CNN.com, January 31, 2018, https://www.cnn.com/2018/01/31/politics/women-politicians-told-to-smile/index.html. See also: Joe Scarborough (@JoeNBC), “Smile. You Just had a big night. #PrimaryDay,” Twitter, March 15, 2016, 6:10 pm, https://twitter.com/JoeNBC/status/709909770619248640.

6. Hansler, “Brief History of Female Politicians.” See also: Chris Cillizza (@CillizzaCNN), “我觉得南希·佩洛西一直都是那副表情。我觉得她应该多点笑容。多笑笑对这个国家有好处。她好像是民主党那种愤懑的化身。” Twitter, January 31, 2018, 5:43 am, https://twitter.com/CillizzaCNN/status/958697219401682944.

7. Rodger Streitmatter, *Mightier Than the Sword: How the New Media Have Shaped American History* (New York: Routledge, 2018). See also: Elizabeth Johnston, “The Original ‘Nasty Woman,’ ” *Atlantic*, November 6, 2016, https://www.theatlantic.com/entertainment/archive/2016/11/the-originalnasty-woman-of-classical-myth/506591/. And Mary Beard, *Women and Power: A Manifesto* (New York: Liveright, 2017).

8. Marjorie Spruill Wheeler, ed., *One Woman, One Vote* (Troutdale, OR: NewSage Press, 1995), p. 121.

9. Mary Beard, *Women & Power: A Manifesto* (New York: Liveright, 2017).

10. Joel B. Pollack, “The Naked Hillary Clinton Statues You’ve Never Seen—and Lived to Tell,” Breitbart.com, August 21, 2016, http://www.breitbart.com/california/2016/08/21/naked-hillary-clinton-statues-youve-never-seen/. See also: Elizabeth Johnston, “The Original ‘Nasty Woman,’ ” *Atlantic*, November 6, 2016, https://www.theatlantic.com/entertainment/archive/2016/11/the-original-nasty-woman-of-classical-myth/506591/.

11. Ian Schwartz, "Mnuchin vs, Waters: 'You Acknowledged I Shouldn't Interrupt'; Waters: 'I'm Reclaiming My Time!' " RealClear Politics, July 27, 2017, https://www.realclearpolitics.com/video/2017/07/27/mnuchin_vs_maxine_waters_you_acknowledged_i_shouldnt_interrupt_waters_im_reclaiming_my_time.html.
12. Sarah Taylor, "This Is Exactly Why Maxine Waters' Televised, Unhinged Threats Against Trump Need to Stop," TheBlaze.com, August 23, 2017, https://www.theblaze.com/news/2017/08/23/this-is-exactly-why-maxine-waterstelevised-unhinged-threats-against-trump-need-to-stop. See also: Tony Lee, "Maxine Waters Unhinged: I'm Going to Take Ben Carson's A** Apart,'" Breitbart.com, July 3, 2017, http://www.breitbart.com/big-government/2017/07/03/maxine-waters-unhinged-im-going-take-ben-carsons-apart/.
13. "Trump-Loving Pastor Darrell Scott Comes for Maxine Waters, Calls Her a 'Crazy Aunt,' " TheGrio.com, February 2, 2018, https://thegrio.com/2018/02/02/pastor-darrell-scott-maxine-waters/.
14. Lindy West, "Brave Enough to Be Angry," *New York Times*, November 8, 2017, https://www.nytimes.com/2017/11/08/opinion/anger-women-weinstein-assault.html?smid=tw-nytimes&smtyp=cur&_r=0.
15. Andy B. Wang and Sean Sullivan, "Congressional Intern Suspended After Yelling Obscenity at President Trump in the Capitol," *Washington Post*, June 26, 2018, https://www.washingtonpost.com/news/powerpost/wp/2018/06/26/congressional-intern-suspended-after-yelling-obscenityat-president-trump-at-the-capitol/?utm_term=.e6872a3b4676.
16. Author interview with Gloria Steinem.
17. Joanna Scutts, *Hotbed*, New York Historical Society, November 3, 2017–March 25, 2018.
18. Barry Michels and Phil Stutz, "The Root of Anger—and Using Its Force for Good," goop.com, n.d., http://goop.com/roots-anger-using-forcegood/?utm_campaign=socialflow&utm_source=twitter.com&utm_medium=social-jp.
19. Matthew Biedlingmaier, "*Wash. Post*'s Achenbach: Hillary Clinton 'needs a radio-controlled shock collar so that aides can zap her when she starts to get screechy,'" *Media Matters*, January 8, 2008, https://urldefense.proofpoint.com/v2/url?u=https-3A__www.mediamatters.org_research_2008_01_08_wash-2Dposts-2Dachenbach-2Dhillary-2Dclinton-

2Dneeds-2Da-2Dra_142081&d=DwMFaQ&c=jGUuvAdBXp_VqQ6t0yah2g&r=BLtwNjxI6xU1TowZZXPw62rxL1h5Yh02Ol72-V1YNSunoH38hlyco6RBfK8BXD8O&m=sL2dj6nPNRrhSTnketBXS3yIKp1p_iNSqJEEq9TW4t8&s=APPmAsKAR38o3-gywLe-D5Cj0xCoFcoXx1XQq_L2Odg&e=.

20. Amanda Terkel, "Millbank Jokes That Hillary Clinton Should Drink 'Mad Bitch' Beer," ThinkProgress.org, July 31, 2009, https://thinkprogress.org/milbank-jokes-that-hillary-clinton-should-drink-mad-bitch-beerfa187583bd18/.

21. MoxNews.com, "Donald Trump 'I AM ANGRY,' " YouTube Video, 14:55, January 13, 2016, https://www.youtube.com/watch?v=v2dNzmaekmU.

22. Jonathan Martin and Patrick Healy, "In Democratic Debate, Candidates Clash on Money's Role," *New York Times*, February 5, 2016, https://www.nytimes.com/2016/02/05/us/politics/democratic-debate.html.

23. The Young Turks, "Hillary Having Problems Controlling THE VOLUME OF HER VOICE," YouTube Video, 2:54, February 4, 2016, https://www.youtube.com/watch?v=a5sXLoXxvBM.

24. Thomas Frank, "Donald Trump Is Moving to the White House, and Liberals Put Him There," *The Guardian*, November 9, 2016, https://www.theguardian.com/commentisfree/2016/nov/09/donald-trump-white-househillary-clinton-liberals.

25. Lisa Feldman Barrett, "Hillary Clinton's 'Angry Face,' " *New York Times*, September 23, 2016, https://www.nytimes.com/2016/09/25/opinion/sunday/hillary-clintons-angry-face.html.

26. "Michelle Obama: 'Angry Black Woman' Label Hurt," CNN.com, video, December 19, 2016, https://www.cnn.com/videos/politics/2016/12/19/michelle-obama-angry-black-woman-nr-sot.cnn.

27. 罗宾·吉夫汉（Robin Givhan）发表这次采访的报道时，也附上了采访的视频，我第一时间转写了该采访。后来，由于对该采访是否为允许公开发布的正式发言存在意见分歧，视频提供方黑人娱乐电视台（BET）将其从吉夫汉的报道中撤下。Robin Givhan, "Michelle Obama Wanted to Gain the Public's Trust. So She Started With a Garden," *The Washintgon Post*, March 21, 2018, https://www.washingtonpost.com/news/arts-and-entertainment/wp/2018/03/21/michelle-obama-wanted-to-gain-the-publics-trust-so-she-started-with-agarden/. See also: Danielle C. Belton, "They Said It

Was Private. She Said It Was On-the-Record. The Reality? It's Complicated," *The Root*, March 23, 2018, https://www.theroot.com/they-said-it-was-private-she-said-it-was-on-the-record-1824024113.

28. Katy Guest, "Women! Reclaim Your Rage," Unbound.com, January 15, 2018, https://unbound.com/boundless/2018/01/15/women-reclaim-your-rage/.
29. Jason Le Miere, "Maxine Waters's 'Take Trump Out' Remark Was About 'Assassination,'Not 'Impeachment,' Says Fox News Guest," *Newsweek*, October 23, 2017, http://www.newsweek.com/maxine-waters-trump-assassinat ionimpeachment-690761.
30. Mark Swanson, "GOP Challenger Calls for Rep. Waters' Arrest After Trump Remarks," Newsmax, October 23, 2017, https://www.newsmax.com/politics/maxine-waters-omar-navarro-donald-trump-take-him-out/2017/10/23/id/821549/.
31. Ian Schwartz, "Maxine Waters: Trump Supporters 'Not Accustomed' to a Black Woman 'Taking Leadership' to Impeach Him," RealClear Politics, October 24, 2017, https://www.realclearpolitics.com/video/2017/10/24/maxine_waters_trump_supporters_not_accustomed_to_a_black_woman_taking_leadership_to_impeach_him.html.
32. Ibid.
33. " 'Reclaiming My Time': Rep. Maxine Waters Interrupts Mnuchin's Roundabout Answer," *Washington Post*, video, August 1, 2017, https://www.washingtonpost.com/video/national/maxine-waters-reclaiming-my-time/2017/08/01/30fae7f4-76d4-11e7-8c17-533c52b2f014_video.html?utm_term=.e2dd5dd34636. See also IdolxNews, "Maxine Waters 'Reclaiming My Time' Performed Live—The View," YouTube Video, 1:54, August 4, 2017, https://www.youtube.com/watch?v=lRuRdEaatio.
34. Joe Concha, "O'Reilly Mocks Dem Maxine Waters for Wearing 'James Brown Wig,' " The Hill.com, March 28, 2017, http://thehill.com/homenews/media/326107-oreilly-mocks-maxine-waters-for-wearing-jamesbrown-wig.
35. Jamilah King, "Maxine Waters' Battle Against Powerful White Men Began When Eula Love Was Killed in 1979," Mic, April 26, 2017, https://mic.com/articles/174565/maxine-waters-battle-against-powerful-white-men-beganwhen-eula-love-was-killed-in-1979#.seD4bEkf9.
36. "Internetting with Amanda Hess: Episode 5: The White Internet's Love Affair

with Digital Blackface," *New York Times*, November 28, 2017, https://www.nytimes.com/interactive/2017/11/28/arts/internetting-with-amandahess.html.

37. Audre Lorde, "The Uses of Anger: Women Responding to Racism," keynote presentation, National Women's Studies Association Conference, Storrs, Connecticut, June 1981, BlackPast.org, http://www.blackpast.org/1981-audre-lorde-uses-anger-women-responding-racism.
38. Angela Peoples, "Don't Just Thank Black Women. Follow Us," *New YorkTimes*, December 16, 2017, https://www.nytimes.com/2017/12/16/opinion/sunday/black-women-leadership.html.
39. Lori D. Ginzberg, *Elizabeth Cady Stanton: A Life*, (New York, NY: Farrar, Straus and Giroux, 2009); p. 91.
40. Adjua Fisher, "4 Philly Fitness Classes Where You Can Fully Express Your Rage," *Philadelphia*, November 9, 2016, https://www.phillymag.com/bewell-philly/2016/11/09/boxing-classes-philadelphia/.
41. Regena Thomashauer, "Get Right with Your Darkness," MamaGenas.com, March 2, 2017, http://www.mamagenas.com/get-right-with-your-darkness/.
42. Richard Brookhiser, "The Happy Medium," review of *Other Powers: The Age of Suffrage, Spiritualism, and the Scandalous Victoria Woodhull* and *Notorious Victoria: The Life of Victoria Woodhull, Uncensored*, *New York Times Books*, March 29, 1998, https://archive.nytimes.com/www.nytimes.com/books/98/03/29/reviews/980329.29brookht.html?scp=9&sq=Napoleon%2520and%2520Josephine:%2520A%2520Love%2520Story&st=Search.
43. Marjorie Spruill Wheeler, ed., *One Woman, One Vote* (Troutdale, OR: NewSage Press, 1995), p. 127.
44. Ibid., p. 126.
45. "Mother Bloor: U.S. Communist Heroine," *Life*, July 26, 1937, https://books.google.ca/books?id=pEUEAAAAMBAJ&pg=PA27&lpg=PA27&dq=grand+old+woman+of+the+U.S.+communist+party&source=bl&ots=5SP8GXcvZf&sig=2lwUS5XCddb5z-6VAGT95wMGZ9I&hl=en&sa=X&ved=0ahUKEwiu6ofQrNLMAhXi44MKHYUtBrgQ6AEIIDAC#v=onepage&q=grand%20old&f=false.
46. Mary Triece, *On the Picket Line: Strategies of Working-Class Women During the Depression* (Champaign: University of Illinois Press, 2007), p. 19.
47. Stephen Tuck, *We Ain't What We Ought To Be: The Black Freedom Struggle*

from Emancipation to Obama (New York: Belknap Press, 2011), p. 189.

48. Marjorie Spruill Wheeler, ed., *One Woman, One Vote* (Troutdale, OR: NewSage Press, 1995), p. 175.

49. Mamie Till Mobley, "The Untold Story of EMMETT LUIS TILL (Documentary 2005) by Keith Beauchamp," YouTube Video, 1:08:18, November 19, 2012, https://www.youtube.com/watch?v=bvijYSJtkQk.

50. David Deitcher (ed.), *The Question of Equality: Lesbian and Gay Politics in America Since Stonewall*, (New York, NY: Scribner, 1996), p 67.

51. Manny Fernandez, "A Stonewall Veteran, 89, Misses the Parade," *New York Times*, June 27, 2010, https://www.nytimes.com/2010/06/28/nyregion/28storme.html?_r=1.

52. Alexandria Piette, "In Remembrance of the Stonewall Riots," *Women's Republic*, June 8, 2017, http://www.womensrepublic.net/in-remembrance-ofthe-stonewall-riots-the-lasting-impact-on-the-lgbtq-community/.

53. Megan Garber, "All the Angry Ladies," *Atlantic*, November 6, 2017, https://www.theatlantic.com/entertainment/archive/2017/11/all-the-angry-ladies/545042/.

54. Meghan O'Rourke, "Mourning Trump and the America We Could Have Been," *New Yorker*, November 10, 2016, https://www.newyorker.com/culture/culture-desk/mourning-trump-and-the-america-we-could-havebeen?irgwc=1&source=affiliate_impactpmx_12f6tote_desktop_Skimbit%20Ltd.&mbid=affiliate_impactpmx_12f6tote_desktop_Skimbit%20Ltd.

55. Lisa Feldman Barrett, "Hillary Clinton's 'Angry' Face," *New York Times*, September 23, 2016, https://www.nytimes.com/2016/09/25/opinion/sunday/hillary-clintons-angry-face.html. See also: Mary Lay Schuster and Amy D. Propen, *Victim Advocacy in the Courtroom: Persuasive Practices in Domestic Violence and Child Protection Cases* (Boston: Northeastern University Press, 2011).

56. Leslie Jamison, "I Used to Insist I Didn't Get Angry. Not Anymore," *New York Times Magazine*, January 17, 2018, https://www.nytimes.com/2018/01/17/magazine/i-used-to-insist-i-didnt-get-angry-not-anymore.html.

57. Ibid.

58. National Woman Suffrage Association, "Declaration of Rights of Women of the United States," in *Selected Papers of Elizabeth Cady Stanton and Susan B.*

Anthony, vol. 3, National Protection for National Citizens, 1873 to 1880, ed. Ann D. Gordon (New Brunswick, NJ: Rutgers University Press, 2003).
59. Nora Ephron, "Miami," *Huffington Post*, n.d., https://highline.huffingtonpost.com/articles/en/lets-go-full-crocodile-ladies/essay/.
60. Warren Weaver, Jr., "Schroeder, Assailing 'the System,' Decides Not to Run for President," *New York Times*, September 29, 1987, https://www.nytimes.com/1987/09/29/us/schroeder-assailing-the-system-decides-not-to-runfor-president.html.
61. Susan Ferraro, "The Prime of Pat Schroeder," *New York Times*, July 1, 1990, https://www.nytimes.com/1990/07/01/magazine/the-prime-of-patschroeder.html.
62. Robin DiAngelo, "White Fragility," *The International Journal of Critical Pedagogy*, Vol. 3, No. 3, 2011, http://libjournal.uncg.edu/ijcp/article/view/249.
63. Susan Ferraro, "The Prime of Pat Schroeder," *New York Times*, July 1, 1990, https://www.nytimes.com/1990/07/01/magazine/the-prime-of-patschroeder.html.
64. Ibid.
65. PBS, "Makers: The Women Who Make America," Season 1, Stop the ERA video: https://www.pbs.org/video/makers-women-who-make-america-stop-era/.
66. Susan Ferraro, "The Prime of Pat Schroeder," *New York Times*, July 1, 1990, https://www.nytimes.com/1990/07/01/magazine/the-prime-of-patschroeder.html.
67. "Hillary Clinton" (parody); "Let Me Remind You Fuckers Who I Am," *Medium*, July 25, 2016, https://medium.com/@shitHRCcantsay/let-me-remind-you-fuckers-who-i-am-e6e8b297fe47.
68. "Hillary Clinton" (parody); "Are you Fucking Kidding Me," November 13, 2016, https://medium.com/@shitHRCcantsay/are-you-fucking-kidding-me-86bdc2c638d6.
69. Robinson, Phoebe, *You Can't Touch My Hair (And Other Things I Still Have to Explain*, (New York: New York, Plume, 2016).
70. Nellie Andreeva, "Seth MacFarlane Opens Up About His 2013 Harvey Weinstein Oscars Joke, Condemns 'Abhorrent' Abuse of Power," Deadline, October 11, 2017, https://deadline.com/2017/10/seth-macfarlane-

harveyweinstein-oscar-joke-explained-1202186425/.

71. Megan Garber, "The Anger of Samantha Bee," *Atlantic*, October 11, 2016, https://www.theatlantic.com/entertainment/archive/2016/10/the-angers-ofsamantha-bee/503612/.

72. Callum Borchers, "Michelle Wolf 's Caustic Comedy Routine at the White House Correspondents' Dinner, Annotated," *Washington Post*, April 29, 2018, https://www.washingtonpost.com/news/the-fix/wp/2018/04/29/michellewolfs-caustic-comedy-routine-at-the-white-house-correspondents-dinnerannotated/?utm_term=.2beb058203b6.

73. Masha Gessen, "Michelle Wolf Blasted Open the Fictions of Journalism in the Age of Trump," *New Yorker*, April 30, 2018, https://www.newyorker.com/news/our-columnists/how-michelle-wolf-blasted-open-the-fictions-ofjournalism-in-the-age-of-trump.

74. Mika Brzezinski (@morningmika), "看着一位妻子、一位母亲在全国观众面前被别人羞辱自己的外表，这实在令人愤慨。我曾被总统侮辱过我的外表。这些伤害事件发生时，所有女性都有责任团结起来，白宫记者协会欠萨拉一个道歉。" Twitter, April 29, 2018, 6:37 am, https://twitter.com/morningmika/status/990585968825597954.

75. Maggie Haberman (@maggieNYT), "@新闻发言人坐在那里，当着全国观众的面忍受着别人猛烈批评自己的长相、自己的工作表现等，而没有愤然离席，这令人感到敬佩。" Twitter, April 28, 2018, 8:14 pm, https://twitter.com/maggieNYT/status/990428993542414336.

76. "Can you Guess Kamala Harris' Favorite Curse Word?", *The Week*, July 6, 2017, http://theweek.com/speedreads/710360/guess-kamala-harris-favorite-curse-word.

77. Kristin Wong, "The Case for Cursing," *New York Times,* July 27, 2017, https://www.nytimes.com/2017/07/27/smarter-living/the-case-for-cursing.html.

78. Katie Hawkins-Gaar, "The Cohort: Don't Call Me 'Dear,' f**kface, and Other Ways to Approach Anger at Work," *Poynter*, August 31, 2017, https://www.poynter.org/news/cohort-dont-call-me-dear-fkface-and-other-waysapproach-anger-work.

79. Kristin Wong, "The Case for Cursing," *New York Times,* July 27, 2017, https://www.nytimes.com/2017/07/27/smarter-living/the-case-forcursing.html.

80. Eric Grundhauser, "The Great Harvard Pee-In of 1973," Atlas Obscura,

December 23, 2016, https://www.atlasobscura.com/articles/the-great-harvardpeein-of-1973.

81. Alice Kessler-Harris, *Out to Work: A History of Wage-Earning Women in the United States* (New York: Oxford University Press, 2003), p. 41.

82. Leigh Fought, *Women in the World of Frederick Douglass* (New York: Oxford University Press, 2017) p. 195.

83. Marjorie Spruill Wheeler, ed., *One Woman, One Vote* (Troutdale, OR: NewSage Press, 1995), p. 38.

84. Ibid.

85. Ibid.

86. "Transcript: Hillary Clinton's Full Interview with NPR's Rachel Martin," NPR .com, September 12, 2017, https://www.npr.org/2017/09/12/549430064/transcript-hillary-clinton-s-full-interview-with-npr-s-rachel-martin.

87. Harry Enten (@ForecasterEnten), "不敢相信我居然做了这个……但是！2016 年的合作国会选举研究（再一次的，不敢相信我居然在做这个！）显示，只有 8% 的黑人选民给特朗普投了票。但是在年收入超过 10 万美元的黑人男性里，这个比例是 15%。所以黑人说唱歌手坎耶不是完全没有同伴。"

88. Travis Deshong, "Diane Nash: An Activist's Lessons for a New Generation," *Yale Daily News*, January 27, 2017, https://yaledailynews.com/blog/2017/01/27/diane-nash-an-activists-lessons-for-a-new-generation/.

89. The Women's Convention, Women's Convention Schedule: http://www.womensconvention.com/schedule.html.

90. Kat Calvin (@KatCalvinLA), "真是这样的。我们传播选票组织的大多数志愿者都是白人女性，她们每周都会去收容所，开车载着那些之前通常不可能搭上话的陌生人到处跑，她们真的全力在帮忙。真的很不可思议。" Twitter, December 13, 2017, 8:31 am, https://twitter.com/KatCalvinLA/status/940982502126006272.

91. "Death of Fred Douglass," *New York Times*, February 21, 1895, https://archive.nytimes.com/www.nytimes.com/learning/general/onthisday/bday/0207.html.

92. Ta-Nehisi Coates, "Frederick Douglass 'A Woman's Rights Man,' " *Atlantic*, September 30, 2011, https://www.theatlantic.com/personal/archive/2011/09/frederick-douglass-a-womens-rights-man/245977/.

第三部分　女巫季节

我一直在想当今女性应该如何表现自己的情绪，尤其是我们要花多少心思和精力去降低风险，让自己看起来不那么怒气冲冲。这是违背事实的，作为一名女性，如果你觉得自己是个完整的人，是个完全拥有尊严的人，那么面对性骚扰、性侵犯或者其他性别暴力的时候，发怒就是一种非常合理的回应。我也一直在思考另外一个问题：愤怒如何限制着我，把我引入歧途，同时又如何激励着我，带我去追寻答案，做出改变。 [135]

——莫伊拉·多尼根（Moira Donegan），推特用户

[136]

第一章
逍遥法外

韦恩斯坦

1789年夏末秋初的那几个月里，攻占巴士底狱后的巴黎面临着严重的供应短缺。一些鼓动法国大革命的人提出要去凡尔赛宫举行一次抗议活动。人们谈论着要组织饥肠辘辘的巴黎人去路易十六居住的华美宫殿外进行大规模游行示威；不过，这一切还没开始着手。

10月5日清晨，一位巴黎妇女对面包长期短缺并且价格过于高昂愤恨不已，擂响了游行的大鼓。其他妇女很快加入进来，开始一起走过巴黎的街头。后来，更多的妇女加入了进来，有些人手持菜刀，有些人强迫附近的一座教堂敲钟，让人们注意到这场规模越来越大的游行。她们聚集在巴黎市政厅门口，要求获得食物和武器。

在女性的带领下，市政厅外聚集起了一万多人，他们拖着从市政厅洗劫的大炮，开始向凡尔赛宫出发。在凡尔赛宫外僵持了一夜之后，游行规模已经扩大到五万多人。第二天下午，她们带 [137]
着国王一家回到了巴黎。

二百二十八年后的同一天，也就是2017年10月5日，也是没能成功阻止特朗普坐上总统之位的《走进好莱坞》录音曝光的一年后，《纽约时报》记者朱迪·坎特（Jodi Kantor）和梅根·图伊（MeganTwohey）发表了一篇名为《哈维·韦恩斯坦性骚扰数十年终食其果》的报道。这篇报道按时间顺序罗列了呼风唤雨的电影制片人哈维·韦恩斯坦遭到的多起性侵犯和性骚扰指控，那些指控者里包括了一些知名女演员。

这篇报道我等了将近二十年，盼了将近二十年，不能更急切了。但是说实话，我也从来没想过自己有生之年真能看到这篇报道登出来。

我大学毕业之后刚开始找的几份工作里，有一份是担任一家杂志的编辑助理，那是在1999年。那家杂志社由哈维·韦恩斯坦的米拉麦克斯影业公司出资，我作为一名小秘书，那时就知道他会欺凌员工，也听到过关于开房、裸照和贿赂之类的传闻，还听到过很多八卦，说哪部电影是因为什么出书协议或者写作合同才开拍的，里面的哪个女演员是和韦恩斯坦发生性关系之后才拿到了角色云云。那时这些只是八卦，也难以想象有谁会对或者能对这些事发怒，就算发怒也起不到任何作用。韦恩斯坦是纽约电影文化复苏的关键人物，他是明星缔造者、奥斯卡金牌推手、知名剧作家和导演的伯乐，甚至还资助了简·坎皮恩（Jane Campion）导演的女权主义电影。

25 岁左右，我换了工作，开始给纽约一家周报当记者，负责的选题中就包括报道纽约电影界。2000 年总统大选前的那几周里，我一直在忙自己的第一篇深度报道，报道的对象是一部名为《千方百计》(*O*) 的电影。这部明星云集、对《奥赛罗》的故事框架进行了暴力性重塑的电影，发行时却遭到了米拉麦克斯影业旗下帝门影业公司的拒绝，可能是因为该公司考虑到韦恩斯坦当时正在公开支持艾尔·戈尔－乔·利伯曼（Al Gore–Joe Lieberman）提出的净化媒体主张。那时，人们已经开始议论韦恩斯坦对于民主党政治的野心了。

2000 年大选前夕，由于韦恩斯坦一直没有回复我要求回应的
[138] 电话，编辑就派我去参加他主持的一场新书发布会，和我一起去的是当时正在和我约会的一位资深男同事。我请韦恩斯坦对我的报道做出回应，但他不喜欢我的提问，争执就此产生：他开始冲我大喊，用手指用力戳着我的肩膀，骂我“傻×”“贱人”，还声称他庆幸自己是“这个该死的、没有法纪的狗屎城市里的操蛋治安官”。我的同事介入，试图让韦恩斯坦冷静下来并且向我道歉，这让韦恩斯坦更加火冒三丈，他把我的同事推下好几个台阶，把他狠狠撞倒在地，同事手里的录音机直接飞了出去，砸到了一位女嘉宾的头，她也摔倒在地上。之后，韦恩斯坦向人群大声喊着说我同事“打了女人”，把他拖到曼哈顿第六大道上，卡住了他的脖子。

这就是哈维·韦恩斯坦在 2000 年的力量：你是个明星，就可

以为所欲为。尽管那天晚上的人行道上亮起了几十台相机的闪光灯，捕捉到了这位身材魁梧的知名电影公司主管重击一位年轻记者的头部，我却从来都没有看到过一张现场的照片。韦恩斯坦出了名的有办法粉饰一切，压制一切。

第二天，也就是大选当天，《纽约邮报》报道了这起事件，文章称“两个咄咄逼人的记者……把韦恩斯坦逼到了极限”。在《纽约时报》的报道里，韦恩斯坦和我同事起了“口角”，而整件事情由我挑起，因为我“就一篇和新书会毫无关系的文章质问韦恩斯坦先生”，根据米拉麦克斯影业的官方说法，韦恩斯坦“认为这个提问很不合适，他很生气”。

权力就是这样发挥着作用。韦恩斯坦殴打记者的身体攻击变成了“口舌”之争，而真正的“口舌”，也就是我出于记者的工作需要、向一位身居高位的男性提出的正式提问，却被报纸描述成“不合适”“惹人生气的”。尽管实际推人的是他，我们是处于被逼的弱势一方，但媒体却在他的控制下轻慢地指责我们“咄咄逼人”。

和韦恩斯坦发生冲突之后的几个月乃至几年里，我都在从其 [139]
他记者那里听到韦恩斯坦滥用职权的风声。从传闻来看，我在先前那份工作里听到的那些风闻要比我想象的更糟糕。我之前知不知道点什么？作为韦恩斯坦的言语攻击和身体攻击的亲历者，我能不能帮她们追踪到他性行为不端的证据？有很多记者带着没写完的报道来寻求我的帮助，其中有些是大名鼎鼎的调查记者。我与每一位记者交谈，向他们分享我听说过的传闻和八卦；我收集了数据，也向他们提供了所有我觉得可以帮助更全面地报道韦恩斯坦性侵事件的人选，包括他们的邮箱。

但大多数时候，我从这些记者那里得到的消息要比我提供给他们的更多。是的，我听他们讲了他们听到的事情，他的魔爪无处不在，也更清楚这个男人是个怪物，很有可能是强奸犯。但我获悉的远不止此，我还知道了完全不可能将这些信息公之于众是怎样的滋味。因为所有这些记者，有些为报道哈维·韦恩斯坦努力了很多年，满世界地追踪线索，（和我与他发生冲突之后一样）极度担心自己的电话遭到窃听，害怕自己被人跟踪（似乎都是真的），最后却发现他们从来都得不到真相。

再明显不过了，向有权有势的男性发起挑战是危险的，也是不可能的。我记得这个身形巨大的男人怎样用尽全力冲我喊骂脏话，唾沫星子砸在我的脸上；我也记得看着他把我朋友拉到街上想打伤他时是怎样的感受。我之所以从来没有真正考虑过自己去报道这个事件，原因之一就是我清楚地看到了自己不可能赢过那样的力量，对方有着强健的体魄，还能操控当局来庇护自己的胡作非为。

一直以来，父权制滥用权力背景下的文化期待令人窒息，让女性觉得很难让别人相信她们遭到了不公正的对待。我们当然知道强奸和性骚扰都是不对的，毕竟安妮塔·希尔事件已经过去了这么多年。然而，人们会对娱乐圈的潜规则习以为常，会怀念诸如路易斯·梅耶（Louis B. Mayer）之类冷酷严苛的传奇影业巨擘，也会怀旧地忆起那些为了拿到角色不顾一切、雄心勃勃的女演员，这些都写在我们富于想象的浪漫基因里。这种浪漫主义使得我们
[140] 很容易就将有权有势的男性与需要点权力的女性之间的交易当成事情本来的运作方式，这也就为那些男性提供了一个保护罩。

与此同时，不那么浪漫主义的保护措施也都已就位：韦恩斯

坦让雇员签署了复杂的保密协议；他向那些想曝光自己的记者提供更好的咨询类工作岗位和出版合同；他为政界的权贵之士提供资金，与他们建立起足够友好的关系，为自己罩上保护层，对可能在权势较弱者中的流言充耳不闻。几十年来，那些真正想报道这些故事的记者都撞上了一堵强大的权力之墙，这些权力摆平了挑战者们：雄心勃勃的演员，脆弱的助理，所有那些事业、薪水和名声都掌握在韦恩斯坦手里的管理人员和他们的下属手中。

如今，突然之间，这种权力失去了平衡。韦恩斯坦滥用权力的行径暴露在阳光之下，是的，当然包括他痴迷于让女性在性行为上屈从于自己的恶行，但除此之外，还有他那些纯粹想要让人屈服、令人受辱的行为，强迫别人给他按摩、当着别人的面自慰、不断地贬损别人，将自己手中的权力转化成一种堕落至极的武器。

继《纽约时报》爆料之后，《纽约客》记者罗南·法罗（Ronan Farrow）也发文报道了人们一直有所怀疑的事情：韦恩斯坦不仅是一名性骚扰者，还是一名强奸犯。接着有了更多爆料。然后更多。越来越多。很多女性和一些男性纷纷走进杂志社、报社和电视台，讲出自己的故事，这当中有对韦恩斯坦的爆料，也有对其他人的爆料：演员凯文·史派西（Kevin Spacey）、电视台记者查理·罗斯（Charlie Rose）、杂志编辑莱昂·维斯提耶（Leon Wieseltier）、政治评论员马克·霍尔珀林、早间节目主持人马特·劳厄尔（Matt Lauer）、知名厨师马利欧·巴塔利（Mario Batali）、喜剧演员路易斯·C.K.（Louis C.K.）、明星大厨约翰·贝什（John Besh），以及大学教授、福特工厂经理、进步主义活动家、快餐店经理、参议员和众议员，等等。这些故事的讲述者有农场工人、空乘、酒店员工、工会组织者、警察，以及来自美国（尤其是硅谷）、瑞典、中国和法国的女性。

愤怒一直在累积。之前的一些小型起义也曾愤怒地要求，主张让那些行为不轨早已成为公开秘密的男性——从喜剧演员比尔·
[141] 科斯比到福克斯新闻台的大人物比尔·奥赖利和罗杰·艾尔斯——最终为自己对女性犯下的恶行付出代价。但现在，某些东西变了。很可能是因为唐纳德·特朗普当选总统，这个候选人极为夸张地展现了白人父权力量的滥用，却没有为自己的行为承担任何后果；或许是因为看到女性们集结起来扳倒科斯比和艾尔斯，抗议特朗普举行就职典礼、颁布穆斯林禁令、废除奥巴马医保；又或者只是因为目睹了这样的不公性质恶劣、广泛存在，再也抑制不住自己的愤怒。

2017 年，这些记者和故事讲述者终于擂响了游行的战鼓，将成千上万的女性带到街头，坚决提出意义空前的指控，逼迫国王们离开他们那守卫得密不透风的宫殿。

清算

愤怒之窗已经开启。几十年来，几百年来，这扇窗都紧紧关着。你身上发生了些糟糕的事情，你把怒火强压下去，你也许会告诉别人，但很可能从中得不到任何满足，不管是情感上的还是实质性的，甚至还可能会产生一些出乎意料的后果。没有人真的在乎，当然也不会有人打算为此做点什么。

然而，这个电影大亨性侵事件的重磅报道在美国新闻界炸出了一个大坑，在那之后的四个月里，女性突然有了能够发声、能够大喊大叫、能够大发雷霆的空间。

“#MeToo”话题标签最先由社会活动家塔拉纳·伯克在2006年使用，旨在揭露妇女和女童遭到的无处不在的性暴力。这个短语在2017年秋天得到了更广泛的使用，演变成为一起网络运动。在这个标签下面，女性将憋了很久的故事一吐为快：她们的老板、同事、良师和益友曾经如何抓住她们、强迫她们、侮辱她们、贬低她们。这些故事覆盖的范围极广，有暴力攻击，有强行亲吻，有为了职业发展的交换型性骚扰，也有轻微的骚扰，比如来自同 [142]
事的摸屁股、抓胸、强行勾引和粗俗下流的深夜短信。

将这些故事联结在一起的是它们带给故事讲述者的感受。这些事件让她们明白，在公共领域里，她们被区别对待、区别评价，遭到利用、受到贬损，那些有权有势的男性并没有从专业角度去认真对待她们。许多讲出故事的女性（也有男性，但大多数都是女性）都觉得这样的经历毁了她们的职业生涯，让她们的前程黯淡无光，让她们的抱负沉寂下去，也让她们无法像那些被控诉的位高权重的男性一样，在公共领域取得耀眼的成就。

故事的讲述者里，有些曾向朋友、家人或者同事倾诉过，但许多人都是第一次开口。有些女性时隔数年才向人事部门提出控诉。有些女性接受采访，提供确凿证据、目击者、照片和日记作为文档记录；她们展示了手中的保密协议和诉讼和解文件；她们给出了当时知情的朋友、丈夫等人的名单，但很多人从来都没有告诉过任何人。

还有些人，直接把这些向来都只是悄无声息地私了的事件拿到公共场合，不通过任何中介，自己响亮地讲出来，而她们之前顶多压低声音警告或意味深长地凝视对方。她们在社交媒体上写下自己的故事，借助推特和脸书，帖子瞬间就可以让全世界看到。有些在媒体工作的女性创建了一份共享文档，匿名记录了自己在业界遇到的那些“狗屎男人”，对他们指名道姓。这样做是危险并且不负责任的，也说明了她们已经绝望到什么程度，她们已经彻底愤怒，拼了命地想让全世界知道。

其他人也有一些怪异而又创新的反叛之举。女权主义作家妮可·克利夫（Nicole Cliffe）听说反女权论者凯蒂·洛芙（Katie Roiphe）计划在《哈泼斯杂志》（*Harper's Magazine*）上曝光“狗屎媒体男人”文档创建者的身份，于是宣布只要有作者从这期杂志上撤稿以示抗议，她将支付等额稿酬。克利夫坦陈自己得从与丈夫共同持有的银行账户上取钱来兑现承诺，但并没有事先与丈
[143] 夫商量过。这个举动让人想起第二波女权主义运动中的阿历克斯·凯茨·舒尔曼（Alix Kates Shulman），她曾经花钱请纽约激进妇女组织的成员去 1968 年的美国小姐选美大赛现场，在冠军加冕时亮出“妇女解放”的横幅，而她为此开出的支票同样也是来自她和丈夫共有的存款账户，并且没有事先征得丈夫的允许。[1]

我不太喜欢克利夫的这种做法，也不喜欢“狗屎媒体男人”名单。它们给我所在的行业带来了震荡，违背了我们从小被教导的职业规范和道德准则，同时我也担心这会给女权主义自身带来破坏。这些做法看起来太过火、太冒险，也太激进。我觉得自己好像置身于某部太空电影，坐在火焰中剧烈震动的宇宙飞船里，以

前所未有的速度向前飞驰。飞船撑得住吗？我们能活下来吗？我想这应该是我第一次在自己的领域里遭遇激进主义，这让我觉得很不安全。令人焦虑。让人恐惧。带来不适。早有必要却又姗姗来迟，好像要么会把我们全部烧死，要么会救我们于水火。

这肯定不是我熟悉的当代女权主义，我所了解的女权主义在这个时代重生之后，会包装成思想性文章、非营利组织、伊娃·恩斯特（Eve Ensler）的剧作[①] 或者碧昂丝在音乐颁奖礼上的表演。那样的女权主义当然有自己的一席之地，也发挥了关键作用，将女权主义从令人窒息的阴暗反对力量中拯救出来。但现在，这种女权主义不一样。这是上世纪70年代的风格，是有组织的激进的大规模愤怒，向着不可预知的方向爆炸。这次爆炸震耳欲聋，因为有着社交媒体这个人类扩音器，也有着"耳语网络"[②] 这些不再靠低声说话，而是靠充满愤怒的文本和全部大写的群聊来传递信息的网络。

那些极有权势的男性丢了工作。哈维·韦恩斯坦失去了自己的公司，查理·罗斯遭到了解雇，马利欧·巴塔利被逐出了自己的餐厅帝国，马特·劳厄尔被《今日秀》节目组开除，参议员艾尔·弗兰肯（Al Franken）被同事（其中许多是女同事）要求辞职。这个名单上的名字一直在增加，已经要数不过来，故事也要读不过来。在我的记忆里，从来没有过这么多白人男性权威人士被谴责和解雇。

---

①伊娃·恩斯特为美国女权主义者，剧作家，代表作为《阴道独白》。此处指《阴道独白》为代表的女权主义剧作。

②耳语网络（whisper networks），女性间为免受性骚扰而传递信息的互助网络。

这种清算异常凶猛，就算我们完全相信这样做非常迫切、也无比正确，也不觉得这清算有什么意思。那些故事太可怕了，许多都是令人作呕、让人害怕的噩梦般的经历。而不可否认，令这
[144] 次完美的女性愤怒风暴得以发生的那些外部环境——骚扰和虐待无处不在；背负多重指控的掠夺者当选总统，掌管着那些本应该保护我们免遭犯罪和歧视伤害的法院与政府部门——是如此的令人不快。

这也让人非常难过，因为它让人困惑，因为这种愤怒也许很激烈，但并不简单。就像观众席的灯光突然亮起，震惊的观众被迫看着那支撑我们职业生活的丑陋脚手架一样，我们很少有机会能去分析是什么让我们怒火中烧，是谁在点燃我们的愤怒。很显然，纵火的是那些折磨者，但也是我们的朋友，我们的师长，**我们自己**。

对男性发火

不同时代的女性运动都面临过的几个重大挑战里，有一个终极难题，那就是很难说服女性向男性——她们最直接的压迫者——持续公开地表达愤怒。

这种难题由许多因素导致，也让我们回到这样一个事实：和美国其他种族、民族或者宗教群体不同，女性不是被压迫的少数群体，而是多数人口，对于所有区域、宗教、种族和民族团体来说，她们都是家庭、家人、个人关系网和职业人际网中必不可少的组成部分。这就意味着几乎每个男人的生命中都有一个女人，每个

女人的生命中都有一个男人。

性别歧视和厌女思想的顽固之处就在于，即便我们意识到、也真的感受到自己因为性别而遭到形形色色的压制与剥夺，女性仍必须面对的事实是，很多情况下那些坏男人也是我们的好男人：他们是我们的枕边人、心上人和家人。他们是我们的兄弟、父亲、叔伯、朋友、恋人、丈夫、室友或者儿子。

我们爱他们。

我们也常常会需要他们，需要他们成为我们的同事、家人、男朋友、好哥们儿，帮助我们养育子女，和我们一起养家糊口。男 [145]
性在职业和经济上拥有比我们多得多的权力，因而经常是我们的老板、我们的导师、给我们批假的人，我们仍然依赖他们给我们晋升加薪，指派任务。白人男性有着巨大的政治力量，因此女权主义者和左翼女性活动人士也常常较大程度地依赖他们，让他们成为代表，成为倡导者，成为党派领袖。挑战他们的权威就有可能危及整个政治派系，连累他们的保护势力和拥趸——这本身就是一种意识形态议程。

当然，正是这样的现实、这样的依赖，使得有权有势的男性能够对那些拥有较少权力的人施以歧视和虐待。也正是这样的现实让女性在恐惧、危险、爱情和忠诚中止步不前，不愿为自己和其他女性遭到的虐待发起愤怒反击。

愤怒给女性所依赖的关系带来的潜在损失是切实存在的，损失可能在情感和物质上都有。女性向男性的权威或权力滥用发起的挑战可以让家庭陷入混乱，让婚姻宣告终结，让女性职员遭到解雇，或者让很有可能是其他女性同事或者女性家庭成员经济来源的男性职员遭到解雇。女性对这些后果有着深深的惧怕（加之一直以来对自己可能会徒劳无功的惧怕），仅仅是这种惧怕就能够阻拦她们，让她们不去表达自己对男性的愤怒，甚至，在很多情况下她们自己很可能都感觉不到这种愤怒。

获得平静的方法就是不去生气，不去思考我们与男性日常互动中充斥的那些令人憎恶的不公正现象：双重标准、漠视女性的才智、物化女性、性骚扰、薪资不平等、差别化的家庭角色期待和负担、不平等的代表权以及日常的言语歧视等。很多时候，不去对这些现象进行考虑、予以反击，就能让一切变得简单，因为反击通常意味着要与你更愿意一直抱有好感的男性作斗争。

“你一旦知晓，就没法回到不知情的状态，”朱迪思·莱文（Judith Levine）在 1992 年出版的书籍《吾敌，吾爱》（*My Enemy, My Love*）中写道，“你不能报名参加抹去意识的组织……新知识也不能消除之前的感受……如果你也爱着那个仇恨对象，情感上需要
[146] 他，物质上依赖他，觉得自己必须安抚他或者害怕打扰他，要怎么办呢？“二战”之后的女权主义以及女性生活中一个不言而喻的重要主题就是——与公认的压迫事实带来的愤怒……斗争。”

“#MeToo”运动引发大量性侵指控期间，许多支持这起运动的女性同时也与那些遭到性侵指控的男性公众人物关系亲近，其中有些人就着力描述了这种矛盾心理给自己带来的痛苦。

《CBS 今晨》节目秀主持人盖尔·金（Gayle King）的前任搭档查理·罗斯被三十多位女性控告性骚扰、性侵。对此，金讲道：“在过去的五年里，我和查理是朋友，是搭档，我非常敬重他。这真的让我很纠结，当你非常关心的人做出这么可怕的事情，你能

说什么呢？我一直在想那些女性是多么的痛苦，她们的尊严、她们的身体，可能还有她们的事业都遭遇了什么。”[2]

喜剧演员萨拉·西尔弗曼（Sarah Silverman）的挚友、同样身为喜剧演员的路易斯·C.K. 也遭到其他喜剧女演员的控告，称他未经同意就在她们面前自慰，并且利用自己的权势在职业上打压那些传出此事的女演员。西尔弗曼指出，曝光这种普遍存在的性骚扰文化的过程，就像是“切除肿瘤：混乱复杂、带来疼痛，但是必须进行，也会让我们都更加健康”，不过这也“糟透了，有一些我们的英雄会被打倒，我们会发现自己喜欢的人、有些时候还是自己爱的人做了坏事”。她提及自己和路易斯多年的友谊时讲道：“我爱路易斯，但路易斯的确做了这些事情。这两句话都是真的。所以我一直在问自己：你能爱一个做了坏事的人吗？希望你不会介意，我既为被他错待的那些女性感到愤怒、对允许这种行径发生的文化感到愤怒，但同时又感到伤心，因为他是我的朋友啊。”[3]

这不仅是那些女性指控者和被指控者朋友的痛处，同时也是那些不支持“#MeToo”运动的人急切想要利用的弱点，他们想以此来抵制女性愤怒，制止这起运动。“当我们开始把所有东西都并到一起放到一个篮子里，”保守派人士、福克斯名嘴格瑞格·古特菲 [147]
德（Greg Gutfield）警告说，这些性侵投诉的覆盖面已经变得太广，“我们将会开始伤害你们的父亲，你们的兄弟，你们的儿子，你们的祖父。”美国全国广播公司（NBC）退休主持人汤姆·布罗考（Tom Brokaw）遭到一位前同事的控告，称他在上世纪 90 年代曾经进入她的酒店房间试图强吻她，于是他深更半夜写了一封虚情假意的自辩信，声明：“我为自己感到骄傲，我是一位丈夫，一位父亲，一位祖父，一位记者，一位公民。”

那年5月，萨曼莎·比愤怒谴责刚刚辞职的纽约总检察长埃里克·施奈德曼（Eric Schneiderman）时，阴郁地开玩笑讲道，那些和我们关系亲近的男性在情感上束缚着我们，这种束缚不仅是个人情感的束缚，也是政治情感的束缚。施奈德曼曾作为嘉宾上过她的节目，也曾被她称赞为女权主义超级英雄般的检察官，是女权主义者的依靠，如今却遭到爆料称他会家暴自己的女友。

“你为女性做的那些杰出的法律工作并不会赦免你，”她在一次堪称核爆级别的开场独白里怒吼道，“也不会让我有半秒的犹豫，迟疑要不要在电视上撕烂你的臭嘴脸。我他妈一点都不在乎。要是有必要的话，我可以来一出名为‘我爸是个怪物’的演出……埃里克·施奈德曼，你就是个垃圾，我们不需要你。”

萨曼莎·比的愤怒在2018年能引起共鸣，部分原因就是人们对于事情发展到这个地步感到惊讶，这让人解脱、也让人生气。等了多少年的时间，经历过多少紧急情况，如今才有这么多不公暴露出来，让人如同遭遇电击般震惊，才终于激起大量女性向自己生命中的男性——她们选出的官员、她们的父亲、她们的伴侣、她们的上司——真正发起攻击，对他们讲出萨曼莎·比在那七分钟的开场独白里向埃里克·施奈德曼一遍又一遍重复的话：操，操，操。

在大众文化里，一位喜剧演员在自己的节目里这样发泄愤怒，也许会让人觉得起到了宣泄的效果。但这之所以会让人觉得解气，其中一个原因正是因为对于那些没有自己表演舞台的女性来说，在工作场所或家中释放任何类似的愤怒都有可能付出高昂的代价。

“我看到那些大声说出来的人都人间蒸发了，”公开指控约翰·

霍肯伯里（John Hockenberry）性侵的电台制作人克里斯汀·梅因策（Kristen Meinzer）在与其他“#MeToo”故事讲述者的一次对话中讲道，“我不能丢了自己的工作。”她接着指出：“大部分时候我 [148] 们被教导的都是，作为女性活在这个世界上，就要保持心平气和，面带笑容，遇到什么事情咯咯一笑，说一句‘没关系的’，哪怕你并不那么觉得……作为一名女性，你要怎么保住自己的工作，保卫自己的空间，保护自己的身体安全？很多时候的答案就是：我们必须要保持友好。”[4]

不做友好的女士

当然，一直以来也都有女性在遭遇政治危机或个人危机之时，富有革命性地决定**不再**保持友好，尽管她们通常都很清楚这种决定会给个人和政治带来怎样的影响。

“不要把无限的权力放到男人的手中。”阿比盖尔·亚当斯，美国第二任总统约翰·亚当斯的夫人，在1776年春天颇有先见之明地告诫过自己的丈夫，“记住，只要有可能，男人个个会变成暴君。如果不能给予女性特别的关心和照顾，我们肯定会酝酿一场反叛。”

七十二年之后的1848年，两百位女性和四十位男性聚集在纽约州塞内卡福尔斯，起草了《感伤宣言》。《感伤宣言》模仿了1776年北美殖民地人民起草的《独立宣言》，阿比盖尔的丈夫约翰·亚当斯也曾在上面签过名。和《独立宣言》一样，《感伤宣言》也是一份关于独立的声明，是女性对于男性权力的直接指责，似乎也是阿比盖尔预示过的叛乱成了真。“人类的历史是一部男人对妇女不断伤害与掠夺的历史。”《感伤宣言》里这样写道。宣言声称，这些伤害与掠夺的目的是“在妇女之上建立绝对专制暴政”。

接下来，宣言里描述了这种暴政：

> 男人从未允许妇女行使其不可剥夺的选举权。
>
> 男人强迫妇女服从那些她无权参与制定的法律……
>
> [149] 一旦结婚，在法律意义上，男人便使妇女丧失了公民的权利。
>
> 男人剥夺了妇女的全部财产权，甚至包括支配她挣得的工资的权利。
>
> ……在订立婚约时，妇女被迫发誓听命于丈夫，而丈夫，在实质上，则成为她的主人——法律授权男人，允许他褫夺她的自由权、对她行使惩罚权……
>
> 男人制定离婚法……完全忽视了妇女的幸福——在任何情况下，它都是建立在男人至上的错误假设之上，将所有的权力置于男人之手中。
>
> 男人几乎垄断了全部有利可图的职业；在允许妇女从事的职业中，妇女所得到的报酬都是微不足道的。
>
> 男人封闭了所有能让妇女通向财富和名望的途径，他认为财富与名望是男人最体面的荣耀。妇女从未能成为医学、法学或神学的教师。
>
> 男人拒绝向妇女提供全面教育的便利——所有大学的校门都对妇女关闭着。
>
> 男人允许妇女在教会以及政府机构任职，但只能处于附属

地位……

男人竭尽全力试图摧残妇女对自己能力的自信，贬低她的自尊，迫使她心甘情愿地过着听人摆布的凄惨生活。

这是一份颇具颠覆性的声明。这些妇女参政论者通过模仿《独立宣言》，运用美国人推崇的那套表达正当愤怒的语言和逻辑——那些建国之父的愤怒，也就是白人男性对自由遭到限制的愤怒——来代表一个自由受到限制的群体表达愤怒，而这种限制，是那些建国之父在他们表达自己的正当愤怒时就开始设下的。

这份宣言呼吁独立的时候，也概述了依赖关系的基本构成要素，正是这些要素形成并且强化了性别权力的不平衡，让我们走到了当下，也就是一百七十年之后的这一刻。

那些起草宣言的女性知道这份宣言不会受到欢迎。“我们知道，肯定会有不少的误解、歪曲和嘲笑。”

她们的预料是对的。历史学家玛约莉·斯普鲁伊尔（Marjorie [150]
Spruill）指出：“出离愤怒的报纸编辑们公开指责这次会议令人震惊、骇人听闻，不符合妇女身份，也违背常理，嘲笑她们是亚马逊女战士，是极度缺爱的老姑娘。”[5]《纽约先驱报》（*New York Herald*）创始人老詹姆士·戈登·贝内特（James Gordon Bennett, Sr）极力反对废除奴隶制和妇女参政论，他将那些活动家称为“一群三教九流的狂热杂种，一些婆婆妈妈的男男女女，一些亡命天涯的奴隶和疯子”。他预言说，“她们这些恶魔般的计划若全部实现，美国将变得沦丧，变得令人厌恶，荒淫无度。”纽约州尤蒂卡市《奥奈达人辉格党日报》（*Daily Oneida Whig*）上一篇未署名文章则哀怨地问道："以前有过这么可怕的反抗吗？这是女性气质有史以来遭遇过的最让人震惊、最怪异反常的一次事件。如果我们的女士坚持要去选举、去立法，那么绅士们，我们的晚饭在哪里？"[6]

一百多年后，同样的问题再次浮出地表，那是在第二波女权主义浪潮之后。那次大规模女权主义运动由弗里丹《女性的奥秘》打响，后来被更为激进、有着各种诉求的女权主义活动人士接手，与当时恰好也在开展的性解放一道，促成了外在环境和法律制度的变革，让女性得以重新定位自己在生活中与男性的关系。第二拨女权主义活动人士要求为女性提供更多的教育和就业机会，提供更好的法律保护，保护女性免受强奸、性骚扰和职场歧视的伤害。女权主义者为实现节育和堕胎合法化而战，也力争让法律保障女性能够更容易地从不幸的婚姻中脱身；她们也围绕色情文化展开斗争，致力于为女性的性欲正名，建立女性的性自主权和自决权。

在许多方面，第二波女权主义运动试图解决的仍然是《感伤宣言》中列出的那些不平等议题。一部分原因是宣言列出的需求涉猎较广，而19世纪末20世纪初的女性虽然的确成功扩大了教育和就业机会，修改了一些财产法，但在宣言起草后的七十多年里，她们真正取得的重大胜利不过是《第十九条修正案》。需要做的还有很多。

[151] 20世纪60年代和70年代的女权主义革命运动持续了不到二十年，但女权主义活动家们却在短时间内促成了许多改变，她们向自己所处的环境和其中的观念发出迅猛的挑战，从而改变了她们婚姻中的权力关系，使她们的丈夫陷入不安和困惑，让他们突然之间遭到指责，而那些行为和态度他们以前从不觉得有问题。

许多男性以为自己和妻子是怀着共同的期待走入婚姻的，但第二波女权主义运动提出的“个人即政治”一下子让这些期待变得苍白。那些男性没有做错什么，是游戏中途改了规则；他们的晚饭再也不一定会摆好在桌上了。

美国计划生育协会前主席塞西尔·理查兹写道，自己的父亲是一位进步主义人士，身为律师的他为工会而奋斗，为选举权和民权而战，却被女性运动打败。塞西尔的母亲安同样是一位进步主义人士，她在 70 年代参加了争取《平等权利修正案》的运动，自己也随之发生了转变。这让塞西尔的父亲困惑不已。“他的妻子以前会精心养育孩子，照顾每一只我们带回家的小猫小狗，操办晚宴聚会，自己种有机蔬菜，”塞西尔写道，“在爸爸成长以及生活的环境里，家里的女性们投身于这些义务劳动，没有自己的事业。如今对他（以及许多他这一辈的其他男性）来说，家庭生活有可能发生天翻地覆的改变，我想这一定让他挺害怕。突然之间，关于女性角色和女性抱负的那些骚动不再只是出现在电视上，而是真实地发生在我们家里。”塞西尔父母的婚姻和那个时代里的许多其他夫妻一样，以离异告终。[7] 后来，安成了得克萨斯州州长。

生活在这样一个婚姻迅速瓦解的时代里当然谈不上有意思，但不妨让我们停下来承认，生活在一个无法离婚的时代同样也不会让人开心，哪怕是存在家暴的不幸婚姻，也很难让女性从中抽身。然而，女权主义一把撕裂了异性恋婚姻的期待，离婚的大潮迅速席卷而来，很多激烈的分歧也由此产生。许多小孩为此遭受痛苦，许多女性和男性也因此备受煎熬。这股离婚潮引发的混乱让本就特别强大的反女权主义阵线更是找到了把柄，宣称女权主义者在其政治目的上与家庭、与男性、与婚姻为敌。

[152] “如果说有什么是女权主义者喜欢的，那就是离婚。”菲利斯·施拉夫利低声细语地讲道，这是她喜爱的讲话方式，一直到去世她都是这样讲话。[8]当然，她没有承认的是，女权主义者喜欢的是性别平等，并且第二波女权运动期间以及之后发生的离婚，常常是因为女性拒绝与那些不想拥有对等关系的男性继续保持法律上的契约关系，或者是因为她们意识到如果自己能够拥有经济保障，那么就没有必要继续留在那些遭受虐待或者让自己不开心的婚姻里。

历史学家斯蒂芬妮·孔茨（Stephanie Coontz）写到婚姻史时指出：“女权主义并没有让好的婚姻变质。”[9]但女权主义的确向男性发出了挑战，要求他们变得更好，也为女性提供了机会，让她们能够从自己的志向和渴望出发，而不再是围着自己的丈夫来规划人生。事实上，这种从婚姻中逃脱、走上其他人生道路的机会，与伊丽莎白·卡迪·斯坦顿在《感伤宣言》里痛声疾呼的诉求惊人地相似，也是一个多世纪以来的婚姻改革者们反复谈及的内容。

男性权力一旦遭到质疑、冲撞、斥责和挑战，他们似乎就会觉得不适，而任何形式的不适都常常让男性觉得难以承受。

美国体操队前队医拉里·纳萨尔（Larry Nassar）被指控对100多名年轻女体操运动员实施了性侵，他在2018年接受庭审时抱怨，不得不听着这么多女性对他指证，他很不自在，害怕自己会晕过去。参议员杰夫·赛申斯在参议院情报委员会听证会就是否参与俄罗斯干预2016美国大选接受质询时，尖叫着说卡马拉·哈里斯连珠炮似的质询让他“紧张”。[10]回想一下，乔治·斯蒂芬诺伯罗斯采访参议员查克·舒默时，问起他对女性大游行的反应，说的也是“您听到的那些都让您觉得自在吗？”就好像舒默感觉自不自在才是最紧要的关切。

更令人疲惫的是，有一种越来越常见的说法认为，女性的拒绝或质疑给男性带来不适感是某些男性对女性施暴的原因。玛乔丽·斯通曼·道格拉斯高中一位被开除的学生回校枪杀数人后，有位名为伊莎贝尔·罗宾逊(Isabelle Robinson)的幸存者告诉《纽约时报》：[153]
“网上的很多评论让我很不安，有人说‘如果枪击者的同学和伙伴对他好一点，这次枪击事件也许……永远都不会发生’。”

许多有权有势的男性，以及那些想与他们保持良性纽带的女性，都会努力缓解男性的不适感，其中一个原因就是在他们的理解与观念里，任何扰乱男性、让男性觉得不舒服的事情都不正常、有问题，会带来破坏；他们并不觉得这些是早该发生的纠错举动。

“因为我们不带丝毫歉意地指责我们所生活的世界，就将我们女性视为极端分子公开谴责，这是一种通常都很奏效的威胁策略。”安德丽娅·德沃金1987年出版的《性交》(*Intercourse*)探讨了性别政治以及性别带来的不平等，她在前言里这样写道，“女性的表达，不管是口头的还是书面的，常常会被男性当成暴力给出回应，有时甚至会得到男性的暴力回应。所以我们会压低声音。女性会低语。女性会道歉。女性会闭嘴。女性会淡化自己所掌握的知识。女性会畏缩。女性会撤退。”

安德丽娅·德沃金没有撤退，没有畏缩，也没有调整自己的话语去迎合男性的喜好。作为一位激进奔放、充满愤怒的女权主义作家，她的思想与写作鼓舞人心、充满激情，即便放到今天，读到她作品的读者也会燃起怒火。

德沃金年少时曾遭到性侵，和第一任丈夫结婚后被家暴，后来在荷兰做了一段时间的援交，才走上了女权主义的道路。参与女权运动之前，她也参加过其他社会运动，包括反越战、反种族隔离等。她和激进女权主义律师凯瑟琳·麦金农（Catharine MacKinnon）就像是20世纪版的伊丽莎白·卡迪·斯坦顿和苏珊·安东尼——德沃金负责写，麦金农则是行动导向的实干家。她们大胆触及了《第一修正案》中一个极具争议的话题，提出立法禁止色情作品。

在反色情产业的斗争中，德沃金和麦金农并不是在孤身作战。格洛丽亚·斯泰纳姆、奥德丽·洛德等很多人都呼吁为色情产业设立限制，曝光色情产业从业者对女性的歧视与虐待。但是德沃金和麦金农走得最远，她们在1983年起草了一系列的反色情产业民权法案，将色情产业视为对女性民权的侵犯，力图予以禁止。她们首先在明尼阿波利斯市，后来又陆续在印第安纳波利斯、剑桥（美
[154] 国马萨诸塞州）、贝灵厄姆和华盛顿等地继续开展，取得了不同程度的成功或失败。她们此举也开启了女权主义者的内部斗争——再一次地，就像是斯坦顿和安东尼那样——一派是自称为“倡导性交派女权主义者”，另一派则是德沃金和麦金农引领的反色情（尽管她们解释说自己并不反对性交）女权主义者。最后，赞成一派取胜。

德沃金的《性交》里最出名的一句话可能就是“侵犯是性交的同义词”，这句话被许多人理解成她认为所有的性交都是强奸。此后多年，德沃金都坚称这是对她的误解，她认为“性行为一定不能把女性置于从属地位，必须互惠互利，男性不能只为了满足

自己而做出侵犯”。然而，她却始终无法摆脱那种粗糙的误读，很大程度上是因为这种曲解能够把她打造成一个疯狂、偏激、不可信的异端分子，言谈举止都背离男性建立的女性审美标准（德沃金非常胖，经常穿背带工装裤）。因为假使她精神紊乱，人们就能够诋毁她肆无忌惮地对性别歧视的权力结构表达愤怒，也让她的愤怒变得不再正当，不再合理。

“人们不只是不同意德沃金的观点。他们还恨她。”后世的批评家里，最深切怀念德沃金的记者阿里尔·利维（Ariel Levy）这样描述她。这种描述也可以放在美国许多其他挑起争论的女性公众人物身上，其中有很多人和德沃金的激进立场几乎毫无干系，这意味着招致憎恨的并不是具体的意识形态，而是男性的舒适感和优越感遭到的威胁。“对于她的诽谤者来说，”利维接着写道，“她是妇女解放运动的恐怖化身，是美国最愤怒的女性。”

德沃金的愤怒引发的谴责随之带来了更为致命的威胁，那就是她这种毫无歉意的愤怒可能会被指责让其他女性对女权主义失去兴趣，甚至避之不及。2005 年德沃金去世后，英国《卫报》刊登的一篇文章中夹枪带棒：“德沃金真正的遗产是，如今有太多年轻女性宁可被一只疯狗咬，也不想被别人当作女权主义者。”[11]这种说法相当落井下石：暗指她这种愤怒的表达将会让一整代女性都不太愿意去表达自己的愤怒，反而更情愿故步自封。

德沃金落得这种名声，本身就证明了她很多观点的正确性，尽 [155]
管在色情产业、性工作等问题上她的观点值得商榷。德沃金的表达方式就是她要传达的讯息，也正因为这样，格洛丽亚·斯泰纳姆曾经称德沃金的女权主义是“《旧约》里的先知，在山上怒不可遏地讲出真话”。

她知道自己在做什么。“我是个激进的女权主义者，”她曾经说过，“玩不了风趣。”《纽约时报》上刊登过一篇洛尔·迪克斯坦（Lore Dickstein）为德沃金 1988 年《战地来信》（*Letters from a War Zone*）写的书评，其中写道：“安德丽娅·德沃金要说的很多东西都是重要的……但她说出这些的方式常常会破坏她的论点……冲击着人的耳朵，捶打着人的心脏；让人祈求从这无休止的长篇大论中赶紧解脱。不过，这也正是德沃金女士想要表达的，她想传达的不仅是那些信息，还有这种方式：紧追不舍，纠缠不休，以刺耳的语调、愤怒的表达，来回应遭到的漠视，甚至是礼遇。”[12]

写这本书期间，以及经历“#MeToo”运动期间，让我觉得最难过的就是意识到德沃金不能亲眼看到正在发生的一切。我并不觉得“#MeToo”运动会让她心满意足，虽然我的确希望她看到这一切会感到振奋。让我伤心的远不止于此，而是像利维指出的那样，德沃金在自己的职业生涯里，从来不怕说自己渴望被读到、被听见、被理解。2016 年大选结束后的这几年里，女权主义对话逐渐达到顶峰，有些时刻与德沃金作品里表达的精神是如此的契合，我在重读她的作品时发现，有些让她在那个时代遭到大众政治讨论排斥的观点，如今——就在这周，这个下午——也许会让人觉得恰如其分，甚至能够在推特上赢得一些火焰表情。

“女权主义正在消亡，”安德丽娅·德沃金写道，“因为这么多自称女权主义者的女性都在通敌，都是懦夫。”而“男性是狗屎，并且他们还引以为傲”。此外，对于那些西方经典的白人男性小说家和他们的性别歧视，“我喜爱这些男性创作的文学作品，但是我并不会像他们所写的那样度过我的一生，就好像那才是真实的”。写这章的时候，我把这个观点发在了推特上，很快就获得了三百个赞。

我原以为这无情又凶猛的“#MeToo”运动只会持续几天或者 [156]
几周，但它却延续了好几个月，并且在短暂减弱后又以更猛的势头归来，无情地曝光着系统性的权力滥用，人们发起诉讼，成立委员会，为遭到骚扰的女性争取法律保护。这起运动让我知道，当代女性可没心情扮友好，哪怕停下手来本可以让一切都变得非常简单、非常容易，能让所有的风险和不适都消失不见。

她们让我想起德沃金那推土机般的坚决，以及她不愿向更容易之路屈服的决心。她曾写道，自己从事的工作“不会说‘原谅我吧’或者‘爱我吧’，也不会说‘我原谅你’或者‘我爱你’。……不。我会说不”。

[157]

第二章

谁都别信

“#MeToo”运动发展到顶峰的那个秋天，我每天都会收到五到二十封女性发来的邮件，向我倾诉她们在职场中被揩油、被挑逗、被猥亵的经历。她们给我讲了那些伤害过她们自己或者她们朋友的男性，其中有演员、中层管理者、法官、慈善家、店主、社会正义的倡导者、曾经和现在的同事等。这些事情发生在昨天、两年前或者二十年前。

“这是一个看清现实的时刻。”一位女性这样告诉我，“经历这些是件非常古怪的事情，真他妈让人筋疲力尽，可怕至极。我恨透了这些。同时我又很高兴。我很高兴我们正在这么做。我现在如同置身地狱。”

那段时间里，我们许多人每天被迫忙于归整自己的愤怒，归整自己对于那些我们喜欢、深爱、共事以及需要的男性的愤怒，审视我们的愤怒来自哪里，也审视父权制下的权力滥用如何不由分说地影响着我们的生活和工作。与此同时，该死，那些男性近来 [158] 才被告知女性有理由对他们发火，他们由此感到的不适和受伤也得我们女性去处理。

我自己和男性朋友、男性同事的交流就让我很为难。他们有足够的自知之明感到不安，因为他们知道或者想象自己也许会出现在某个名单上，为此他们给我发信息、打电话。他们不太会讲明缘由，但无疑他们曾和某位同事偷过腥，调过情；他们觉得自己可能犯了错；他们不确定某一次的行为是否得到了对方的同意。他们会被判刑吗？犯罪的性质和严重程度如何？这让我真真切切地感受到了焦虑：要怎样与这些向女权主义者寻求赦免的男性沟通，向他们保证我并没有对他们生气，但他们的声誉可能会受损？

我的朋友们对这些突然开始酷爱自省的男人没什么耐心，但我一直都没出息，我会同情他们。他们向我寻求帮助的时候，我总是本能地想去安慰他们，原谅他们。但理性驱使着我，德沃金式"不要安抚、不是现在"的决心也驱使着我，让我比平时更加冷酷、更加直接地告诉他们：是的，这是个值得思考的问题。事实上，这是你需要思考的问题。设法解决它吧。

也有些男性擦亮了眼睛看这世界，被这场性骚扰者和操纵者的羞耻游行惊得目瞪口呆，开始理解这个我负责报道的领域。他们以前不知道情况有这么糟糕，没看到这种权力滥用是一种系统性的、架构性的问题，并且就算他们没有猥亵也没有强奸过任何人，他们也是这个权力体系中的一部分，是其中的受益者。这些男性当中就包括了我的丈夫，作为一位刑事辩护律师，他当然清楚性侵普遍存在，但看到那些没完没了的性侵报道时，他还是会皱着眉头问我："谁会干这种事？谁现在还干这种事？"某天晚上，他真诚地对我说："这种时候你怎么还能愿意和我做爱呢？"

关于我丈夫的这段逸事发表出来的几个月后，凯蒂·洛芙引用了这段内容，并且将其与我在其他地方表达的愤怒放到一起，臆测说鉴于我充满愤怒和憎恶，我的丈夫会质疑我对他的性欲就"完全不令人吃惊"了。这种拼贴非常荒谬，就是想把我描述成激不起对方性欲的女人，把我的丈夫塑造成一个愤怒的女权主义性冷淡的受害者，而不是和我一起愤怒、一起憎恶的密友。

[159] 某种程度上说，洛芙不过是拿了个最便捷、最古老，也最可靠的攻击武器，那就是诽谤我们不想要性交，不想要男人。但是从更深层的角度来说，她是在与一种更可怕的可能性作斗争："#MeToo"运动不仅影响着广大女性群体，也让一些男性开始真切地同情女性，开始透过女性的视角来看待世界，由此动摇了男性的中心地位，也动摇了那种认为女权主义是男性天敌的观点。这样做就威胁到了几代的反女权主义者，因为这些人的主业就是抚慰男性在女权主义围攻下受到的伤痛。

那些男性同胞紧张的自我反省让我振奋，也让我沮丧，因为有些人声称自己没法将没有恶意的调情和真正的性骚扰区分开来，但我相信大多数女性都能区分开。理性来说，我很高兴看到这些男性在做这样的清算，在审视自己行使权力的那些时刻。也许有些人只是不明白自己怎么就让关注的对象处于了劣势，但就像萨拉·西尔弗曼、盖尔·金、朱迪思·莱文、萨曼莎·比以及其他曾经认识过、深爱过、依赖过、信任过某位男性的女性一样，我也必须承认，有些男性，甚至包括我的朋友，都肯定曾经让女性处于不利地位。有一天，我和朋友们得知，有位愤怒于性侵无处不在的男性自己也曾经把手伸到过某个下属的裙底。“这感觉就像是《逃出绝命镇》(*Get Out*)里手拿钥匙的艾莉森·威廉姆斯(Allison Williams)，”我的朋友、女权主义记者伊琳·卡蒙（Irin Carmon）提起当时刚刚上映的这部关于种族歧视的恐怖电影，“谁都别信。”

“#MeToo”运动及其在我和朋友当中激起的愤怒揭露了这样一个事实：不管那些有权有势的男性在他们整个职业生涯里表现得多么可恶，遭到评判的却往往是女性对此的反应。女性就是警察，负责巡查，负责管控，负责适当地惩罚并且大方地原谅男性的罪行。如果他们做出了错误的选择，上帝会给他们收拾烂摊子。

“为什么女性觉得自己得支持这些男人？”帕特里夏·施罗德问道。她回忆起自己帮前民主党总统候选人加里·哈特管理竞选活动时，哈特被拍到和别人偷情并且矢口否认，搅黄了选举，她大为光火。她讲道，自己“立马以最快的速度退出了哈特的竞选团队”，[160]
但哈特的妻子却留了下来。最糟糕的是，哈特和妻子都对施罗德没有继续支持哈特而生气。“所以我以为我本来应该咽下这口气，站出来为他辩护，”施罗德说，“但我就是没法相信男性会这么软弱。我真的很抱歉，但如果男性真有这么软弱，我们还得一直护着他们，那他们怎么能包揽所有的权力呢？”

当然，正是因为他们拥有所有的权力，才能将自己的每次不良行为都变成一次评判身边女性的回应是否恰当的全民公投。这也是在让女性为男性的不良行为买单，这种遭到曝光的行为模式也引发了另一层面的女性愤怒，她们（其中有些人是第一次）看到了自己处在一个多么糟糕的位置上，而摆脱这种处境又是多么的不可能——即便是现在。

每一次男性的权力滥用遭到揭露之后，公众的兴趣点都会转向过去和现在出现在这位男性生活，甚至职业圈里的那些女性。2017 年秋天的选举政治中，这一点体现得再清楚不过了——每一次有人向某位男性政客抛出指控，头条新闻总是很快就转向报道他的女性同事有何反应。

民主党人士、联邦参议员、《周六夜现场》喜剧演员艾尔·弗兰肯被一位电台女主播指控强吻，并且在一次劳军联合组织巡回演出的路上趁她熟睡时抓捏她的胸部。弗兰肯对此公开道歉，并表示愿意配合参议院道德委员会的调查。此事一出，参议院里的女性议员们，尤其是那些公开支持“#MeToo”运动的议员，立即被询问对于此事的看法，她们也都同意先等道德委员会的调查结果出来。但在此期间，更多女性开始站出来讲述弗兰肯的故事：他抓屁股、袭胸、强行舌吻。在亚拉巴马州一场国会参议院特别选举的前夕，这些恼人的故事吞噬了每天的新闻头条。那是一场至关重要的选举，民主党候选人道格·琼斯想击败共和党的罗伊·摩尔获得参议员席位，而后者曾被多位女性指控年少时遭其侵犯。

弗兰肯发布了一则声明之后，就没有再详细回应后续的指控，但他的女同事却经常被问起既然她们所在的党派声明绝不容忍性
[161] 骚扰和性侵犯，为什么她们不吁请这位同事辞职。民主党不愿公开谴责弗兰肯，这给共和党人树了一个很好的靶子，让他们也能去支持亚拉巴马州那位受到同样指控的候选人。弗兰肯如此令人失望的不光彩行为虽然不是暴力，却给自己的党派带来了负面效应，

使同事的时间和精力付诸东流。这起事件与二十年前美国前总统比尔·克林顿和白宫实习生莫妮卡·莱温斯基（Monica Lewinsky）之间的性丑闻在许多方面都颇为相似。到 2017 年，已经有很多人都在指出女权主义者的虚伪之处：90 年代，包括格洛丽亚·斯泰纳姆和苏珊·法露迪（Susan Faludi）在内的许多女权主义者都支持克林顿，却对莱温斯基毫不客气。

她们支持克林顿的原因之一是，在经历了里根和老布什先后担任总统的十二年之后，她们不得不寄希望于克林顿：他领导的党派重视女性权利，他任命鲁斯·巴德·金斯伯格为联邦最高法院法官，他签署通过了《家庭医疗休假法》(Family and Medical Leave Act)，他娶了一位她们很多人都极为欣赏的女权主义者。然而，这些女权主义者不去谴责克林顿滥用职权和性别权力的决定，最终让女权主义的发展陷入停滞，而在那几年里，安妮塔·希尔指控克拉伦斯·托马斯大法官性侵案才刚刚让全国民众认识“性骚扰”这个词。

这段历史导致每位当代女权主义者试图表明自己对“#MeToo”运动的看法时，都会被问到：你们谴责（克林顿）这种行为了吗？哪怕克林顿执政期间我们还只是高中生或者大学生，都得为克林顿的行为负责。是的，我们谴责了。我们也会被要求去评价那些支持克林顿的女权主义前辈：她们的做法在策略和道德上是不是都不对？是的，都不对。我们这些在 2016 年支持希拉里·克林顿的人还会被问到：她和丈夫串通一气、为他撑腰，还被媒体捅出来和朋友谈话时诋毁莱温斯基，这会不会让那些支持她的女权主义观点站不住脚？

至少对我来说，回答最后一个问题可能是最有压力的，但是到了一定程度，就很难不注意到社会上似乎已经形成了一种大范围的舆论指责：从年长的女权主义者到年轻的女权主义者，从希
[162] 拉里·克林顿到每一位平民百姓，不管是谁，只要曾经说过希拉里·克林顿或女权主义的半句好话，都会被要求为比尔·克林顿的狗屎行为受到指责……每一个人。除了比尔·克林顿自己。

不少人掉进了这种抓着以前的小过失来追究责任、反咬一口的陷阱，其中就有纽约州联邦参议员柯尔斯滕·吉利布兰德。吉利布兰德议员因致力于解决军队和大学校园里的性骚扰和性暴力问题，经常被要求对那些坏男人负责，而她由此与他们产生的联系，也许就能证明她并不是真正忠于自己所倡导的事业。

在“#MeToo”运动期间，吉利布兰德接受《纽约时报》采访时被问到是否认为比尔·克林顿——那个她常常称作自己导师的女人的丈夫，也是她参议员席位前任拥有者的丈夫——当时应该辞去总统职务，她的回答是：“是的，我认为那才是恰当的回应。”她遭到了异常愤怒的反驳。“二十多年来，你得到了克林顿夫妇的支持，拿着他们的资助，占着他们的席位。虚伪。”克林顿夫妇的助手菲利普·雷恩斯（Philippe Reines）在推特上写道。民主党顾问汉克·申克普夫（Hank Sheinkopf）则将吉利布兰德形容为“叛徒”，称她是一个“不忠的”“政治机会主义者”。

一周后，国会众议院民主党领袖南希·佩洛西接受《与媒体见面》（*Meet the Press*）节目采访时，称赞“#MeToo”运动“富有变革意义”“有益社会健康”。但是当主持人提及她的核心成员、密歇根州资深联邦众议员约翰·科尼尔斯（John Conyers）被指控性

骚扰前员工，并且至少向一位控告者出钱以达成和解时，她并没有谴责自己的同事，反而夸他为“偶像”，佩洛西因此遭到了强烈（但也正确）的指责。民主党战略家利斯·史密斯（Lis Smith）指出：“如果我们一言不发地坐看艾尔·弗兰肯和约翰·科尼尔斯留在他们的位子上，我们在反对罗伊·摩尔这类人的时候就占据不了任何道德高地……我们不能做那种只有在看到政治上的好处时才声称自己支持女性的党派。我们自己也必须坚持同样的标准。”NBC 新闻节目报道佩洛西的发言时指出，这些话“令人质疑这个党派传达的信息究竟是否可信，质疑它选举出来的领导人在多大程度上愿意将保护女性置于政治考虑之前”。[13]

就这样，一名女性因为谴责一位被指控性骚扰的民主党人士而被诋毁为叛徒，而另一位女性则因为支持此人而被称为伪君子。[163]
与此同时，一场选举也离民主党人士越来越近，这场选举也许会让一位被控侵犯未成年少女，甚至性侵共和党同事的性侵者坐上参议员席位。

12 月 6 日，艾尔·弗兰肯的第七位指控者站了出来。在第八位指控者接着站出来之前，吉利布兰德发布了一则声明，表示“尽管弗兰肯参议员有权等道德委员会完成审查，但我认为最符合国家利益的做法是赶紧让位，以此表明这个社会不能容忍任何形式的妇女虐待”。这则声明发布后几分钟内，华盛顿州参议员帕蒂·默里、加利福尼亚州参议员卡玛拉·哈里斯、密苏里州参议员克莱尔·麦卡斯基尔、夏威夷州参议员广野庆子等多位女性参议员纷纷发表了类似声明。

一些民主党男参议员很快也加入了这一行列，但打头阵的毫无疑问是那些女性。一位参议员助手后来告诉我，这些天来，民主党女参议员们私下交谈的时候——有时就在参议院大厦的女性洗手间里——都很生气，她们对这个局面无比沮丧，对自己陷入的不利处境愤懑不已。

在弗兰肯事件中，最让人难以理解的一点可能就是这件事最终已经不是关于弗兰肯的了，而是关乎党派，关乎党团，关乎亚拉巴马州选举，关乎那些站出来的女性，关乎未来是否能够呼吁立法防范性骚扰和性暴力。对于那些真心喜欢弗兰肯、敬重弗兰肯的女同事来说，令人恼火的是她们虽然有支持弗兰肯和请他辞职两种选择，但是不管哪种选择都会陷她们于不义。参议院的这些女性最终选择了女性在克林顿事件中没能，或者没有做出的——她们公开指责了一位位高权重、广受爱戴的男性，也为此带来了严重后果。

这些女参议员当然清楚，如果她们没有站出来反对弗兰肯，就会被扣上自私自利的伪君子的帽子，说她们只有在对方党派的人遭到性侵指控时才会采取零容忍态度。那样会给整个“#MeToo”运动带来麻烦，因为她们若是不能对自己人的性侵行为予以谴责，
[164] 就会给那些批评“#MeToo”运动的人落了口实，给他们可乘之机说这起运动的动机有偏颇，她们并非真正地反对性别权力滥用。她们当然也清楚，自己即使站出来反对弗兰肯，也会被看作自私自利的刽子手。

她们选择了后者——这居然还是一种需要做出的选择，即便她们有人手、有力量、有信心，这充分说明在这个时刻，女性的可能性似乎要迎来前所未有的变化，也有力说明随着女性越来越

多地参与到选举政治中，已经产生了累积效应：当时的参议院里有21位女性，而比尔·克林顿的性丑闻事件发生之时，参议院里只有9位女性。

吉利布兰德呼吁弗兰肯辞职之后，《纽约时报》旗下的都市资讯推特账户立即发推质问吉利布兰德：“这玩的是勇气还是机会主义？”《野兽日报》（*Daily Beast*）的一篇专栏文章也问了同样的问题，质疑“为了当上总统候选人，她的投机取巧是否太明目张胆了”。一位女性因为反对一位受人喜爱、位高权重的男性，就被指责投机取巧，这不合逻辑，受到这种冒犯指责的女性很少会因此得到大好的机会；一位女性要是**支持**某位遭到批评的有权有势的男性，当然也会被批机会主义，程度可能更甚。

不过滑稽之处在于：机会主义是在聚会上趁机摸一把旁边女人的屁股，是在舞台上趁机强吻女人；机会主义是趁女人熟睡时抓住她的胸部开玩笑，因为你是一个80年代就入了行的喜剧演员，那时物化女性不仅无须付出任何代价，还会让你因此赢得笑声和名望；机会主义是从喜剧演员摇身一变成为参议员竞选候选人。但是这些都不会被看作机会主义，因为人们单纯认为这就是白人男性权力运作的方式，它**本就应该**这么运作：利用手头的一切机会。

这种对过度扩张的父权边境进行巡逻的“机会”，我认识的大多数女性都不**想要**。仅仅是想到这些男人有可能失去或者已经失去工作，都会让我们很为难。我们会考虑他们的感受，考虑他们的家庭，担心揭露他们的恶行可能会让他们以后找不到工作，甚至会让他们伤害自己。但我们也被迫注意到另一个事实：我们仍 [165]
然习惯于为男性担心，但却给不起女性同样的同情，不会去考虑她们的家庭、她们的感受以及她们未来的前景，甚至在这种主角是我们而非他们的清算时刻，也是如此。

《N+1》杂志编辑戴娜·托尔托里奇（Dayna Tortorici）2017 年写道："我想在当下的社会体系里，将一些作恶者绳之以法会让有些人感到欣慰。但我想也有很多人不想对冒犯她们的人所受到的惩罚负责。她们也许会说：请不要让我决定你是否会丢工作、是否会被同伴孤立、是否会被送进监狱。坐牢、失业、社会放逐，这些不是我想让男性获得的。我不是来这里当警察的。我不想对你们负责。"[14]

而这还只是让我们生气的事情的一小部分。

归类错误

女性自己当然也在清算，试图对过去的一些时刻进行分类，判断如何将其与当下的大局对应起来。当然，他深更半夜发来私信问我有什么性幻想，但他没有蹭着我的腿自慰，威胁要杀我；他没有雇前摩萨德特工去挖我性生活的黑料；他没有强奸我。

我们知道那些是有区别的。我们不傻。当我们看到"狗屎媒体男人"名单的时候，当我们读到社交媒体上从约会不适到人身攻击的各类描述的时候，当我们听到朋友在回忆的旋涡里仔细筛查的时候，我们知道不同的行为在法律上有不同的界定，道德上也有不同的意味。有些不检点的家伙会向我们求欢，有些乳臭未干的小子会在工作午餐的时候笨手笨脚地勾引我们，有些上司会违背我们的意愿触碰我们的身体，还有些男人，如果我们胆敢拒绝他们，就会在职场上遭到报复。这些都是不同的行为，需要付出不同的代价，也会带来不同的反应和后果。

但是我们感觉到的愤怒并不一定和冒犯的严重程度相符。对于很多人来说，在那混乱的几个月里，某个在公司团建时往我们衬衫领口里偷看的家伙把我们激怒的程度，不亚于韦恩斯坦事件，[166] 即便我们自己也承认这是一种奇怪的过度反应，本质上来说有些失常。

我们之所以会产生这种感觉，是因为在一代又一代常态化的父权扭曲之下，这个社会对女性的期待就是认为我们从一开始就没有什么好生气的。我们所有人几十年来都被迫不去做出应有的反应，我们对于那些小事（以及大事）的反对会被调侃，被忽视，被归结于我们自己在这个现实世界里不中用。憎恨慢慢蓄积，发展成了暴怒。

“我把所有性骚扰的回忆都塞进了一个情感垃圾压缩机里，因为实在是太多了。”我的朋友、作家及播客创作者艾米纳图·索乌（Aminatou Sow）说，“现在这个压缩机坏了，所有东西都涌了上来。”她在这个秋天回想起自己的前任上司，“他一定是在办公室里打飞机了，还会确保让我看到他电脑上的黄片，他现在有了更高的职位”，还有“一个男人在复印室里把我按在墙上说我应该感谢他注意到我，因为我就是个肥猪”，“顺便提一下，这些事情当时我都上报了，但是没收到任何回音”。

其中一个原因是，尽管性侵犯和人身侵犯有无数种，性质不一，严重程度也各不相同，但它们有一个共同点，那就是它们都无一例外反映出女性在职业以及公共价值中占有较少的份额。

《纽约客》特约撰稿人玛莎·葛森等人担忧的是，我们试图分析摸屁股、强吻何以与暴力强奸一样严重之时，就有着将这个清算时刻转变为全面性恐慌的风险，一旦如此，我们就倒退回了从前认为女性天生脆弱，在性行为中如婴儿般无力的时代。如果所有的性接触都在这场风暴中被归结为会给女性带来危险，我们恐怕会回到维多利亚时代的女性观，认为女性是牺牲品，没有性欲，无法代表自己。

葛森看到的这个潜在的归类失败其实是一个非常致命的归类错误，因为将各种爆料联结在一起的并不是性伤害，而是职业伤
[167] 害和权力滥用。塔拉纳·伯克最初的“#MeToo”运动是针对性侵犯和性暴力的，但到了2018年秋天，打上“#MeToo”这个标签的对话已经转向更为广泛的权力滥用，其中最主要的就是性骚扰。是的，性伤害和职业伤害当然有联系，在某些情况下还混在一起。但这两者在这次清算中共同出现在对话和报道里，其原因是性骚扰之所以有罪，不在于它是一种性侵犯，而在于它是一种歧视。

1975年，女权主义作家琳·法利（Lin Farley）在纽约市人权委员会（New York City Commission on Human Rights）召开的一场关于职场女性的听证会上，首次公开使用了“性骚扰”（sexual harassment）一词。

法利在康奈尔大学教一门关于女性和职业的课程，她听到卡米塔·伍德（Carmita Wood）的遭遇后创造了“性骚扰”这个词。伍德是康奈尔大学核研究实验室的一名行政助理，也是首个走上这个岗位的女性。多年来，有个上司一直对她上下其手，强吻，当

着她的面给自己性刺激，还曾在一家公司举办的圣诞节派对上公然把手伸进她的衬衫。伍德申请转去其他部门，遭到学校拒绝后愤然辞职。结果，她申请失业津贴时却遭到了纽约州劳工部的拒绝；她请求上诉，并且请来两位前同事做证，但她的要求再次遭到拒绝。[15]

伍德不知道还能去哪里求助，于是去了康奈尔大学人类事务项目办公室，在那里她遇到了包括法利在内的一群女性。伍德的案件引起了这些女性的注意，她们召开会议，试图找到一个词来描述伍德在职场遭遇的这种有辱人格的对待。这种遭遇太过常见，已经深深嵌入职场女性的生活，以至于之前从来都不需要有个词来描述它。"我们都在谈论这种事情，但因为我们不知道这叫什么，"法利说，"我们不知道我们谈论的其实是同样的事情。"[16]法利和同事想找一个可以涵盖所有类似遭遇的名称，最后确定了"性骚扰"这个词。[17]

1975年4月，伍德在《伊萨卡日报》(*Ithaca Journal*)上发表评论："评判女性的标准必须是她们的工作能力，而不是她们能否和上司保持性关系。"伍德与康奈尔大学人类事务项目的女同事们 [168]
以及当时的纽约市人权委员会主席、律师埃莉诺·霍姆斯·诺顿一道，组成了一个名为职业女性联合会(Working Women United)的组织，向数百名律师发去了信函。[18]凯瑟琳·麦金农也收到了这封信，随后开启了一场长达数年的法律战，主张性骚扰违反了《民权法案》中禁止与种族相关的职业歧视的规定。

1977年，一家上诉法院支持将性骚扰定义为性别歧视，而性别歧视正是《民权法案》第七章明令禁止的。1979年，随着性骚扰在美国的犯案率逐渐上升，麦金农指出性骚扰和职业歧视之间存在关联，证据之一就是：大量女性从事的都是需要她们这个性别角色的低薪职业。“性骚扰使得这种相互联结的结构长期持续，让女性在性别上受制于男性，处于劳工市场的底层。”麦金农写道，“在美国，男性对女性的性控制与资本对雇员工作生活的控制两股力量汇在了一起。”

1986年，一家银行的助理经理米切尔·文森（Mechelle Vinson）控告其上司在银行的保险库和地下室对自己实施性侵和强奸四十余次，最高法院裁决文森胜诉。威廉·伦奎斯特（William Rehnquist）大法官在决议中写道：“毫无疑问，一位主管人员因下属的性别对其实施性骚扰，这就是基于性别的歧视。”换言之，性骚扰*可能*会带来人身侵犯或强奸等犯罪行为，但法律对性骚扰造成的伤害进行界定时，强调的是这种行为会让女性群体在公共领域和专业领域都处于系统性的劣势。

这些劣势并不始于、也不止于强摸、强吻、猥亵这些实际意义上的肢体侵犯。事实上，这些侵犯行为之所以频繁发生，正是因为性别不平等一直都存在，民权保护迫在眉睫。性别不平等解释了为何女性甚至在遭到骚扰之前就已经容易受到骚扰：女性的
[169] 声望、权威和经济保障都被削弱，让她们更难抵抗或反对虐待。性别不平等解释了为何女性遭到骚扰之后很难站出来讲出自己的遭遇，以及为何她们讲出之后又常常会被无视，甚至受到惩罚。性别不平等也解释了为何这么多女性与骚扰者共同工作、保持关系，为何她们对那些骚扰者的反应成了决定她们职场遭遇的关键因素——因为男性，尤其是白人男性拥有太多的公共权力、职业权

力和政治权力，女性必须围着他们转，回应他们；她们要想获得工作、得到保障，甚至取得任何渴望的权力，都依赖于男性的许可。性别不平等周而复始，五花八门。

很多在“#MeToo”运动中讲出自己故事的女性解释道，她们以前之所以没有这么做，是因为担心失去工作。许多女性之前投诉这类事件时会被告知，忍耐就是为那些有权有势的男性当事人工作内容的一部分。“查理就是这样”和“韦恩斯坦就是这样”都是有关查理·罗斯和哈维·韦恩斯坦的性侵报道中的原话，用来解释为什么这些男性要在年轻女同事面前露出自己的身体，强迫她们、指责她们、猥亵她们。[19] 多年以来，一直以来，位高权重的男性身份就似乎为他们对女性犯下的兽行提供了开脱的资本。

继续受到这些“就是这样”的男性的青睐，是那些被侵犯者保住工作的唯一指望，因为他们是上司，是主持人，是商界能人，是议会议员。甚至于整个办公室都依附于男性上司的稳定权力，而办公室下属又常常以女性居多。若是一位被指控性侵的重要人物落了马，他不会是唯一断了薪水的人；这通常意味着他的雇员（其中很多都是女性）也会失去收入来源，当然后者比起前者的薪水要少得多。男性在政界坐上最有权势的位置，那些处于劣势的人依赖于他们的支持和代表。给这些领导带来危险的控告会立即危及整个政党，危及左右两翼的意识形态议题。

这就意味着，性和职场的不当行为造成的损害不只对骚扰者的同事有损，也不只对骚扰对象有害，有时卷入其中的人甚至连 [170]
骚扰者自己都不认识。

想想比尔·克林顿的行为给女权主义、给他的妻子以及给民主党带来的伤害吧。想想弗兰肯被指控性骚扰让民主党在亚拉巴马州那次选举中陷入的危险，让他的女同事难以正常工作，让她们被贴上伪君子的标签，吁请他辞职反倒让她们自己在弗兰肯的很多忠实粉丝心目中失去了声望。想想泰德·肯尼迪，这个美国参议院自由派传奇人物吧。安妮塔·希尔做证讲述自己为克拉伦斯·托马斯大法官工作期间受到的性骚扰时，遭到了完全由白人男性组成的参议院司法委员会（Senate Judiciary Committee）的嘲笑，肯尼迪就坐在他们中间。肯尼迪所在的民主党指望着他正确行事，他却只能一言不发，这一方面是因为他自己也有虐待女性的历史，其中最出名的就是1969年他开车行驶在马萨诸塞州马撒葡萄园附近一座桥上时，汽车突然冲入河中，他自己逃离现场，留下女友玛丽·乔·科佩奇尼（Mary Jo Kopechne）溺死；另一方面是因为安妮塔·希尔出庭做证的时候，肯尼迪的外甥也在佛罗里达州准备接受强奸审判。肯尼迪自己的行为和外甥遭到的指控都让他手足无措，也就使得克拉伦斯·托马斯顺利当上了大法官，而这位大法官后来投票解除了对性骚扰的禁令，让女性的投票权更容易遭到褫夺，也让她们难以获得生殖医疗保健。

向这些男性权威发起愤怒的挑战，不仅意味着可能会丢掉办公室里的工作，还有可能在由男性支配的整个行业里都找不到出路。雄心勃勃的国会工作人员劳伦·格林（Lauren Greene）曾指控自己的前上司、共和党国会议员布莱克·法伦索尔德（Blake Farenthold）性骚扰，据说他向另一位助手描述了自己关于格林的性梦，还评论了她的乳头。格林告诉记者，她向这位前上司发起的挑战导致自己遭到政界的排斥，她原本想在政界大干一番，但是到了 2017 年秋天，她成了北卡罗来纳州一位住宅建筑商的兼职助理，同时还打着临时保姆的零工。

这些就是性骚扰，也是性别歧视的经济学。2017 年和 2018 年由“#MeToo”引发的运动包含了对性别歧视的承认和抵制，而这些又常常是与白人至上主义联系在一起的。 [171]

纽约公共电台（WNYC）的电台主持人约翰·霍肯伯里的事件之所以尤其引人注目，是因为他让人们清楚地看到了一张虐待之网，看到他对同事发出的那些相对温和但仍然令人难堪的性暗示，与他对搭档的丑陋（但没有性含义的）态度之间存在着某种联系。据称，他曾对搭档法莱·奇德亚（Farai Chideya）说，“你不应该只是作为‘多样性雇佣’[①] 留在这儿”。另一位搭档主持塞莱斯特·海德利（Celeste Headlee）则控诉他经常在直播中打断、干扰自己。这个男人在节目里将自己对于这些女性同行，尤其是黑人女性同行的鄙视大肆宣扬。海德利称，她被告知是自己糟糕的表现导致了霍肯伯里的霸凌。她和之前的两位搭档主持一样，最终也丢掉了这份工作，而霍肯伯里的地位却一直稳如泰山。所有这一切都留存在公开的节目记录里。但如果没有对性行为不当的指控，就不会有半点内容见诸报端。

如何才能让人明白，在这些轻微冒犯造成的创伤里，那些带有性意味的行为甚至不一定是主要因素？这些行为无情地提醒了我们，我们的同事、上司以及竞争对手评价我们的仍然还是这些条件。我们感到害怕，不是像一些“性恐慌”论批评家担心的、如同维多利亚时代的少女那样害怕；我们感到害怕，就像 2017 年那些曾

①多样性雇佣（diversity hire），此处指为实现员工种群的多样性而雇用少数族裔员工。

短暂认为自己与男性同伴平等，却在被提醒后发觉并不平等的女性一样，就像那些突然看到自己相比于男性的无权无势、看到自己本质上的不平等地位的女性一样。“我把他当猎头，”一位指控查理·罗斯性侵的女性说道，“而他把我当猎物。”

一位遭到性骚扰或者有同事遭到性骚扰的女性，可能会真切地感受到整个体制在设立之初并没有考虑到女性，会清楚地预见到自己职业道路上的每一次转弯都困难重重，明白成功不由自己的意愿，而是要遵循有权有势的男性制定的规则。她可能会疑惑，是不是自己在某次会议上对上司的下流笑话笑得太大声，暗示了对方自己愿意配合以更快取得成功；或者是某次会议上**没有**笑，让
[172] 自己落了个缺乏幽默感的印象，以致自己没被邀请参加下一次会议或者出差。对于上司的强行求欢不管接受还是拒绝，都可能会让女性感到羞耻和尴尬，这种想法会侵入她的脑海，影响她的自信。她也许会丧失雄心壮志，也许会离开那个她曾经想有一番作为的行业。

俄克拉何马州立大学社会学教授希瑟·麦克劳克林（Heather McLaughlin）在《市场》（*Marketplace*）广播节目中介绍，自己开展的一项研究表明，经历过性骚扰的二十八九岁女性群体中，约有一半在性骚扰事件发生两年内开始找新工作。在那些遭到更为严重的性骚扰的女性当中，这一比例约为80%，并且很多人选择直接离开自己当时的行业，通常她们会去一个不那么由男性主导的领域重新开始，当然拿的薪水往往也会变少。艾娜·霍华德–帕克（Ina Howard-Parker）就是这么做的，她原本负责图书宣传推广，却在几家进步主义出版社都遭到了性骚扰。“最后我下定决心，宁可去

乔氏超市工作，至少那里的人力资源部和行为准则都是管用的。”如今，她在宾夕法尼亚州农村做房屋翻新。

动手动脚的同事之所以和使用暴力的性侵者性质一样，另一个原因就是这些行为给女性带来的伤害并不只是最初的冒犯。其伤害还在于：我们对此事的反应会决定我们将获得怎样的评价，得到惩罚还是晋升。我们是保持微笑，还是面无表情？是给予回应，还是退缩逃避？是予以无视，还是发起控诉？我们会遭遇什么，取决于我们自己的选择。

这当中有一点显而易见，也令人气愤：女性不得不浪费很多时间和精力来回避骚扰者，而这些时间和精力本可以用来实践她们的创意，完成工作，得到晋升。对许多女性来说这都是一种长期成本，在她们的职业生涯里，她们要付出相当多的时间和精力，去对抗那些让自己失去很多机会的各种偏见。这也是对不公正行为感到愤怒需要付出的真正代价：耗费了很多我们原本可以用来工作的时间。“种族歧视有个很重要的功能，那就是让人分心。”托妮·莫里森（Toni Morrison）曾经说过，“它让你无法专心完成自己的工作。它让你一遍又一遍地解释你存在的理由。”[20]

詹妮弗·斯坎伦（Jennifer Scanlon）为民权运动组织者安娜·阿 [173]
诺德·赫奇曼撰写传记时写道，赫奇曼“从小就被教导要追求卓越，展现才华”，她常常想“如果她没有意识到自己必须去为种族不公不懈斗争，会过上什么样的生活”。赫奇曼记得自己有一次和一位白人女性交谈时告诉她，“我被迫花了一生的时间去探讨肤色的含义，这对我来说是在浪费时间，也浪费了我的才华”，白人女性“惊讶不已”。

哈佛大学政治学系的年轻助理女教授特里·卡尔（Terry Karl）持有同样的观点。她遭到系主任的性骚扰和歧视后，试图追究这个有权有势的男人的责任。根据《高等教育纪事报》（*Chronicle of Higher Education*）的记载，卡尔最终离开了哈佛大学，而被她控诉的骚扰者、她的上司乔奇·多明戈斯（Jorge Domínguez）还留在那里。卡尔“仍然对自己把时间花在这场战斗、而不是自己的研究和教导学生上而愤恨，她仍然对自己是事业被耽搁的那一方感到沮丧”，也“难过自己把宝贵的时间花在了填写申诉，而不是去写自己的书上”。[21]

男性权力之网

当然，伸张正义、打抱不平并不是一种浪费；但对于那些本就缺乏权力的人而言，这的确会带来额外的负担。付出这些时间和精力的女性本可以发展自己的事业，完成自己的工作，创作自己的艺术，为自己赢得经济保障，在公共领域获得一席之地——而那些男性哪怕被指控猥亵，也似乎仍然能够，甚至在其后的几十年里都能够继续做到这些。

男性权力的网络（有时真的就是电视网络）致力于构建、保护男性权力，也进一步增强男性权力。福克斯前新闻董事长罗杰·艾尔斯就曾庇护过比尔·奥赖利，在后者被公开指控性骚扰之后，依旧让他在年薪上千万美元的位置上继续待了好几年；奥赖利在艾尔斯被指控接连骚扰自己的女下属时，也站出来捍卫艾尔斯。唐纳德·特朗普得到了他们二人的权力网络支持，他的出生地质疑者① 和政治家角色在一定程度上就是福克斯新闻团队打造出来的，[174]
而他在奥赖利和艾尔斯被控告性骚扰时也给予了他们支持。[22]

艾尔斯和奥赖利最后都丢了工作，艾尔斯如今也已经去世，但这丝毫不能缓解愈演愈烈的不公正问题。毕竟，福克斯努力打造推销的党派及其候选人成了当权者，他们任命的法官和机构负责人又会进一步巩固白人男性那荒谬的主导地位。

指控这些男性的女性却得不到这样的支持和捍卫；她们反而会被公众、政界和媒体称为骗子，被逐出新闻行业，被赔偿金和保密协议堵住嘴巴，被称为总统的那个男人羞辱丑得让人没法下手。与此同时，那些被指控性骚扰的男人则继续领着薪水，影响着我们的民族叙事，其中也包括那些有关性别和权力的叙事。

在 2016 年一场以外交政策为主题的总统论坛上，曾被多位下属指控性行为不检的《今日秀》节目主持人马特·劳厄尔给唐纳德·特朗普一路绿灯，即便特朗普声称自己从来都反对 2003 年入侵伊拉克时明显在撒谎，劳厄尔也没有追问哪怕一个问题。相反，就在同一个论坛上，劳厄尔仔细盘问了希拉里“邮件门事件”，不停打断她的发言，最后终于问到一个政策方面的问题时，又以时间不多为由催她赶紧讲完。

这位金牌主播主持《今日秀》期间，向来都在节目里对女性示以冷漠和不屑，据说其前搭档安·克莉（Ann Curry）就是被他逼走的。2014 年的一期节目里，劳厄尔向通用汽车首位女性首席

①出生地质疑者（birther），指那些赞同或宣传美国前总统奥巴马并非出生于美国，故而根据宪法不具备担任总统资格这个错误观点的人。

执行官玛丽·博拉（Mary Barra）提问道，她得到这份职位是否有部分原因是通用汽车遇到了麻烦，“而你作为一名女性、一位母亲，可以为公司带来更柔和的面孔、更温和的形象”，并且还问道，既然她是两个孩子的母亲，“通用汽车的这份工作又充满压力，你能把两者同时做好吗？”

劳厄尔遭到的这种指控，与他公然不尊重女性、漠视性别平等主张的行为似乎是对得上号的，而他并不是唯一这样做的男性。亚马逊工作室首席官罗伊·普莱斯（Roy Price）也曾取消续订原始
[175] 女权主义美剧《好女孩的反抗》（*Good Girl's Revolt*），并将《使女的故事》和《大小谎言》（*Big Little Lies*）拒之门外，后来因被指对一位女制作人发表攻击性下流言论而辞职。比起那些左右总统大选结果的决定，这些决定当然不在同一层面上，但它们也同样重要：它们让我们看到，娱乐高管们决定了观众能看到谁讲的关于女性和权力的故事，以及什么样的故事。

《新共和》（*New Republic*）杂志前文学主编莱昂·维斯提耶在其精英杂志社里是令人敬畏的存在，通过这本曾被半开玩笑地称为“空军一号的机舱杂志”的刊物，影响了几代记者的世界观。但维斯提耶也强吻过女下属，对年轻女同事的身体和衣着品头论足，经常在编辑会议上痛批某些女性愚蠢至极却居然出人头地，其中就包括希拉里·克林顿和编剧诺拉·艾芙隆。讽刺的是，维斯提耶没有意识到，在美国历史上，完全平庸的白人男性一直发挥着他们不配拥有的影响，通过贬低、诽谤非白人非男性群体来煽动公众对于这些群体的憎恶情绪。维斯提耶的杂志在编辑中采取的正是这种做法：这本杂志曾经很出名地用了一位黑人妈妈抽烟的照

片作为封面，支持比尔·克林顿的福利改革和经济政策，给美国最没权没势的群体予以重击。

2008年，MSNBC主持人克里斯·马修斯（Chris Matthews）在节目里声称，希拉里·克林顿之所以能成为参议员、成为总统候选人，只是“因为她的丈夫到处瞎搞……她不是靠自己走到这一步 [176]
的”。2018年，一段泄露出来的录音显示，2016年大选期间马修斯在某次采访希拉里之前，向工作人员要了杯水，开玩笑地问道：“我带来的科斯比小药丸呢？”（据说科斯比在强奸那几十个女性之前，都会服用处方药。）2017年，马修斯也曾被一位前助理制片人指控于1999年实施性骚扰。

《华盛顿邮报》专职撰稿人乔尔·阿亨巴赫2018年因“工作场所行为不当”被暂时停职，他在2008年曾经建议说希拉里需要戴上止吠器。NBC评论员、政治畅销书《规则改变》（*Game Change*）作者马克·霍尔珀林曾指责希拉里过于贪心、丑闻缠身，而对特朗普这位真正丑闻缠身的候选人，他的态度却明显要温和许多，甚至带着赞赏——他曾指出，针对特朗普发出的那些性骚扰指控只会帮忙提升他的粗犷形象。[23] 2017年，多位女性指控霍尔珀林，称其在《ABC世界新闻》工作期间曾强行挑逗女下属。有位女性还描述了自己坐着办公时，霍尔珀林如何用生殖器蹭她的肩膀。

那些年轻同事会彼此谈论这些事件，但从来都不觉得自己有足够的权力向公司递交正式诉状，因为霍尔珀林在公司里是个呼风唤雨的人物。让霍尔珀林能够压在年轻女同事身上猥亵她们的权力，也能让他左右美国民众对希拉里·克林顿的看法，操控关于她的政治报道。而其他很多滥用权力的男性也同样早已在操纵希拉里的政治报道，其中有她的丈夫，有她的选举对手特朗普，更不用说还有她的同事胡玛·阿贝丁（Huma Abedin）的丈夫安东尼·韦纳（Anthony Weiner），一位因向未成年人发送色情信息而在2017年获罪的前国会众议员。

听着这些性骚扰的故事，我们看到了支撑起一切的性别歧视架构。我们可以看到，那些在自己的职业生涯里有权对女性施以身心虐待的男性，很多时候也操控着我们的政治叙事和文化叙事。最让人寒心的是，他们之所以能够出人头地，并不只是因为他们通过骚扰、贬低身边的女性横扫了竞争的战场，而是因为他们利用了一种文化上普遍存在的渴望，一种想看着女性遭到贬损、遭到侮辱、遭到削弱的渴望。

现实是，很多时候，男性取得的成功与他们那令人生厌的行为和对女性的不尊重之间，不是一种让步关系，而是一种因果关系。他们曾经被人拍着肩膀称赞，一路有人向他们眨眼打招呼，他们那复古风格的大男子主义气概会被称赞有趣或者前卫，而如今，就在同样的地方，他们成了人人避之不及的存在。

[177] “那些董事会、雇主、学院、政治家以及所谓兄弟和朋友，多年来一直保护着这些有权有势的男人/骚扰者/强奸犯，如今突然弃之不及，这种虚伪真是让人难以置信，”我在《纽约杂志》的同事有一次又生气又绝望地对我说，“有什么变了呢？当然不是他们对这些行为的看法，对吧？不过是他们的自身利益变了而已。我很高兴看到他们终于被叫出来承担后果了，但那些曾经暗地里偷笑、曾经保护过他们的人如今也对他们群起而攻之，抛出些表面的说教，真是懦弱至极，虚伪至极。”

看到这一切暴露在光天化日之下，哪怕很短暂，也都会让人觉得是一种很好的宣泄，但这并不能挽回已经造成的损失。我们无法回到过去，让那些没有用生殖器蹭年轻女下属肩膀的人来书写希拉里的故事。我们无法向前追溯，让那些因为有日常遭到性侵的风险而辞去工作、放弃事业的女性回归原位。我们无法看到那些女性本可以制作的电影、创作的艺术，无法遵守她们本可能颁布的法律，无法读到她们本可以报道的新闻——她们若是得到过公正的对待，也就能以自己的方式来报道了。“#MeToo”运动中那些海啸般涌来的故事不仅揭露了男性如何骚扰、猥亵女性，惩罚、羞辱女性，也向我们表明，这些男性做着这一切的同时，也在塑造着这个我们仍然被迫生活在其中的世界。

[178]

第三章

连带损伤

回想自己被骚扰的过往，我首先想到的是高中打工时的餐馆经理，他让我给客人端菜的时候把上衣扣子解开；我还想到布鲁格百吉饼的经理，早上陈列奶油干酪的时候，他会故意走过我身边，然后用阴茎蹭我的屁股。我待过的工作场所里，没有哪儿没个常驻的骚扰者，只是我大学毕业之后就一直待在这些骚扰者的射程之外。

这可能是因为在我讲述的故事里，我从来没有博取过那些有权势的男性的称赞，而是本能地觉得他们全不是好东西。我更容易被女性前辈吸引。但即便我对那些男性大人物充满警惕，年轻时也很难真的相信这些异性的举止有时会像漫画一样荒谬，甚至如今我年岁已长，有了更多证据，也仍然觉得难以置信。

我听别人说过，一个噎住的人会本能地离开房间，不想让别人看见自己喘不过气来的尴尬画面。我不知道这是不是真的，但我在工作场所以外的地方遭到性骚扰时的确是这么做的。有一次在地铁上，邻座的男人把手伸到我下面，摸到我两腿中间，我僵坐在那儿，犹豫着要不要站起来尖叫，因为我不想在挤满了人的 [179]
地铁上让他尴尬。也正因为这样，当一位重磅作家请我喝咖啡，主动提出要帮我找份新工作，问我是否幻想过和已婚男人做爱时，我只是发了疯一样地大笑起来，就好像他刚刚开了个玩笑，说在一场本以为是职业指导的咖啡之约上，有位 65 岁的老男人向 25 岁的姑娘提议性交。

还有一次，下着瓢泼大雨，我在人行道上追逐着一辆出租车，一位穿着昂贵衣服、比我年长些的白人男性抢在我前面钻进了车里。他关上车门之后，透过车窗，把两根手指贴在嘴上，来回摆动舌头，冲我做出舔阴的动作；车加速开走的时候，他边望着我边咧嘴无耻地笑。我站在那里，在接下来的十分钟，或者也许是十年里，我都在想自己本可以用更好的方式回应他，后悔自己当时没能对他竖起中指，或者嘲笑他会更解气。我在 2017 年的秋天频繁回想起那个陌生男人。非常奇怪的是，在我要让那些男人遭到惩罚的想法里，最让我高兴的是想象这个男人受到惩罚：我会愉快地想象他在职业上遭到羞辱，一无所有。

有一次在聚会上，我再次想起了这个男人。那次聚会上，《Slate》书评家劳拉·米勒（Laura Miller）与我谈及“#MeToo”运动时，回忆起 1991 年的电影《末路狂花》（*Thelma & Louise*）激起了男性多么强烈的反应。那部电影是对女性愤怒的动人赞歌，但也有缺陷。劳拉记得电影里有一幕尤其让那些男性不安：两位走上叛逆道路的女主角炸掉了一位卡车司机的油箱，因为他冲着她俩抖舌头，就像那位衣冠楚楚的打车男冲我做的那样。那幕场景完美地展示了那部电影里以及“#MeToo”运动里的女性愤怒是不稳定、易燃的：遭到强暴的女性会产生大量凶残无比的愤怒，这种愤怒会波及她们的垃圾丈夫、好色的卡车司机以及所有那些把她们物化的男性们。在电影院里看到这部电影的时候，我还只是少女，但那时劳拉已经是成年人了，她说电影里两位女主人公炸掉卡车的那一幕是她在电影院里体验过的最令人兴奋、最心旷神怡的时刻了，而她认识的那些男人们当时都被吓坏了。

[180] “但我只是觉得，”她耸了耸肩，微笑着对我说，“‘嘿，别对女人这样’。”她模仿着那个摆舌头的动作：“这样你就不用担心我们炸掉你的油箱了。真的很简单！”

在我刚踏入社会、处于成长期的那几份工作里，曾经遇到过一位典型的性骚扰者。他处于食物链的顶端，是那种会深更半夜发来私信的人，对女下属猥亵，有时还会强迫与其发生性关系，遭拒就会蓄意报复，精心策划各种充满恶意的恶作剧，比如以其他员工的名义发送充满挑逗的邮件。其中一位被他视为猎物的女性比我年长些，满腹才华，充满魅力，当然对他没兴趣。2017 年的时候她告诉我，她当时以为自己可以忍受，却还是对自己被当成傻瓜、小姑娘一样玩弄而困惑和羞耻，从而一蹶不振。她在公司待了一年就辞职了。

我记得自己当时对她的遭遇震惊不已，几乎不敢相信这种骇人听闻的事情真会发生。但我也记得自己当时不想和她走得太近，就好像这种猎物的身份会传染一样。我记得当时听到公司的老板们讲，他们都清楚地知道我们当中有个“行走的官司”。那时我就震惊地发现，他们担心的是公司可能会因此受牵连，而不是那些在此事件中遭受痛苦的女性。

那位骚扰者虽然没有性骚扰我，却也对我的努力百般阻挠。当我开始和一位稍年长些的同事约会时，我的顶头上司（一位已婚男性，我对他有着强烈但不求回应的倾慕，不过这也是因为这种倾慕是安全的；他一直都是位模范导师）把我拉到一边告诉我，办公室里有人——也就是那位骚扰者——在散布谣言说我工作上的点子都是男朋友给我出的，企图暗示说我想一路睡上去。

就在几年前，在另一份工作中，一位刚赴任的新上司想雇用以前和我共事过的那位骚扰者，我告诉他我不会和那个男人在同一间办公室里工作。当时我正在休产假，他向我保证这只是一次临时雇用，等我休完假回去，那位骚扰者就不在了。的确如此。但是我一回到办公室，办公室里最年轻的那些女性就告诉我，那位骚扰者在这里时把她们吓坏了，他会在深更半夜给她们发骚扰 [181]
短信。我表明了自己的立场——我不会和那个男人一起工作！——却没能考虑到，也没能保护好那些没那么强势的同事。

所以说，是的，我从来没有遭到过持续不断的性骚扰，但我身上还是沾上了性骚扰的恶臭。我被牵连其中。我们都被牵连其中：衡量我们职业贡献的标准是我们好不好上，愿不愿意配合，输不输得起，是不是毫无幽默感、骂骂咧咧或者蛇发女怪般的可怕女人；我们的成就会被归因于我们和男性的紧密联系——据说你的男朋友会给你出点子，肯定是经理因为想睡你才护着你的。我们可以断然拒绝骚扰者；我们可以选择不和上司睡觉；我们可以足够幸运，不成为骚扰对象或者不受到直接惩罚。但是在这个男性手握太多权力的世界里，我们仍然和那个男人躺在同一张床上。

我写到自己的经历时，内心一直在挣扎是否要说出之前那份工作里遇到的骚扰者的姓名。最终我决定不说出来，很大程度上是因为我很清楚这么做的后果。在那个时刻，我和他骚扰过的一些女性拥有了比他更多的权力，但这是很罕见的情况。观察到“#MeToo”运动中存在过度行为和潜在风险的凯特琳·弗拉纳根，在一篇文章里表达了自己的担忧，那些指名道姓的女性只是“暂时性地拥有权力”。她说得对，的确如此。据我所知，那时候他手下没有年轻女性。因此，我与以前的同事商量之后决定不公开他的姓名。

但是他之所以能这样厚颜无耻地胡作非为，有一个很重要的原因：他从没有想过，自己折磨过的那些女性，更不用说那些默默看着他的一举一动、紧张地想要避开他的年轻女性，有一天会拥有在他之上的权力，且不论这种权力能够持续多久。他从来没想过这些，因为从根本上说，他从来没有把女性看作和自己平起平坐的人。

这也让我生气。

[182]

意识洼地里的酷女孩

我在自我清算的过程中，逐渐认识到一个匪夷所思的复杂事实：女性，我们所有女性，真的都参与，也都卷入了这个体制。

莱昂·维斯提耶数十年的性骚扰史被曝光，他也随之失去了新杂志的工作岗位，我的朋友们和前同事对此都很痛苦。“他真的是我的卫士，”有位女性告诉我说，“他的这些故事都是真实的，但同样真实的是，如果你遇到了他好的一面，会觉得自己很特别，能得到他的保护和关心，就好像他相信你、希望你成功。”在这个行业里，太少有女性能够从位高权重的男性那里获得这种支持了，因而遇到维斯提耶的提携就像是中了大奖。

但即便是那些最为矛盾的维斯提耶的前仰慕者们也承认，他的那些故事——称赞女性穿短裙，强吻同事，威胁惹他不快的女下属说会告诉全公司自己在上她——让她们相信开除维斯提耶是正确的决定。她们为他和他的家人而伤心，但也向我承认说不应该让他管理女性下属。她们当中有些人开始重新审视自己当时如何原谅了他的所作所为，避开了这个问题。“我在智识和情感上都从他身上受益匪浅，但我现在不清楚是不是有部分原因是我不把它当回事，”有位女性说道，“那会有什么代价呢？”

并不是所有陪老板玩的女性都会觉得羞耻和愧疚；有些人会骄傲地将其作为谈资。“男人有兄弟会和高尔夫帮他们获得成功。为什么我就不应该利用我的性优势来为自己谋取好处？天哪，不然我还能怎么做？”有位五十出头的女性如此讲道。

还有许多女性对此什么都没有说，如果说了的话，也是为那些被点名、被批评、被指控的男人辩护。达芙妮·默尔金（Daphne Merkin）在《纽约时报》撰文写道，自己所有年龄段的“女权朋友们”都在私下谈论那些对性骚扰感到愤怒的女性。对此，默尔金说“成熟点吧，这就是真实的生活”，还问“打情骂俏到底怎么 [183]
了？”她认为“剥夺性爱不是解决之策”——再一次地，她错以为这个时刻是在反对性爱的快乐，而不是在反对不平等。

这些女性当中有一些人似乎认为自己对“#MeToo”运动的批评是反叛而又危险的。凯蒂·洛芙写了一篇表达不同意见的文章，声称自己是在为那些吓坏了的朋友发声，她们害怕自己若是发出点不一样的声音，就会受到女权主义者的暴力惩罚。默尔金也将“#MeToo”运动描绘成一起依赖于某种“政治正确”、扼杀了所有异见的运动。

在默尔金和洛芙看来，自己是勇敢的局外人，是突袭女权主义战场的异端分子。但她们在不少层面上的看法都不对，比如错误地声称“#MeToo”运动是无差别的单向度对话。事实上，这场运动里的所有人，包括那些最激进地批评性骚扰的女权主义者，也包括“狗屎媒体男人”清单的创建者莫伊拉·多尼根，都充满矛盾、自我怀疑、焦虑不安。“#MeToo”运动催生了我迄今为止读过的最丰富、最复杂的女权主义写作。所谓异见被抹杀也只是个谎言：这些女性和其他许多“#MeToo”运动的批评者（其中有些也是“#MeToo”运动的支持者！因为这个运动本身就形式多样，包含了对自己的质问！）一样在主流报纸杂志上发表了文章，阵地并不比“#MeToo”运动的报道者和评论家少。

更关键的是，洛芙和默尔金自以为越轨、前卫的反对意见，其实绝没越轨，也绝非前卫。她们打着忧心忡忡的女权主义批评家的幌子，事实上为确立白人父权制的正当性帮了大忙。她们不过是表达了此前一直都存在的观点，为这种骚扰女性、诋毁女性的文化辩护，对广泛的反对意见予以镇压。作为女性，她们这么做，就为这个让她们平步青云的社会体系提供了有价值的服务，尤其是保护了那些有权有势的男性的权力。

从那些男性口里讲出就会、也的确听起来百般辩解的话，可以由这些女性替他们说出，比如“#MeToo”运动参与者的愤怒歇斯底里而又充满恶毒，比如男性对女性身体的侵犯是一种再正常、再自然不过的行为。她们可以成为那种安慰男性的女性，告诉男人她们喜欢被他们为所欲为地对待。她们替男性说话，把猥亵和 [184]
性爱混为一谈，把工作场所里的胁迫和调情说成一回事。

愿意捍卫白人男性的统治及其暴行的女性，通常都与有权有势的男性交往甚密，从而从中获益，她们自己也常常是白人。一直以来，这些女性都能从那些有权势的男性那里获得回报，比如性趣、爱慕、婚姻、工作和名望等，换取她们对这个让自己受益的权力结构的捍卫。

她们为男性提供的捍卫里，有的是打消那些有权势的男性的疑虑，向他们保证其他女性对他们的愤怒都是不真实、不正当、不合理的；有的是心甘情愿、深情款款地向这些男人发誓效忠，称赞他们僵化固守男性规范的所作所为再正常不过，甚至让人性奋。

在那些符合父权主义对女性气质的所有期待，并且疏远其他挑战父权制的女性，让自己对父权统治更有价值的女性里，最受欢迎的可能就是“酷女孩”形象了。酷女孩在几乎所有人的设想中都是年轻的白人女性，她们不会满腹牢骚地反对——事实上会欢迎——男性化的规范，她们符合男性想象中的理想女性气质，能够满足并支持男性主导的需要。文学作品里最出名的酷女孩形象出自吉莉安·弗琳（Gillian Flynn）的《消失的爱人》（*Gone Girl*），在那部小说中，女性的愤怒演变成了精神变态。小说的叙述者描述道，被称作酷女孩是一种来自男性的“界定性的赞美”，意味着这是一个“性感、出色、有趣的女性，喜欢足球、扑克、黄段子和打嗝”；最重要的是，“酷女孩们从来不生气……让她们的男人为所欲为。来吧，在我头上拉屎吧，我不介意，我是酷女孩。”

酷女孩一般被认为是为了得到个别男性在性欲或者情爱上的肯定，但“#MeToo”运动中出现了另一种版本的酷女孩：很多有职业影响力的、上了年纪的女性和其他女性一道，站出来为那些
[185] 被指控性侵的男性讲话。在法国，女演员凯瑟琳·德纳芙（Catherine Deneuve）联合女性发起请愿，捍卫男性的“挑逗权”不受“#MeToo”运动及其法国版姊妹运动“#揭发你的猪”（#BalanceTonPorc）运动的侵犯。德纳芙在请愿书里明确将自己与那些反对性骚扰的女性区分开来：“作为女性，我们自己并不认可这种女权主义，它已经超出了对权力滥用的谴责，充满了对男性和性欲的仇恨。”

NBC前记者琳达·韦斯特向记者爆料该公司退休主持人汤姆·布罗考在上世纪90年代曾去她房间试图强吻之后，公开支持布罗考的女性虽然没有那么咄咄逼人地反对女权主义，但她们的举动仍然令人不安。韦斯特有当时的日记为证，也有朋友证实事发当晚韦斯特联系过自己。她的故事只是《华盛顿邮报》长篇报道中的一小部分，那篇报道讲的是新闻网络中男性主导的文化，正是在这样的文化里诞生了马特·劳厄尔和马克·霍尔珀林这样的人物。但是没有人要求布罗考辞职。反倒是这个故事爆料出来的第二天，就有一封由六十四位女性署名的公开信流传开来，其中许多都是NBC里的大人物，包括安德烈娅·米切尔（Andrea Mitchell）、米卡·布热津斯基、雷切尔·玛多（Rachel Maddow）等，她们向全

世界保证："汤姆对我们很公正，也很尊重。他为我们每个人都提供了晋升机会，也支持我们获得了事业上的成功。"

这封信在许多方面都令人费解：一连串的"#MeToo"故事应该已经足以让人明白，一个男人对一些女人很好，并不保证他对所有女性都好。有很多男性是女性的良师益友，却也同时会骚扰或侵犯女性。那封信没有直接针对韦斯特的指控为布罗考辩护，但也起到了抑制的作用，让那些可能想带着自己的故事站出来做证的女性噤声：这个男人拥有这么多有权有势、令人钦佩的女性——甚至有雷切尔·玛多?！?——不辞辛苦地团结起来与他并肩作战，又何必去冒招惹他的风险呢?

不过，这封信也在一定程度上澄清了一些问题。女权主义者内部对"#MeToo"运动的许多含蓄批评，在这封信里得到了明确表达：那些男性被告者的最忠诚的女性捍卫者里，有些人捍卫的其实是她们在这个允许男性滥用职权的权力系统里的个人提升。对男性当事人是否持欣赏态度，完全取决于女性个人是否从他那里获得过晋升机会、是否欠他人情。要记住，韦斯特正是明白布罗考手握权力——可能会支持她，能帮助新闻网络里的女性晋升——才没有阻拦他进入自己的房间，也没有在自己的职业生涯早期告诉别人发生了什么，更没有提起过诉讼。 [186]

我和曾经引用《逃出绝命镇》告诉我"谁也别信"的伊琳·卡蒙以及其他朋友一起，开始将那些有权势男性的女性捍卫者称为"意识深坑里的女人"(Women of the Sunken Place，这个说法同样来自《逃出绝命镇》)，她们无法抵抗白人男性统治者的强大引力。虽然这只是个差劲的玩笑，在社交媒体上也被用在其他语境里，但引起了我很多反思。很多人都说韦恩斯坦和其他男性是怪物，但真正像恐怖电影般可怕的不是某个弗雷迪或者詹森，而是由此揭露的一种全面威胁：你身边的每一个人都处在威胁之中。

我和很多人一样，起初认为那些女权主义者就“#MeToo”运动是否有用、是否正当这一问题存在的分歧，是一种代际的分歧，是愤怒的年轻女性和更为乐观的年长女性之间的分歧。我想了想，这条分界线一边的女性，在安妮塔·希尔控告克拉伦斯·托马斯性骚扰的那场关键判决发生时已经成年，可能她们从小接受的教育就告诉她们以后会遭到性骚扰，也让她们决心咬牙挺过去。对权力与性、男性气概和女性气质的认识影响着她们的性欲，与年轻女性对此的认知截然不同。对于这些女性来说，那些年轻女性的控告听起来过分得让人绝望：这些女孩子到底想要什么？与异性接触带来的兴奋感不就是和支配、和权力差异联系在一起的吗？

但尤其讽刺的是，作为一名女权记者，我很多年来一直被那些年长的女性问年轻女性到底出了什么问题：她们为什么不愤怒？
[187] 她们为什么没有与女权主义产生共鸣？她们为什么故步自封？她们为什么不想前进，不想改变世界？

好吧，现在这些年轻女性愤怒起来了。结果有些年长女性看到她们这股愤怒的力量，看到她们愤怒地向这个让自己出人头地的体制发起质问，又吓得惊慌失措。“#MeToo”运动不仅要求男性，也要求那些男性身边获得成功的先驱女性，去认真反思女权主义没能改变的那些问题，去清算那些年长的女权主义者决定容忍、决定参与其中的性别不平等问题。

换句话说，那些年长的女权主义者一直以来都渴望看到年青一代的愤怒浪潮，却没想到有些愤怒的矛头可能会指向自己，指向她们的男性朋友、恋人、丈夫以及同事；也没有想到那些新一代女权主义活动者们会愤怒地直视着自己，直视着这些女权主义先驱。那些年轻女性在过去的几十年里曾经对年长的女权主义者避之不及，把她们想象成憎恶男人、歇斯底里的邪恶老巫婆，如今却在指责她们不够愤怒。

但是用代际划分来解释女权主义者对性骚扰问题的分歧并不完全正确。有很多年长女性兴高采烈地声援“#MeToo”运动，也有很多年轻女性反感这起狂热运动。民意测验也证实,对“#MeToo”运动的看法并不存在多少年龄差异。

不过有一点是正确的，那就是那些能让女权主义者内部的怀疑声音在有线电视网络和报纸杂志上发出刺耳鸣响的女性，那些名望很高、能够有力批评这个运动的女性，自己已经获得了一定的名望、累积了一定的权力，她们从这个权力体系中受益，如今也准备好为这个体系辩护，抵御“#MeToo”运动的愤怒谴责。她们维护的是掌管这个体系的男性的荣誉，本质上捍卫的是那些让她们自己飞黄腾达的制度。这些女性当中有些年纪较大，只不过是因为最成功的人在这方面干得最久。

公平地说，这些女性里有很多人多年来都在自己的领域里开拓进取，但很多证据都表明在这个男性主导的文化和体制下，她 [188]
们从来都不被允许对某些行为、某种现实感到愤怒。

我年轻时就吃惊地意识到，胁迫、骚扰和侵犯这些事情会经常发生在很多人身上，而在这个成人的世界里似乎没有哪个人觉得这有什么值得反对和大惊小怪的。影评人曼诺拉·达吉斯在《纽约时报》上写道，自从读到那些女性控诉哈维·韦恩斯坦强奸的报道之后，她就一直在回想自己的经历，比如曾经有位电影导演在面试中突然向她凑过去，而她只是保持冷静，继续说话。“在那一刻……他不过是个想对女性行使权力的男人。那不是什么创伤事件——就是件稀疏平常的事情。”达吉斯写道。在她看来，这种“出没于电影行业”的“有悖常理、持续不断、实实在在的性侵犯——男性凌驾于女性之上的权力”以及“司空见惯的滥用职权”，如今被曝光，让她意识到“是时候愤怒起来了”。[24]

在《华盛顿邮报》上两次报道过查理·罗斯性骚扰三十多位年轻女雇员的伊琳·卡蒙指出，她自己刚到哈佛大学时，身为一名年轻的女权主义大学生，对哈佛大学只招收男性成员的八个精英俱乐部感到震惊不已。念大学的前两年，她都拒绝参加那些俱乐部举办的活动。但后来随着时间的推移，她发现身边的人表现得好像那些俱乐部的存在和排他都是正常的，那不过是普通大学生活的一部分。她以为自己才是疯了的人，于是默许了它们的存在，最终放弃自己的坚持，开始参加那些俱乐部的聚会。

毕业几年后，哈佛学生开始对那些俱乐部发起严肃抗议，校长德鲁·福斯特（Drew Faust）在 2017 年宣布计划对加入那些俱乐部的学生予以处罚。对此，伊琳的反应是：“哇哦，我不知道原来我可以对这个感到愤怒。”

伊琳在青少年时期就很困惑，对于那些女性完全有权利、有
[189] 理由感到愤怒的事情，为什么很多女性却选择隐忍。她作为《哈佛深红报》（*Harvard Crimson*）的新生记者采访演讲嘉宾安德丽娅·德沃金时，问了一个很能体现自己困惑的问题。

“要怎么拯救那些不觉得这社会有多不公正的人呢？”伊琳问德沃金。

德沃金的回答很有预见性。“这就是为什么女性的第一人称证词非常重要，”她说，“因为主流的声音会说，哦，那种事情不会发生’，而一群女性会说‘噢，这也发生在我身上了’。”[25]

是的。Me too。

这就是这次运动所做的一切。它让女性有机会听到别人说出，她们也遇到了同样的事情，她们也同样感到愤怒，她们也知道自己可以大声说出来。

公开指控纽约公共电台主持人约翰·霍肯伯里性骚扰的电台制作人克里斯汀·梅因策在一次对谈类节目中指出，她为那些首先打破沉默、揭发韦恩斯坦的女性感到“幸运”，因为她们帮助创造了一个“终于能让我们发怒的”世界。她接着讲道：“我觉得太长时间以来，我们都不被允许愤怒。我的天，难道我们不应该都愤怒至极吗？我指的不只是在座的女性。难道不是所有人都应该愤怒吗？”

是的，所有人都应该愤怒。但并没有那么简单。很重要的一点是，那些以自身经历激起全国民众对性别不平等而愤怒的女性，那些让白人为主的其他女性得以认识和表达自己愤怒的女性，都是拥有财富、名气和美貌的白人女演员，正是她们首先公开站出来指控了韦恩斯坦。同样重要的另一点是，从权力结构上看，她们拥有足够的社会、工作和经济能力，可以让她们冒险去揭发那位折磨她们的强大男性；她们有媒体资源和发声平台，她们的美貌、名气以及肤色给她们带来的权力也确保了她们能够引起公众的同情。

在所有人当中，是**这些女性**想明白了自己可以愤怒，也表达
[190] 了这种愤怒，这对帮助其他女性认可自己的愤怒至为关键。很多年来，女性——再一次的，**尤其是**白人女性，尤其是经济上富裕的白人女性——都被再三告知，她们没有任何正当理由去对性别不平等感到愤怒，不管这种不平等体现在全男性的社交俱乐部上、性骚扰上，抑或是政治代表权的缺乏上。

但是希拉里败在特朗普手下，就揭露了真相，让人们认识到即便是这些有权有势的女性,这些在白人男性统治下“取胜”的女性，也仍在遭受着伤害。如果说连**她们**都会受到歧视，都会遭到侵犯，都会因为那些更有权势的男性的不良行为而丢了工作，如果说连**她们**都愤懑不平，那也许其他女性，那些在格子间、餐馆和工厂车间里辛苦劳作的女性，那些同时打着几份工、拿不到和男性一样的工资或者像样的最低工资、没有带薪假也买不起医保的女性，也觉得愤懑不平，就不是错觉了。

这些光鲜亮丽的电影明星和那位权势集团里的总统候选人一起，让普通女性点爆了被迫压抑了很久的愤怒。从某些角度来说，那些最初指控韦恩斯坦的人是仁慈的使者，被上天派来释放大众的愤怒。

当然，要凭这些享有特权的白人女性的故事才能让人们正视性权力的滥用，也就意味着在这场运动中存在着令人恼火的鲜明的不平等：哪些女性的故事能引起兴趣，哪些女性的故事容易让人相信。

“你是个农民？办公室保洁？你是个妓女或者移民？那你不

要讲了。”一位民主党国会议员在 2017 年秋天恼火地对我讲道。提出“性骚扰”概念的琳·法利持同样的看法。“如果是安吉丽娜·朱莉，就会成为头条，”她接受《华盛顿邮报》采访时讲道，“如果是格雷森热控制工厂装配线上的女工，她的故事就不会成为头条，没有人会注意到，也没有人会看到。”[26]

这种忽视尤其让人窝火，因为正是黑人女性愿意愤怒、要求改变，有卡米塔·伍德（Carmita Wood）、米切尔·文森（Mechelle [191]
Vinson）、波莱特·巴恩斯（Paulette Barnes）和黛安·威廉姆斯（Diane Williams）等人的案件作为先例，才出台了反性骚扰的法律。这些女性身先士卒地开展法律斗争，主张针对种族歧视的法律的内在逻辑也应运用在性别歧视上。“种族歧视很有可能让我们清晰地看到，性骚扰既不是一种调情的姿态，也不是一种错误的社交姿态，它就是一种故意歧视，这种行为极具侮辱性和威胁性，也会削弱人的力量。”金伯利·克伦肖写道。[27]

是安妮塔·希尔让“性骚扰”这个词为大众所熟知，安吉拉·赖特（Angela Wright）、罗斯·若丹（Rose Jourdain）和苏卡里·哈德奈特（SukariHardnett）等黑人女性愿意站出来为她做证，而参议员司法委员会却从来没有要求过她们做证。是一生都在为有色妇女的权利和健康而奋斗的塔拉纳·伯克发明了“MeToo”这个说法，因为她想让女性，“尤其是年轻的有色人种女性知道，她们并不孤单”。[28]

然而，这波当代的“#MeToo”浪潮最早曝光的主要都是电影业、电视界、艺术界、餐饮业、政界等白人主导的行业里针对白人女性发生的性侵事件，对于工厂里的女工、依赖小费的雇员、服务业的女性以及低收入雇员等这些经济上最不稳定的女性群体的关注少之又少，而她们才是最容易遭到性骚扰的群体，有色人种群体则很有可能更甚。

第四章 [192]

同情魔鬼

伍迪·艾伦（Woody Allen）是首个公开称这起运动为“猎巫行动”的人。艾伦的好几部电影都是由韦恩斯坦制作的，在后者遭到公开指控的十天后，他在一次访谈中草率地公开表示自己为那些指控韦恩斯坦的女性感到悲伤，他警告道：“你们也不想事态演变成塞勒姆猎巫那样，每个在办公室里向女人眨眼的男人，突然不得不通知律师来为自己辩护吧？”

这个比方打得很蠢，因为在1692—1693年，马萨诸塞州的塞勒姆镇上被处死的20位巫师里，有14位都是女性，还有4位女性因被指控使用巫术而死在监狱里。那种某个男人冲女人眨眨眼就得通知律师的办公室氛围，和塞勒姆可能完全不是一回事。

但即便撇开这些琐碎的细节不谈，那许许多多跟着艾伦将“#MeToo”运动称为猎巫行动的批评者，其中包括北爱尔兰演员连姆·尼森（Liam Neeson），奥地利电影导演迈克尔·哈内克（Michael Haneke），为比尔·科斯比强奸审判案辩护过的一位律师，以及被
[193] 指控将一名女性绑在地下室进行侵犯和威胁恐吓、遭到调查后于2018年辞职的密苏里州州长埃里克·格赖坦恩斯（Eric Greitens）等，都没能理解女巫审判和性侵故事之间的关键区别。[29]

猎巫行动中，手握权力的政府人员以莫须有的罪名——这一点很重要——起诉并且审讯平民女性和某些男性。这些包括地方法官和州长在内的政府人员常常会对那些平民百姓处以长期监禁，甚至是死刑，而判刑的证据是他们幻想这些巫师会在阴暗的森林里与魔鬼会面。

形成对照的是，“#MeToo”运动中涉及的也是平民女性和某些男性，他们告诉记者，那些手握更多权力的男性如何歧视他们、侵犯他们、胁迫他们、猥亵他们，破坏他们的事业。那些遭到指控的男性面临的通常是开除或者被迫辞职，但这种判决不是政府，也不是指控者来决定的，而是由个体雇主和机构来决定，并且这些雇主和机构当中有很多人都指望着给自己遮丑，掩盖自己也是同谋的事实。到我写下这段文字为止，那些面临性侵甚至强暴指控的男性里面，没有一个被立即处决或者遭到监禁，只有韦恩斯坦遭到了起诉，但还不清楚他是否会坐牢；没有一个被要求退还他们猥亵同事期间得到的丰厚薪水或晋升机会，有些人仍然拿着合同里规定的丰厚薪资，有些人甚至已经重返工作岗位。

这绝非猎巫行动。

在这一事件中，有些男性丢了工作，有些男性名誉受损，很显然，单单这样就让很多男性觉得自己好像遭到了大屠杀。他们夸

张的言辞暗示了男性本能地意识到女性的愤怒里潜藏着变革的力量，也向我们提供了一些线索，让我们知道这么多年来是什么在促使着他们想尽办法压制女性的愤怒。显而易见，一旦女性抬高嗓门，对这些男性的行为表达愤怒，哪怕只是批评，他们就吓坏了。

“我遭到了伏击，然后被游街示众，带上断头台，”汤姆·布罗考试图强吻琳达·韦斯特的事件被爆料后，他在给同事的信里写道，[194]
“我在过去的半个多世纪里作为新闻从业人员、作为公民所取得的所有荣誉和成就都被剥夺了。”（并没有什么断头台、游街示众或者剥夺荣誉，至少在这封愚蠢的信出来之前是没有的。）

MSNBC 评论员迈克·巴尼克尔（Mike Barnicle）曾公开哀悼他的朋友及前同事马克·霍尔珀林受到的伤害。“他应当为他所做的事情遭到谴责，”巴尼克尔在电视上说道，“但是难道他应当去死吗？一个人能被杀死几次？”（霍尔珀林并没有死。）

马特·达蒙（Matt Damon）因为批评“#MeToo”运动的缺点时颐指气使并且将问题过分简单化，在网络上招致群众批判，英国导演特瑞·吉列姆（Terry Gilliam）在某次访谈中就称达蒙已经被“殴打致死”（他没事）。而就在那个访谈中，吉列姆对那些遭到韦恩斯坦强奸的女性毫不关心，暗指她们早就清楚自己要面对什么。

这种将男性丢掉工作视为一种死亡的看法已经成为我们思维模式的一个重要部分。埃里克·施奈德曼因被指控殴打、凌辱多位女友而辞去纽约州总检察长的职务后，我在阅读平常的新闻报道时注意到，《纽约时报》将这起事件随口称之为“突然死亡”。[30]（他还活着。）

商界巨头巴里·迪勒（Barry Diller）接受莫琳·多德的采访，提起查理·罗斯这个平庸至极、因所在行业排挤女性才得以平步青云的记者时讲道："你遭到指控，你就被抹杀了。查理·罗斯不复存在。"罗斯当然没有不复存在。事实上，就在多德对迪勒的采访见报的前几天，罗斯就手误触发出了一条仅有一个字母"H"的推特，并得到了大量支持他的回复，这些回复里有男有女，问他还好吗，说他们想念他，担心他，想让他回来。《好莱坞报道》（*Hollywood Reporter*）也很快刊登了他的介绍，在标题里称他"才华横溢""心灰意懒"并且"孤独失意"。[31]

查理·罗斯将年轻助理诱骗到华丽的海边豪宅里施以强暴，在多位女性员工面前进行性暴露，半夜打电话给女下属讲述自己性
[195] 幻想，却有这么多人会向他致以同情，而对于那些被他逐出新闻界的女性却毫无怜悯，这就帮我们明确了很多事情。首先就是，这个世界是对男性有利的，没错，并且这种无形的男性优势没什么值得一提的，这就是生活。

但是更深层地讲，这也提醒我们意识到，我们是多么容易看见男性甚至是那些坏男人身上的才华。才华横溢。复杂高深。仁慈博爱。我们想办法略过他们的缺陷和性侵，去看他们带给这个世界的价值。这在许多方面都和我们看待女性的方式截然相反，我们看女性的成功时，仍然会满不在乎地将她们的成功归因于她们的上司想上她们。

2018年春天，不断传出那些名誉扫地的男性想要努力东山再起的消息。有传闻说罗斯将会主持一档新节目，采访其他遭到指控的男性。《今日》（*Today*）节目主持人马特·劳厄尔和明星厨师

马利欧·巴塔利都放出了“复出”的试探信号。一位指控过巴塔利的女性读到这位厨师接下来将要做什么的报道时，气得咬牙切齿：“‘他可以自己选择：他会回到这个行业吗？或者去卢旺达？还是他只想退休待在意大利？这些他都能选。’”另一位指控过韦恩斯坦的女性补充道：“我们大多数人一辈子都没有机会去从事梦想中的行业。”[32]

还不止于此：一旦白人男性拥有过多的公共权力、政治权力和社会权力，被允许、被鼓励成为领导，成为名人，成为上司，为我们解析新闻、制作电影、讲述故事，他们就过多地抓住了我们的同情、想象和情感。而其他的群体，那些我们不常听到、看到的人，那些没有被派来安慰我们、消除我们的疑虑并且领导我们的人，那些因为很难出名而无法打造熟悉感和亲民形象的人，就得不到重视，甚至得不到认可。

我们只是不去考虑，甚至都看不见那些遭到驱逐、自我流放或者被边缘化的女性失去了什么，她们本可以在电视广播和管理机构中更多地展露她们的才华、展现她们的光彩，也给我们带来更多慰藉，但我们从来都没有机会知道她们的存在。

丽贝卡·索尔尼特（Rebecca Solnit）指出，这种情况在很多事件中都可以看到，比如《纽约时报》将2015年在科罗拉多计生诊所枪击案中致三人死亡的凶手罗伯特·刘易斯·迪尔（Robert Lewis Dear）形容为“一个性格温和、独来独往的人”，美联社将2018年马里兰州校园枪击案中的凶手描述成一个“为情所困的青少年”，《纽约时报》推特账号则将得州首府奥斯汀连环包裹爆炸案中蓄意谋杀、恐吓黑人的凶手称为一个“安静的‘书呆子’，这个年轻人 [196]

来自‘一个关系融洽、信仰虔诚的家庭’”。也是出于同样的原因，迪伦·鲁夫（Dylann Roof）在教堂射杀九人之后，警察还会给饿着肚子的他买汉堡。

并不是说同情这些罪犯不对；从人道主义上讲，这么做是对的，但这种做法却不适用于那些不是白人男性的人：如果他们是穆斯林，通常就很容易被媒体描述成“恐怖分子”；如果他们是黑人，那能活着被逮捕就已经很幸运了。

康奈尔大学哲学教授凯特·曼恩（Kate Manne）写了大量关于这种失衡现象的文章，将其称之为“男性同情”（himpathy），将这种冲动与2016年以来政治媒体痴迷于报道工人阶级白人男性选民的故事、引导我们对他们产生同情的做法联系在一起。“我们需要看的……不仅仅是那些盛气凌人、厌恶女性的‘成功者’，”曼恩在接受《Slate》杂志采访时讲道，“还要看到这些感到失望、愤愤不平，耗尽了好运、准备好接受同情的所谓工人阶级白人……只因为他们觉得失望、觉得自己在各个方面都受到了欺骗，就能拿到很多免费通行证，让他们做出各种糟糕的举动。”[33]

换言之，白人男性的愤愤不平对我们的国家利益至关重要，也是他们种族歧视和厌恶女性冠冕堂皇的理由，比如说，选一个承诺颁布穆斯林禁令、驱逐墨西哥人、吹嘘自己强行猥亵女性的男人当美国总统。有着这样的认识，我们就会本能地担心那些冲着女人挥舞阴茎吓跑她们、把她们逐出所在行业的男人，却不太能去想象如何人道主义地对待那些穆斯林、墨西哥人和女性群体，更不用说优先去考虑他们了。

这种在叙述中反转侵犯和虐待的事实、将那些不太有权力的人反说成对侵略者造成了威胁的能力，正是白人父权制能够持续至今的关键所在。也正因为此，警察可以有计划地杀害黑人，但当 [197] 黑人通过“黑人的命也是命”游行活动抗议这些杀戮行为时，新闻却把这些抗议者称为“恐怖分子”，共和党权威人士梅根·麦凯恩（Meghan McCain）甚至称其为“仇恨组织”。同样地，2015 年巴尔的摩一位当地居民弗雷迪·格雷（Freddie Gray）被警察拖上警车、非正常死亡后，许多新闻报道都将抗议者在游行中扔石头的时刻，而不是将格雷被谋杀的时刻称为“暴力的开端”。

权力更大的群体，亦即警察和政府，向权力较小的群体施暴，是再正常不过的做法，稀疏平常，预料之中，甚至让人辨别不出、看不见。但一旦权力较小的群体向权力更大的群体发起愤怒的抵抗，就会被自动理解成是具有破坏性的危险过激行为。扰乱权力的运作，就会制造混乱。

公开响亮地表达出来的女性愤怒正是如此：反常、混乱、扰乱权力秩序。2017 年和 2018 年里，女性下定决心喊出对男性的愤怒，让那些男性感觉到了一些不安，而这种不安，除了那些白人男性以外的其他群体每天都能够感觉到。

只是一点不安和不适，就已经足以让他们无法容忍了，因而在 2018 年，加拿大临床心理学医师乔丹·彼得森（Jordan Peterson）写的一本类似于男性宣言的书籍《人生十二法则：现代人应对混乱生活的一剂良药》（*12 Rules for Life: An Antidote to Chaos*）成了超级畅销书。“秩序就是你身边的人遵循人们熟知的社会规范行事……相反，混乱就是有意外发生。”为了更清楚地解释自己的观点，彼得森还对二者进行了性别化的阐释。他声称，根据道家的太极图，“秩序是那条白色的雄性的蛇；混乱则是那条黑色的雌性的蛇”。混乱正是彼得森和他虔诚的读者想要解的毒，他们搜寻着解药，想方设法地想要重建……秩序。

正是由于这些观念的存在，对文明行为的呼吁几乎总会帮助提高那些压迫者的声誉，因为他们对那些被压迫者的粗鲁举动是如此正常，如此令人欣慰，以至于几乎无法将其视作压迫。然而，那些弱势人群发出的哪怕是最微不足道的挑战都会触发警报。特朗
[198] 普可以把女人们说成猪、牛和狗，把墨西哥人称为强奸犯，承诺修筑边境隔离墙，鼓励种族主义暴力，但仍旧可以当选总统。但是一位女喜剧演员开了白宫新闻秘书的玩笑，就立马被安德烈娅·米切尔谴责说她“严重侮辱”了那位女性（米切尔也在NBC那封声援汤姆·布罗考的公开信上签了名）。

就在报纸开始报道非法入境者经受的骨肉分离之苦时，特朗普总统的女儿兼顾问伊万卡·特朗普（Ivanka Trump）发了一条推特，配图是她开心地抱着小儿子的照片。萨曼莎·比在脱口秀节目里对伊万卡进行了强烈谴责，指责她支持父亲的暴政，在这种时候发布这样一张彰显完整家庭的残忍照片，是一种无礼的恶行，并且称她是“烂×”。这个侮辱性的称谓之前经常被特朗普用在各种场合侮辱女性，这次却让媒体拉响了一连串的警报，特朗普自己也发推建议萨曼莎·比所在的TBS开除她。但不管是特朗普自己过去曾经用这个词来诋毁女性，或是他的推特可能违反了《第一修正案》，带来的恐慌都比不过这位女权主义喜剧演员使用粗口引发的恐慌，虽然她之前在自己的节目里经常用这个词来自嘲。

通常情况下，只有弱势群体向强势群体出言不逊时才会被普

遍认为是言行无礼，遭到这样强烈的谴责。也正因为此，“#MeToo”运动才这么的令人焦虑不安，富有变革意义。在这次运动期间，一些最有权势的人自食其果。

具有讽刺意味的是，父权主义控制遭到破坏让人觉得像是一种冒犯、一种对力量的削弱、一种对职业声望的威胁——这和性侵受害者的感觉一模一样。

在那几个月里，我常常被问起要如何解决男性面临的困惑和不适：他们应该怎么调情？如果他们为表示友好做出的礼貌、职业的举动遭到了误解，要怎么办？母亲们告诉我，她们的儿子担心自己被误解，担心自己爱意的表达也许会被看成侵犯，担心自己的言语和意图会被错误地解读，担心自己会面临不公正的后果、 [199]
毁了自己的前途。

令人惊讶的是，没有人意识到，对于白人男性以外的所有群体来说，这种焦虑不安都是一种常态：黑人母亲们每一天都在担忧，自己孩子的一个玩具、一部手机或者一包彩虹糖都有可能会被看成一把枪，自己的孩子不管在哪里，在寝室里睡觉、在星巴克里坐着、在河边烧烤还是在街头卖柠檬水，他们的存在本身就有可能被理解成一种威胁，由此带来的后果也许远不止被从一份高薪工作或者一所著名高校里开除，而是有可能会被逮捕、监禁，甚至被警察或邻居处死。女性步入青春期后就不断意识到，自己喝醉了酒也许就会被当成同意发生性行为，同意发生性行为也许就会被认为是淫荡，而到了某一天她们声称自己遭到强暴的时候，这种认为她们要么是喝醉了、要么就是淫荡的看法，也会降低她们说法的可信度。女性进入职场之初就明白，自己需要绕开、需要适应同事色眯眯的求爱和下流的玩笑，因为一旦给错了回应，职业生涯可能就会面临变数。

我们之前被告知，正是因为我们没有同情那些因失业和沉迷毒品而幸福感下降的白人工人阶层，才要付出这种选举结果的代价；如今我们又被告知，如果我们不去同情那些被性侵指控毁了生活的男性，将会引发愤怒的反女权主义的反噬。但是他们在呼吁同情的时候却没有承认，此前我们从未被要求去同情黑人，他们的失业率一直都更高，因吸毒被判处的刑期更长，也更容易遭到社会的非难；我们也从未被要求去同情女性，她们的职业和人生都毁于那无处不在、常常充满暴力的性侵。而现在，我们却被呼吁要替那些为恶行承担后果的人着想，考虑他们潜在的痛苦。

最先也最猛烈地向韦恩斯坦发起性侵指控的罗丝·麦高恩(Rose McGowan)回忆说，自己曾经被"一个NPR的人温和地问'如果你说的这些会让男人觉得不舒服，要怎么办？'"，她心想："很好。我一辈子都觉得不舒服。欢迎来到我们这个不舒服的世界。"[34]

[200] 突然之间，男性意识到自己将面临的后果，并活在对其的恐惧之中，发现这一切并不好玩。他们非常想让这一切停下来。很多男性将会从"#MeToo"运动中学到的一课，不是意识到他们曾经给了女性怎样的威胁，而是女性会给他们带来怎样的威胁。

反噬力

和其他人一样，我从"#MeToo"运动开始之初就在等待这股反噬力的到来。于是，每读到一篇持有异议的报道，我都会战栗着问自己：是这个吗？是那个反噬力吗？

我们当中有很多人足够了解我们的历史，知道这股反噬力已经在来的路上。这股力量随时有可能吞噬我们，我们还来不及反应，就会被送给菲利斯·施拉夫利的鬼魂当晚餐。的确已经有了大量的反噬力。有人预言说这起运动不会稳步向前，担心群体性愤怒会给自身带来危险、引发混乱不堪的社会动荡，这些声音里就包含着很多反噬力。“这种狂热总会在某个时刻燃烧殆尽。”保守派专栏作家安德鲁·苏利文（Andrew Sullivan）冷静地指出，尽管他自己已经被“#MeToo”运动惹得大发雷霆。

“你也许……已经注意到，我们开始失去群众了。”“#MeToo”运动支持者及其有力批评者凯特琳·弗拉纳根写道，“这就叫作‘反噬力’，表面上看这像是性别歧视的产物，但在很大程度上也是这种愤怒自身的产物，是人们在愤怒的驱使下做出的那些不理智清算行为的产物。”弗拉纳根非常担心女性的愤怒过于激烈：“许多女性疏远的正是这次运动成功所需要的人，她们因愤怒而盲目，只能用激进、排斥他人的表达方式，看看有多少女性是这样做的吧。”[35]

劳丽·彭妮写道：“反叙事总是会这样展开：这种运动总会演变成一种灾难性的崩溃，让人雄风不振的女权主义悍妇煽动着她们的追随者陷入一种西布莉①式的疯狂……我们都知道女性失控的时候会发生什么，没错吧？”[36]

是的。那时候我们就会改变世界。

“#MeToo”运动收到的很多反对声音似乎都对一个事实熟视无 [201]

①西布莉（Cybelian），一个倡导女权统治和女性主导关系的团体。

睹，或者说太过心知肚明，那就是这个时期的动荡不安是一种信号，一种这起运动至少有可能成为一起真正的革命的信号。

在民主党前参议员芭芭拉·米库斯基的记忆里，1991 年，女议员们砰砰敲开参议院多数党领袖乔治·米切尔（George Mitchell）的门，要求与他谈谈，让安妮塔·希尔出庭做证指控克拉伦斯·托马斯，场面一片混乱。“当时整个经过给人的感觉是，即便不能说完全失控，也已经是非常混乱了。”[37] 米库斯基回想那天的情景时讲道。希尔也回忆说，当时米切尔的处理手段就是“先把局面控制住，听从他的指挥”。但那些女性坚决捍卫她们说话的权利，坚决要求让希尔讲出自己的故事，正是在那一刻，乔治·米切尔失控了。

是的，事态失控了。这才是关键所在。因为控制就是没人能够报道出哈维·韦恩斯坦强奸妇女的故事；控制就是多亏对选民的压制及其背后的选举团制度，唐纳德·特朗普当选了总统，从而能更好地控制非白人群体；控制就是无人能挑战比尔·奥赖利、罗杰·艾尔斯和比尔·科斯比在业内的主宰；控制就是女性害怕公然反抗埃里克·施奈德曼，不敢讲出他殴打自己的事实；控制就是确保没人关心福特工厂的员工或者空乘经受的虐待；控制就是所有的总统和副总统都是男性；控制就是在这个国家的历史上只出现过两位黑人女性参议员，从来没出现过黑人女性州长；控制就是奴役，是把女性锁在不安全的内衣厂里；控制就是乔丹·彼得森口中道教图案里的白色巨蟒，强行刺向我们。

而女性，那些普通女性，都明白这一点。民意调查员特雷萨·温德姆（Tresa Undem）一直在细致地追踪调查美国人对于性别问题的态度，她在2017年告诉我，她的调查显示，绝大多数（86%）选民将性骚扰和性侵犯与“对凌驾于女性之上的权力和控制的渴望”联系在一起。温德姆指出，对生育权问题进行了多年的民意调查之后，她也看到了一个非常突然的惊人变化：她听到选民在讨 [202]
论那些意图限制女性堕胎和避孕的做法时，开始使用“控制”和“掌控”女性之类的表达。

在某种程度上，希望获得自由和平等的女性知道自己需要制造些混乱。是的，这起运动的发展态势如此迅猛、难以预测，令人恐惧。但只有这么激进、这么愤怒、这么猛烈，才能引起人们的注意，才能真正改变权力结构。规则必须改变，就像在第二波女权主义运动中那样，在不平等基础上缔结的婚姻再也无法让人接受，有些婚姻就此画上句号，对当时的体制造成猝不及防的冲击，也让一些男性觉得在这种婚姻期待的迅速改变之下，自己成了遭受不公的受害者。如今，摸屁股、下流的挑逗和骚扰也成了无法接受的行为，一些男性将失去工作，这无疑也会让有些人觉得他们成了不公的受害者。

但这就是我们说想要世界变得不一样的意义所在：不是说要等着某个不可知的未来到来，等着所有那些没有丝毫不一样的男人老后从他们的位子上退下来，在睡梦中安详地死去。我们想要的是现在就要不一样，这就意味着有些人要早早被罢免。事态必须失控。

“法律不能替我们做这件事，”雪莉·奇泽姆曾经说过，“我们必须自己来。这个国家的女性必须成为革命者。”

女性知道自己会受到惩罚。所有的对话都充满威胁：男性再也不会指导你了；他们不会和你共进午餐；他们不会雇用你。然而，这些威胁固然没错，却似乎没能阻挡“#MeToo”运动坚定向前的步伐。

因为我们很多人都明白，问题就在于那些再也不打算邀请女性共进午餐的男性正是那些会在午餐时骚扰我们的人。我们本可以对他们态度好点，保护自己不受他们控制的——这种想法也是他们试图对我们施加的控制。

我们也明白，女性赋权的反噬力并不是将要到来，而是已经到来。那就是唐纳德·特朗普。“反噬力来了。”塔拉纳·伯克在2018
[203] 年的一次会议上讲道，“数百万的女性都在倾吐自己的心声，你觉得这只是想要打倒某些有权有势的男性吗？这是想推翻给她们带来阻碍的那个体制。”[38]

即便是在男性畏缩不前，害怕被押上断头台之时，那个体制也一直在运作，继续削减女性在社会、职业、政治和经济上的权力。苏珊·法露迪在《纽约时报》撰文指出，特朗普“签署通过的税改法案向女性扔了一枚炸弹”。她写道：“这项税改从制度上夺走了那些最需要支持的女性的福利。它意味着个人及受养人不再享受免税（这对于拿最低工资的人来说是个灾难，他们当中有几乎三分之二都是女性）。儿童税收抵免多了个有效期限，没有社保卡的移民儿童则无法享受抵免。《平价医疗法案》的个人强制参保令遭到废除。而多亏民主党的反对，才勉强避开了扔向合法堕胎的那枚狡猾的手榴弹，避开了为未出生的胎儿设立大学教育储蓄账户这种将‘胎儿人格’神圣化的政策。”[39]

那些本应该保护女性免受骚扰和歧视的机构，被一些根本不认为存在骚扰和歧视的人领导着。这个政权要求停止接收关于薪酬不平等的报告，削减对少数族裔买家不受汽车经销商歧视的保护；提出“国内堵漏规则”，扣留那些为孕妇提供堕胎转诊服务的“第十条”[①]诊所的联邦经费；唐纳德·特朗普将移民儿童与其家人强行分开，让他们住在仓库里；杰夫·塞申斯宣布家暴不再作为美国为妇女提供庇护的合法理由；最高法院大法官安东尼·肯尼迪（Anthony Kennedy）[②]宣布退休后，特朗普提名的大法官可能会推翻罗诉韦德案。这个国家的最高法院在唐纳德·特朗普的影响下，有可能会禁止堕胎，限制避孕手段，撤销平权行动政策，进一步削弱投票权及集体谈判权，同时强化反移民政策。

比起我们正在经受的反噬力，与其恐惧即将到来的反噬力，当下我们正在经受的才更具历史意义。我们正在经受的反噬力，是对于一位黑人总统和一位可能的女性总统所带来的混乱的反应，是对女性和有色人种在教育、职业和娱乐界的影响力与日俱增的反应。这是对《捉鬼敢死队》、《疯狂的麦克斯》、绝地女武士和碧昂丝的反噬力。这种反噬力体现在2014年艾略特·罗杰（Elliot Rodger）因为女性拒绝和他发生性关系而杀害了六个人，并且被其他所谓“非独”（非自愿独身男性）尊为守护神，这些“非独”中就有阿列克·米纳希安（Alek Minassian），他2018年在加拿大多伦多市街头开车蓄意撞死了十人。 [204]

①“公共卫生服务法第十条”（Title X of the Public Health Service Act）是一个关于计划生育的联邦补助计划，于1970年在美国国会通过，基于自愿、保密及可负担等基本原则，向低收入女性提供计划生育服务。依照该法案，作为服务提供者的亲子关系规划联邦开始在医疗补助（Medicaid）的项目下接受联邦拨款。

②安东尼·肯尼迪，1986年至2018年间担任美国最高法院大法官，在最高法院很多投票5:4的案件中处于关键地位，如2015年美国最高法院裁决同性婚姻合法一案。

因此，在这个时候，问题不在于上司再也不会与我们共进午餐的这种威胁足不足以让女性放慢愤怒的速度。许多女性担心的远远不是做得过火，而是做得不够。

“让我烦恼的是，尽管当下很好，却有个问题：女性能从中得到什么呢？”曾在多位骚扰者手下工作过的克里斯汀·格温（Kristen Gwynne）对我说道，“我失去了时间。我的自尊受到影响，我没法工作。所以就算那些骚扰过我的人受到了惩罚，我仍然觉得自己应该获得点赔偿。我不想让他们公开道歉，我想要他们给我寄张支票。我希望我们可以冲到这些男人的办公室里，把他们赶出去，把锁给换了。我们应当对那些男人提点别的要求，而不只是让他们参加戒酒培训。让女人掌权吧。”

这正是很多女性都想要的：重塑权力结构，重建权力体系和机制。考虑到 2017 年和 2018 年的选举之夜发生的事件，这个要求并没有那么荒诞。因为就在我们身边，在缺补选举和初选里，都有女性在参选，在赢得选举。也许“#MeToo”运动并不是要施以惩罚，而是要取而代之。

2017 年秋天的选举之夜，弗吉尼亚州选举大会上的参选女性人数达到了有史以来的最高值，其中包括首位亚裔女性候选人、两位拉美裔女性候选人以及首位变性女性候选人达妮卡·罗伊姆（Danica Roem）——其竞选对手提出了反跨性别群体的歧视法案，也就是所谓“厕所法案”[①]。在新泽西，阿什利·本内特（Ashley Bennett）与一位共和党市县永久产权业主竞选，因为他曾公开嘲

①厕所法案（BathroomBill）强制要求变性人群必须按照出生证明上的性别选择男性或女性公厕。

讽参加女性大游行的女性们，并做了一个表情包，问她们能不能准时结束游行来给他做晚饭——他后来在选举中落败。

看着选举结果出来的时候，我收到了一位老朋友的短信，她 [205]
曾为希拉里竞选团队工作，希拉里败选的那天晚上她就在我身边，惊慌失措。她在信息里告诉我，看到弗吉尼亚的选举结果出来时，她哭了。

“也许我们就是那股反噬力。”她写道。

注释：

1. Joy Press, “The Life and Death of a Radical Sisterhood,” The Cut, November 15, 2017, https://www.thecut.com/2017/11/an-oral-history-of-feministgroup-new-york-radical-women.html. See also: Roxane Gay, “Fifty Years Ago, Protesters Took on the Miss America Pageant and Electrified the Feminist Movement,” *Smithsonian*, January 2018, https://www.smithsonianmag.com/history/fifty-years-ago-protestors-took-on-miss-america-pageantelectrified-feminist-movement-180967504/.
2. CBS This Morning, “Gayle King and Norah O’Donnell respond to Charlie Rose allegations,” YouTube Video, 3:18, November 21, 2017, https://www.youtube.com/watch?v=-SIp6xSP7ds.
3. Bryn Elise Sandberg, “Sarah Silverman Addresses Louis C.K.’s Sexual Misconduct:‘It’s a Real Mind—,’” *Hollywood Reporter*, November 16, 2017, https://www.hollywoodreporter.com/live-feed/sarah-silverman-addresseslouis-cks-sexual-misconduct-a-real-mindf-1059117.
4. “To Tell the Truth,” The Cut, video, December 20, 2017, https://www.thecut.com/2017/12/rose-mcgowan-harvey-weinstein-sexual-assault-and-harassment.html?utm_source=nym_press.
5. Marjorie Spruill Wheeler, ed., *One Woman, One Vote* (Troutdale, OR: NewSage Press, 1995), p. 38.

6. E. W. Capron, "Women's Rights Convention," *National Reformer*, August 3, 1848, http://facstaff.elon.edu/dcopeland/fourth%20hour/seneca%20falls.pdf.
7. Cecile Richards, *Make Trouble*: *Standing Up, Speaking Out, and Finding the Courage to Lead* (New York: Simon & Schuster, 2018).
8. Beverly Willett, " 'Feminists Love Divorce!' " *Huffington Post*, May 25, 2011, https://www.huffingtonpost.com/beverly-willett/feminists-love-divorce_b_825208.html.
9. Jill Brooke, "Did Feminism Cause Divorce?" *Huffington Post*, May 25, 2011, https://www.huffingtonpost.com/jill-brooke/did-feminism-cause-manyd_b_836327.html.
10. Tracy Connor, "Larry Nassar Complains It's Too Hard to Listen to Victim Stories,"NBCNews.com, January 18, 2018, https://www.nbcnews.com/news/usnews/larry-nassar-complains-it-s-too-hard-listen-victim-stories-n838731.
11. Havana Marking, "The Real Legacy of Andrea Dworkin," *The Guardian*, April 15, 2005, https://www.theguardian.com/world/2005/apr/15/gender.politicsphilosophyandsociety.
12. Lore Dickstein, "Street Fighting Feminist," *New York Times*, October 29, 1989, https://www.nytimes.com/1989/10/29/books/street-fighting-feminist.html.
13. Jonathan Allen, "Pelosi Stumbles on Alleged Harassment in Her Own Ranks," NBCNews.com, November 27, 2017, https://www.nbcnews.com/politics/congress/pelosi-stumbles-alleged-harassment-her-own-ranks-n824041.
14. Dayna Tortorici, "In the Maze," *n+1*, Winter 2018.
15. Jessica Campbell, "The First Brave Woman Who Alleged 'Sexual Harassment,'" Legacy.com, February 5, 2016, http://www.legacy.com/news/cultureand-trends/article/the-first-brave-woman-who-alleged-sexual-harassment.
16. Kyle Svenson, "Who Came Up with the Term 'Sexual Harassment,' " *Washington Post*, November 22, 2017, https://www.washingtonpost.com/news/morning-mix/wp/2017/11/22/who-came-up-with-the-term-sexualharassment/?utm_term=.d49729fcce2a.
17. Ibid.
18. Susan Brownmiller and Dolores Alexander, "From Carmita Wood to Anita Hill," *Ms.*, January/February 1992, http://www.nfwfwf.org/wp-content/uploads/2018/02/BROWNMILLER-ALEXANDER-MS-MAG-1992.pdf.
19. Megan Twohey, Jodi Kantor, Susan Dominus, Jim Rutenberg, and Steve

Eder, "Weinstein's Complicity Machine," *New York Times*, December 5, 2017, https://www.nytimes.com/interactive/2017/12/05/us/harvey-weinsteincomplicity.html. See also: Irin Carmon and Amy Brittain, "Eight Women Say Charlie Rose Sexually Harassed Them—with Nudity, Groping and Lewd Calls," *Washington Post*, November 20, 2017, https://www.washingtonpost.com/investigations/eight-women-say-charlie-rose-sexually-harassedthem—with-nudity-groping-and-lewd-calls/2017/11/20/9b168de8-caec-11e7-8321-481fd63f174d_story.html.

20. Toni Morrison, "A Humanist View" as part of Black Studies Center public dialogue, Pt. 2, May 30, 1975.
21. Tom Bartlett and Nell Gluckman, "She Left Harvard. He Got to Stay," *Chronicle of Higher Education*, February 27, 2018, https://www.chronicle.com/interactives/harvard-harassment.
22. Gabriel Sherman, *The Loudest Voice in the Room* (New York: Random House, 2014).
23. Ella Nilsen, "Mark Halperin Once Downplayed Sexual Harassment Claims Against Trump. Now He's Facing His Own," *Vox*, October 27, 2017, https://www.vox.com/2017/10/27/16559880/mark-halperin-trump-sexual-harassment.
24. Manohla Dargis, "Harvey Weinstein Is Gone. But Hollywood Still Has a Problem," *New York Times*, October 11, 2017, https://mobile.nytimes.com/2017/10/11/movies/harvey-weinstein-hollywood.html?hp&action=click&pgtype=Homepage&clickSource=story-heading&module=firstcolumn-region&region=top-news&WT.nav=top-news&_r=0&referer=https://t.co/Jl3eXTRHqT?amp=1.
25. Irin Carmon, "Porn Free: Talking to Andrea Dworkin," *Harvard Crimson*, March 22, 2002, https://www.thecrimson.com/article/2002/3/22/porn-freetalking-to-andrea-dworkin/?utm_source=thecrimson&utm_medium=web_primary&utm_campaign=recommend_sidebar.
26. Kyle Swenson, "Who Came Up with the Term 'Sexual Harassment,'" *Washington Post*, November 22, 2017, https://www.washingtonpost.com/news/morning-mix/wp/2017/11/22/who-came-up-with-the-term-sexualharassment/?utm_term=.d49729fcce2a.
27. Raina Lipsitz, "Sexual Harassment Law Was Shaped by the Battles of Black Women," *The Nation*, October 20, 2017, https://www.thenation.com/article/

sexual-harassment-law-was-shaped-by-the-battles-of-black-women/.

28. Cristela Guerra, "Where Did 'Me Too' Come From? Activist Tarana Burke, Long Before Hashtags," *Boston Globe*, October 17, 2017, https://www.bostonglobe.com/lifestyle/2017/10/17/alyssa-milano-credits-activisttarana-burke-with-founding-metoo-movement-years-ago/o2Jv29v6ljObkKPTPB9KGP/story.html.

29. Jason Hancock and Bryan Lowry, "Missouri Gov. Eric Greitens Says He's Target of 'Political Witch Hunt,' Vows to Fight," *Kansas City Star*, April 27, 2018, http://www.kansascity.com/news/politics-government/article208615764.html.

30. Alan Feuer, "Lawyers for Two Schneiderman Accusers Brought Their Claims to Michael Cohen," *New York Times*, May 11, 2018, https://www.nytimes.com/2018/05/11/nyregion/eric-schneiderman-michael-cohen.html.

31. James Oliver Cury, "Charlie Rose's Life Now: 'Broken,' 'Brilliant' and 'Lonely,'*The Hollywood Reporter*, April 12, 2018, https://www.hollywoodreporter.com/features/what-happened-charlie-rose-we-asked-his-friends-associates-1101333.

32. Anna Graham Hunter, "How #MeToo Accusers Cope After Going Public: 'My Hatred Has Deepened,' " *The Hollywood Reporter*, May 9, 2018, https://www.hollywoodreporter.com/news/how-metoo-accusers-cope-goingpublic-my-hatred-has-deepened-1109891.

33. Isaac Chotiner, "Punishment Is Not Enough," *Slate*, December 11, 2017, http://www.slate.com/articles/news_and_politics/interrogation/2017/12/the_limitations_of_punishment_in_the_metoo_moment.html.

34. "To Tell the Truth," The Cut, video, December 20, 2017, https://www.thecut.com/2017/12/rose-mcgowan-harvey-weinstein-sexual-assault-and-harassment.html?utm_source=nym_press.

35. Caitlin Flanagan, "The Conversation #MeToo Needs to Have," *Atlantic*, January 29, 2018, https://www.theatlantic.com/politics/archive/2018/01/theright-conversation-for-metoo/551732/.

36. Laurie Penny, "We're Not Done Here," Longreads, January 2018, https://longreads.com/author/pennyred/.

37. Annys Shin and Libby Casey, "Anita Hill and Her 1991 Congressional Defenders to Joe Biden: You Were Part of the Problem," *Washington Post*,

November 22, 2017, https://www.washingtonpost.com/lifestyle/magazine/anita-hill-and-her-1991-congressional-defenders-to-joe-bidenyou-were-part-of-the-problem/2017/11/21/2303ba8a-ce69-11e7-a1a3-0d1e45a6de3d_story.html.

38. Sarah Kendzior, https://twitter.com/sarahkendzir/status/996395282828091392.

39. Susan Faludi, "The Patriarchs Are Falling. The Patriarcharchy Is Stronger Than Ever," *New York Times*, December 28, 2017, https://www.nytimes.com/2017/12/28/opinion/sunday/patriarchy-feminism-metoo.html.

第四部分　那些愤怒

大选刚结束的时候，我呆若木鸡，沮丧万分。但很快愤怒就涌了上来。那时，我走在纽约的街头，去找朋友吃午饭。看到那些穿着西装的大块头白人男性，每一个都让我生气。我不知道他们的政治派别，也不知道他们给谁投了票，但我就是觉得被他们所有人背叛了。我记得当时心想，我在纽约，我在这个本应非常自由开明的地方，可我知道你们当中有些人投票给了那个家伙，我实在是太、太生气了。我板着身子走在路上，没有给那些人让路，我的肩膀被撞了好几下。通常情况下，你走在街上会避开对面走来的人，但我下定了决心，不，今天我不会给你们让路，因为我气疯了，我对这条路拥有的权利不比你们少，所以我要比平时更加抬头挺胸、更加笔直地走过这里。我得说，我到现在都保持着这样。因为当你意识到自己一直在给别人让路，改变自己进而开始让别人给你让路的时候，就是一种小小的胜利，这种胜利会让你觉得挺好。 [207]

——科特尼·图尼斯（Cortney Tunis）

[208] 第一章

行动主义的欢欣

我在将我的愤怒转化为行动。

我在尝试把我的愤怒转变为灵感。

我已经承受住愤怒，将其化作行动主义。

我的愤怒演变成了决心。

写这本书期间，我采访了很多女性候选人、活动家、女权主义者以及“#MeToo”运动中的指控者，也与朋友、同事和陌生人聊了无数次，我一遍又一遍地听到她们提及某种渴望，渴望接纳愤怒，渴望将愤怒转变为其他东西，其他**不是**愤怒的东西。

“悲伤和这种情绪的弥漫会让你想独自待在一个安静的房间里。”科特尼·图尼斯讲道。她是“裤装国”的管理人员之一，那是希拉里·克林顿的支持者在脸书上成立的一个粉丝团，大选之前成员暴涨，大选结束后成为一些女性组织活动的跳板。图尼斯认真琢磨着愤怒和悲伤的区别，二者是大选结束后“裤装国”里很多女性都有的感受。图尼斯接着指出：“而愤怒，打个比方，有点 [209]
让人想打破窗户，其真正所指是那种去市政厅发起抗议、斥责移民禁令纯粹在扯淡的行为。”

换句话说，愤怒不需要转化成别的东西才有价值；愤怒本身就有推动的价值。有位名为阿曼达·利特曼（Amanda Litman）的年轻女性曾为希拉里的竞选团队工作，她在大选结束后创立了一个叫作“竞选点什么”（Run for Something）的组织，招募并且支持千禧一代竞选公职。她写道：“不要对抗愤怒或者回避愤怒，让愤怒推着你行动。拥抱愤怒，让你的愤怒发挥作用。”[1]

我经常发现，在女性出于政治愤怒或女权主义愤怒而开始发声和行动之前，愤怒自身就已经成为一种生产力或者催化剂。她们的愤怒已经成为一种工具，她们在与我交谈、与别人交谈的时候都会使用这种工具。愤怒给了她们一个透镜，让她们重新看清和认识这个世界，重新理解其中的种种不公；愤怒的表达已经成为她们的一段自我介绍，也成为与其他愤怒女性的一种联结纽带；愤怒已经激励着她们创作艺术、讲述故事、提起诉讼、发起投诉；愤怒已经促使她们投出选票、志愿竞选、参与抗议、竞选公职，决心参与公民生活、接受公民教育。

女性选择共同合作，选择去讨论那些共同的不满和沮丧，选择去组织行动、制定战略，选择去进一步了解那些激起我们愤怒的势力、探寻如何将其瓦解——这些选择正是反抗的基本特质，也堪称起义的构成要素，具备带来政治大变动的潜质，能够改变并且在过去也改变过这个国家及其权力结构。

对于很多女性而言，感觉到愤怒以及向他人表达愤怒的能力本身就是一种具有变革性的体验。女性的愤怒能够激发创造力，促进政治革新和社会变革，向来如此。

19 世纪以前的美国女性基本上都各自隔绝在家庭生活里，被美国早期农业经济时代贤妻良母的性别使命束缚着。19 世纪的宗教复兴以及工业化时代的到来，让她们开始有了聚集到一起的机会，她们当中的许多人都进入工厂工作，进入学校学习、教书。[210] 一旦她们有了接触到彼此的机会，就能开始交流各自的愤怒，对非裔美国人遭受奴役的愤怒，对女性缺乏选举权的愤怒，对女性身处的危险工作环境的愤怒，对酒后家暴的愤怒。这种交流很快就产生了煽动性的效果，废奴运动、妇女投票权运动、劳工运动和禁酒运动纷至沓来。

有些时候，对女性愤怒的公开表达本身就已经是一种革新。玛利亚·斯图尔特、格里姆凯姐妹等 19 世纪妇女参政论者是首批面向不同性别、不同种族的群体公开演讲的女性。她们的演讲为妇女参与公共生活和政治生活提供了激进的新模式。妇女参政论者为争取选举权而组织的露天集会和游行，也颠覆了对女性的行为和礼仪的社会期待。

20 世纪早期，年轻的妇女参政论改革家爱莉丝·保罗和露西·伯恩斯（Lucy Burns）在英国学习了当地女权主义者激进的反抗模式之后，回到美国开始运用起新的反抗策略，包括绝食抗议、把自己锁在白宫的栅栏上、烧毁伍德罗·威尔逊（Woodrow Wilson）总统的演讲稿等。同为妇女参政论者的卡丽·查普曼·卡特（Carrie

Chapman Catt）则用了不一样的策略：她先是支持伍德罗·威尔逊加入第一次世界大战的决议，让她那些非战主义的姐妹大为光火，后来在 1920 年顺利让威尔逊签字通过了《第十九条修正案》。

妇女参政论者也用其他方式带来了一些实质性的影响。在波兰出生的犹太妇女参政论者、废奴主义者欧内斯廷·罗斯（Ernestine Rose）拒绝接受父亲强行安排的婚姻，因而被剥夺了继承权。她对此气愤不已，全身心投入到改革妇女财产保护法的法律运动之中。19 世纪 50 年代，她和斯坦顿、安东尼一起四处游说，推动已婚妇女财产保护法的落地，最终这项法案在纽约州得到通过，后来被其他州相继采用，已婚妇女从而得以保留更多的继承权和财产权，这是前所未有的成就。

19 世纪晚期至 20 世纪早期，对政治愈加关心的女教师们因为不满于女性和非裔美国人群体的教育受限，开办了不少政府赠地学院①、女子学院以及传统黑人学院，为子孙后代提供了受教育的机会；她们开拓了教育学、护理学等新的学科，后来也加入工会，[211]
与那些男性主导的工会共同制定战略，为自己政治赋权。赛普蒂玛·克拉克在种族隔离的南方创办的公民教育学校，后来培养出了许多民权活动家。

民权运动中的女性活动家不仅组织了游行和静坐示威，还写了小册子、油印了资料、制定了战略；她们为保护种族平等和性别平等的法律奠定了思想基础。民权律师保利·默里就种族、性别

①美国国会于 1862 年颁布《莫雷尔法案》（Morrill Land-Grant Act），规定按各州国会议员人数的多少分配土地，由各州以土地所得资金作为创设农业和工艺学院的基金，后来这类学院被称为“农工学院”或“赠地学院”。

和平等写下的文字独有见地、意义非凡，曾被最高法院大法官瑟古德·马歇尔（Thurgood Marshall）[①] 称赞为“民权律师的圣经”，她也被鲁斯·巴德·金斯伯格赞誉为一位“勇敢的女性”，当时身为律师的金斯伯格正是基于默里的思想，在最高法院为反性别歧视的法律保护而战。

愤怒驱使着女性开创了一百万种方式来改变世界。

愤怒促使一些女性将她们疼痛与痛苦的来源公之于众：玛米·提尔决定向世人展示她儿子遭受重创的尸体；《*Ms.*》杂志在1973年刊登了康涅狄格州的杰拉尔丁·桑托罗（Geraldine Santoro）非法堕胎后失血过多而死亡的照片；戴蒙德·雷诺兹（Diamond Reynolds）在2016年举着手机直播了警察枪击她的男友费兰多·卡斯蒂尔（Philando Castile），而她4岁的女儿也在汽车的后座目睹了整个过程。

愤怒促使女性进行激进的艺术创作，例如埃里卡·琼（Erica Jong）探讨性解放的小说《怕飞》（*Fear of Flying*），尼托扎克·尚吉（Ntozake Shange）的《彩虹艳尽半边天》（又名《给那些当彩虹出现，就要考虑自杀的有色女孩》，*For Colored Girls Who Have Considered Suicide/When the Rainbow Is Enuf*）；也促使女性创作更好的医学教育和性教育作品，例如《我们的身体，我们自己》（*Our Bodies, Ourselves*），让世界各地的一代代女性了解自己的生理构造、自己的性快感以及自己的生育选择。愤怒让女性学者重新找回女

①瑟古德·马歇尔（Thurgood Marshall，1908—1993），第一位担任美国最高法院大法官的非裔美国人，致力于保障包括少数族裔、妇女和移民在内的全体美国人的权利，其承接并胜诉的“布朗诉教育委员会案”使美国废除了种族隔离法。

性在学术里的一席之地，开拓女性研究和性别研究的新领域，开设新的大学课程。

女性的愤怒带来了全新的非暴力反抗形式：1965 年，芝加哥大学一位名为希瑟·布斯（Heather Booth）的学生帮朋友的妹妹安排了一次非法堕胎。其他女性开始向她请求帮助之后，她和一群 [212]
朋友便共同开发了一套包含电话号码、接头暗号和秘密住所在内的复杂联络系统。这个名为“简联盟”（Jane Collective）的地下堕胎组织在 1963 至 1973 年协助 11000 多名女性接受了安全堕胎。

2016 年的总统大选中，一位根本不够格的、虐待他人的白人父权主义者荒唐地击败了一位完全能胜任的女性竞争对手，由此带来的愤怒迅速引发了政治反应，催生了一些富有创造性的新行动形式。

在 2017 年和 2018 年里，到处都能看到在女性愤怒的推动下产生的新思想，例如好莱坞女艺人们发起的“时间到了”（TIME'S UP）运动及法律辩护基金，致力于筹款帮助其他行业里的性侵受害者站出来诉讼索赔。

随着媒体逐渐承认了黑人女性在推动进步主义和女权主义政治中扮演的基石和领导角色，美国更高境界组织（Higher heights for America）和杰西卡·伯德（Jessica Byrd）创立的三点战略组织（Three Point Strategies）等相关组织也得到了大量的关注，这些组织致力于推动实现种族平等，希望将种族平等转化为黑人女性在竞选市长、众议员、参议员和州长时取得的胜利。

新加入的那些活动者也创造了新的组织：卡特·加尔文放弃洛杉矶的工作，成立了“传播选票组织”，带领志愿者们筚路蓝缕，帮助有限制性法律的州选民获得选民身份证件；丽塔·博斯沃思（Rita Bosworth）、加布里埃尔·戈尔茨坦（Gabrielle Goldstein）、吴拉拉（Lala Wu）、坎迪斯·米切尔（Candis Mitchell）和雷兹·施维格勒（Lyzz Schwegler）发起了“姐妹地区计划”（Sister District Project），将深蓝州地区积极活动的志愿者与红州地区需要更多募资和志愿者的种族群体配对，结为“姐妹”。

刚刚觉醒的愤怒女性带来了她们从家长教师协会（PTA）中学到的技巧，为特别选举和初选拉票，组织活动。佐治亚州的一场早期初选结束后，药学研究员工杰西卡·齐格勒（Jessica Zeigler）——此时她已是三个孩子的母亲——因不满于千禧一代选民的低投票率，开始实施一项计划，以期赢得那些有投票资格的稍年长高中生以及应届毕业生选民；考虑到这些年轻选民可能和保守派父母住在一起，而那些父母对上门拉票的民主党很不友
[213] 好，齐格勒搭建了一个向当地所有高中的高年级学生和应届毕业生群发短信的系统。到初选后的决胜选举前，她的选区里已经有了 1800 名年龄介于 18 岁和 23 岁之间的新注册选民。

密苏里州一位曾经当过律师的广告文案撰稿人米歇尔·霍尼什（Michele Hornish）出于愤怒以及想贡献一份力量的想法，创建了一个名为“日行小事”（Small Deeds Done）的网站，上面为其他愤怒的女性列出了每周可以做的一些小任务，例如写明信片，打电话给众议员，了解民权运动、劳工运动和女权主义运动的历史等。霍尼什还和别人搭档创办了一个名为“今天开始”（It Starts Today）的募资网站，人们可以通过这个网站每月捐赠小额捐款，这些捐款将平均分配给密苏里州的所有民主党候选人，避免党内权势集

团让资金只流向他们认为“能赢”的地区。

2018 年，在 2016 年大选结束之后开始步入政界、向长岛当地国会议员皮特·金（Pete King）发出挑战的柳芭·格雷琴·雪莉(Liuba Grechen Shirley)，愤怒于金对特朗普穆斯林禁令的支持，成功地请愿让联邦选举委员会允许将竞选经费用于儿童保育，这对那些正巧是妈妈的女性候选人而言，可以说是一个改变游戏规则的结构性转变。雪莉谈起自己投身政治的考虑时指出，自己“被激怒了”，她在忙竞选的同时还要尽力照顾两个小孩、支付他们的保育费，这让她意识到一个问题：“为什么公职人员里有这么多百万富翁？”

在世界各地，女性都极具创意地想出了各种形式的抗议和表达。黑人女演员在 2018 年戛纳电影节的红毯上发起“黑肤色不是我的职业”（Noire n’est pas mon métier）抗议活动，抨击法国电影圈潜在的种族歧视；弗兰西斯·麦克多蒙德（Frances McDormand）在 2018 年发表奥斯卡获奖感言时让世人知道了“包容性附加条款”（inclusion rider）① 的概念，好莱坞那些有话语权的演员和导演也许能够利用自己的影响力，要求在片约里加上这项条款，以确保电影里的角色和全体工作人员的种族和性别的多样性。在 2018 年春天的“为我们的生命游行”禁枪抗议运动中，满腔怒火的年轻活动家艾玛·冈萨雷斯（Emma González）让在场的所有人都极其不舒服地沉默了 6 分 20 秒，没有解释，也没有道歉，而这 6 分 20

①指一项附加在演员片约中的条款，确保电影里的角色和制作团队忠实反映出真实世界里的人口分配状况，以达到一定程度的多样性，同时也确保女性、非白人种族、LGBT 和残疾人士等都能获得平等的工作机会。

秒正是那位学生枪手用于射杀 17 位同学的时间长度。

[214] 用话题标签发起运动、组织死亡示威、参议员要求国会改革内部关于性骚扰的规定——推动这些策略和想法实现的正是那些愤怒的女性，她们气到发疯，对自己所处的境地愤怒不已。

与此同时，新时期的愤怒艺术也在刻画当代美国这股愤怒的女性力量，例如娜奥米·阿尔德曼（Naomi Alderman）的畅销小说《力量》（*The Power*）；讲述一份女性杂志……以及一个将男性扔出飞机的女权主义恐怖分子组织的电视剧《节食王国》（*Dietland*）；汉娜·加兹比（Hannah Gadsby）风靡一时的告别脱口秀《娜娜》（*Nanette*）；阿德里安·派珀（Adrian Piper）在纽约现代艺术博物馆的艺术展；以及塔季扬娜·法兹拉利扎德（Tatyana Fazlalizadeh）的女权主义街头艺术等。

有些想法很古老，有些想法是全新的；有些想法会改变世界，有些想法则会功亏一篑。但愤怒一直推动着女性向前，推动着她们对不平等的思考向前，这种前进既有法律上的前进，也有实质上的前进；既有想象的进步，也有意识形态的进步。有些时候，愤怒发挥自己魔力的方式仅仅是让愤怒存在，让愤怒持续，毫不松懈，也毫无歉意。

凯瑟琳·麦金农在 2018 年表明，“#MeToo”运动的革新之处就在于它“实现了反性侵法至今都没能实现的……这种反对性虐待的全民动员……侵蚀着在法律和生活中终结性骚扰所面临的两个最大障碍：不相信受害者，贬低受害者、称其没有人性”。

在麦金农看来，正是这个迅速发展的运动自身及其唤起的情绪，排斥，不愿再漠然处之——简言之，愤怒，改变着法律一直都没能改变的东西：文化，亦即我们共同的观念。“对于骚扰行为的厌恶……能够改变工作场所和学校。它能够约束那些习惯性掠夺与偶尔随意剥削的人，而法律目前为止还没有这种约束力……这些曾经被忽视的群体的起义……让那种认为性侵指控者都是撒谎荡妇的观点再也站不住脚，这就已经改变了一切。”[2]

让我们赢得选举 [215]

于是，有女性走上这条愤怒女性早已开辟好的道路，争取在选举政治中获得更多权力。

雪莉·奇泽姆在1972年时没有赢得民主党的总统候选人提名，但她知道自己开创了一个先例，也许在未来会结出果实。她在1973年断言：“我最希望看到的是，现在其他人也会觉得自己和那些富有光鲜的白人男性一样，有能力竞选高级官职。”

奇泽姆是首位当选众议院议员的黑人女性。在她竞选总统的二十年后，卡罗尔·莫斯利·布劳恩成为首位在参议院任职的黑人女性。“我被彻头彻尾地冒犯了，”莫斯利·布劳恩2017年向我回忆起1991年克拉伦斯·托马斯被提名为最高法院大法官时自己的感受，“不，这个词太轻了。我震惊不已。我怒不可遏。”曾在伊利诺伊州议会和美国检察官办公室任职过的莫斯利·布劳恩在1992年决定竞选参议员。

“这完全背弃了瑟古德·马歇尔大法官的传承，”她指出，“马歇尔对黑人解放运动有着重要意义，这样做彻底颠覆了沃伦法院①所做的一切。我的人生之所以拥有无限可能，正是归功于沃伦法院；我的丈夫不是黑人，如果没有沃伦法院的话，我们的婚姻将是非法的；我曾和马丁·路德·金博士一起游行。克拉伦斯·托马斯被提名为大法官，这与我为之奋斗、为之努力的一切都背道而驰。绝不能忍，这是我的态度。”

得知伊利诺伊州参议员、民主党人艾伦·迪克森（Alan Dixon）打算投票批准托马斯的任命时，莫斯利·布劳恩大为光火，她去找他当面理论。“他对整件事情的态度非常暧昧，我们的对话让我窝了一肚子火。后来有了希尔的那些听证会，女性说，‘行了，够了。’”莫斯利·布劳恩指出，那些听证会和“委员会上那些满面倦容的白人老年男性……让我马不停蹄地开始了竞选活动”。

莫斯利·布劳恩在初选中向迪克森发起挑战并击败对方，成为
[216] 十几年来第一位在初选中打败现任参议员的候选人。[3] 她有一句直率的竞选口号，毫不客气地称“我们不需要参议院再来个傲慢自大的有钱人”。[4] 这句口号奏效了。她赢得了参议员席位，不仅成为第一位在美国参议院任职的黑人女性，也成为南部重建时期以来的第二位非裔美籍参议员。在参议院内，莫斯利·布劳恩成为第一位进入财务委员会的女性，也和黛安娜·范斯坦（Dianne Feinstein）分别成为第二、第三位加入司法委员会的女性，正是这个委员会里千篇一律的白人男性面孔促使了这些女性进军华盛顿。“她们非

①美国最高法院第 14 任首席法官厄尔·沃伦（Earl Warren，1891—1974）1953—1969 年任职期间人们对最高法院的称呼。在沃伦主持下的美国最高法院在民权、种族隔离、政教分离、逮捕程序等方面做出了多项具有里程碑意义的判决。

常愤怒，”莫斯利·布劳恩谈到当时的情景时讲道，“她们确确实实很生气，也理应如此。”

从1931年阿肯色州的哈蒂·怀亚特·卡拉韦（Hattie Wyatt Caraway）被任命补缺其丈夫的参议员席位开始，一直到1992年，总共仅有6位女性曾在美国参议院里任职超过一年。而在1992年当年，就有4位女性进入参议院，使该院女性数量增长了两倍；此后，先后有30位女性作为参议员被派去了华盛顿，其中有6位是直接得到任命。大约有290位女性曾在美国众议院里任过职，其中有将近60%都是1992年之后当选的，并且曾经有过多达24位女性同时赢得众议员席位，而之前十年里当选的国会女议员加起来也才这么多。

到了2018年，之前所有的纪录都被打破了。这年春天，有309名女性宣布竞选众议员席位，是美国有史以来的最高纪录，比起两年前的参选人数也几乎增长了一倍。更大范围来看，根据“从政黑人女性”数据库显示，总共有47位黑人女性竞选联邦议员席位，其中至少有24位非公职在职黑人女性竞选众议员席位，而众议院当时只有20位黑人女议员。

罗格斯大学美国妇女与政治中心（Center for American Women and Politics）研究主管凯利·迪特玛（Kelly Dittmar）提醒道，这个数字虽然达到了历史新高，但也才占众议院竞选候选人总数的22%，并且许多参选女性都要在普选里与在任候选人竞争。有更多女性参选并不等于有更多女性赢得选举。一切都尚在变化之中，没有办法预测。

然而—— [217]

这个数字的增长意义重大，并且我们在 2018 年的确看到，被低估的女性在那些成功几率很小的普选中取得了一波又一波胜利，她们当中有许多都不是白人女性，甚至有时满场的竞争对手都是男性。

“女性是抵抗组织的领袖。”这是劳伦·安德伍德（Lauren Underwood）参加初选前一周说的话。这位年轻的黑人女性候选人在伊利诺伊州众议院竞选中击败了六位白人男性。她在那次播客访谈中谈到，自己有很多女性候选人同伴都对当前的国会议员成员感到不满，因为他们大多不了解女性的生活经历，甚至不会去开会对带薪休假、同工同酬等政策议题进行投票。“我们之所以看到女性参选，一个原因就是我们知道，只有自己发声才能看到我们期待中的改变，”她讲道，“我们无法指望别人来成为我们的拥护者。”[5]

每到一个地方，你都能看到首次竞选公职的女性：在加利福尼亚，军嫂塔提阿娜·玛塔（Tatiana Matta）击败了其他民主党候选人，向众议院共和党多数党领袖凯文·麦卡锡（Kevin McCarthy）发起挑战；在内布拉斯加，非营利组织负责人卡拉·伊斯曼（Kara Eastman）成为一次民主党众议院初选的黑马，打败了前国会议员布拉德·阿什弗德（Brad Ashford）。

这种挑战不仅仅跨越了党派的界限。愤怒的自由主义女性也向男性、向她们党派内部的一些女性发起挑战。女演员辛西娅·尼克松（Cynthia Nixon）在一次初选活动中向纽约州州长安德鲁·科莫（Andrew Cuomo）发起了挑战；曾为民主社会主义人士伯尼·桑德斯组织竞选活动的 28 岁的亚历山大·奥卡西奥 – 科特兹（Alexandria

Ocasio-Cortez)，则爆冷打败了任职多年的纽约州国会议员乔·克劳利（Joe Crowley）。

女性向政府的堡垒发起猛攻，这一幕从某种视角来看也许是激进的，但这正是地地道道的美国精神，是我们的建国先辈提出的代议制民主。“全国各地的人都能当公民代表，包括鞋匠和农民在内——这才是建国之父们的本初构想。”玛丽·纽曼（Marie Newman）指出。她以前是一名小型企业老板，也是一名反对欺凌的倡导者，在2018年的初选中，她向伊利诺伊州位高权重、反对堕胎的在任民主党政客丹·利平斯基（Dan Lipinski）发起挑战，以三个百分点、不到三千张选票的差距落败。她讲道：“你带着自 [218]
己的信念来到众议院待上一会儿，然后可能就回到你的生活了。”

纽曼和她那些女性候选人同伴挑战的常常是最纯粹的父权主义权力结构：她的对手已经在位十三年，而在此之前，他的父亲也在这个位子上坐了二十年。“这家人就像君主一样主宰了三十多年，”她毫不掩饰自己对于这种疯狂的不公平的不满，她在竞选中讲道，“这个白人老头不知道自己地区的选民想要什么。你来自什么党派并不重要。我们有着超过一半的人口，却只占了百分之二十的国会议席。”

尽管玛丽·纽曼没有在初选中获胜，但她在和有着这种根深蒂固的白人继承权力的对手竞争中，获得的票数与对方如此接近，就已经让人看到了一线希望，我们还是有成功的可能的。

特朗普在大选中击败希拉里之后，一帮女性注视着那群上了年纪的男人、这些一直以来独占着美国政治权力的男人，想象着自己也许能够取而代之。“取而代之”，这是一个尤其让人紧张的说法，也正是在这种威胁的刺激之下，才出现了那么多支持特朗普的共和党人和选民。“你们不会取代我们！”这是白人至上主义者 2017 年夏天在夏洛茨维尔游行时喊的口号。这种对白人男性的权力可能会被重新分配的恐惧成了一种具有象征意味的动力，正是基于此，特朗普才会在竞选活动中用上那些说辞，共和党才会想要剥夺非白人选民、穷人选民这些最不可能投给他们的选民的选举权。

第二章 [219]

恢复性司法

随着“#MeToo”运动对那些太久以来在太多行业里拥有太多权力的男性性虐待事件的大量曝光，对于推行恢复性司法[①]的美好幻想就尤其能够引起人们的共鸣。“让那些掠夺成性的男人被女人取而代之吧，让这种潮流风靡起来，女性早就该坐上他们的位子了，”美国时尚杂志《*Vogue*》上的一篇文章呼吁道，“这真的是父权政治能做到的最起码的事情。”

让女性去取代那些在“#MeToo”运动中失去了权势的坏男人，并不只在想象中令人愉快，它正在发生，至少在某些行业里是如此，并且这些女性里有许多都是非白人。亚历克斯·瓦格纳（Alex

① “恢复性司法”（restorative justice）认为，犯罪人的家庭及社区可以鼓励犯罪人为其行为之后果承担责任、表达痛悔的心情并修复伤害，强调使犯罪人重新融入社区，反对通过刑罚及排斥性措施控制犯罪人。

Wagner）顶替了马克·霍尔珀林，担任《马戏团》（*The Circus*）的主持；欧塔·卡比（Hoda Kotb）取代了马特·劳厄尔，开始主持《今日秀》；凯蒂·布洛克（Kitty Block）接替了被指控性行为不检而被赶下台的韦恩·帕赛尔（Wayne Pacelle），成为美国人道协会（Humane Society of the United States）主席。2018 年 6 月的一天，我打开电视，看到克里斯汀·阿曼普尔（Christiane Amanpour）正在主持查理·罗斯以前在美国公共电视台（PBS）的节目，接受采访的是顶替埃里克·施奈德曼担任纽约州总检察长的芭芭拉·安德伍德（Barbara Underwood），她们正在谈论安德伍德最近对特朗普基金会提起的诉讼。

当然，在大多数领域，想要改变权力的分配都是漫长而又艰
[220] 难的。即便有些男性被推落高枝，那些等着上位的人，那些积累了资历、经验和人脉的人，仍然倾向于以男性为主。被逐出或者自行离开自己行业的女性，常常无法简单地重操旧业，重新成为合伙人、经理，哪怕只是作为中层员工。

政治的一个相对优点就是，能够迅速对变化做出回应。理论上讲，哪怕你连学生会干事都没当过，你也可以竞选地方和州里的公职，甚至联邦公职。如果你是个幼儿教师、法学教授或者环卫工人，你可能需要克服巨大的障碍，例如人际关系网较弱、募集资金处于劣势、党派机制和制度上受阻以及身份偏见等。是的。但是你可以竞选。并且如果你赢了，不管公职大小，你都有可能带来改变。带着充满正义感的激进议题成功杀进国会的奥卡西奥－科特兹，直到前不久也都还一直做着酒保的工作。

掌控着州议会和地方立法机构的那些人，常常决定了自己的

社区里谁能够很容易地投出选票，谁能够获得医保或者合法庇护；全国各地的地方管理机构近些年里都通过了带薪休假、带薪病假、提高最低工资等法案。不，并不是所有的女性候选人都想用对非白人男性有益的方式定下政策，2018 年也有更多的共和党女性在竞选公职。但这一年闯进选举的女性候选人里，绝大多数还是民主党人士。

更长远来说，让女性取代男性的这种想法会给根深蒂固的权力结构造成冲击，改变这个国家的建设方式，也改变规则的制定者和执行者。这会是一种向着代议制民主迈进的天翻地覆的转变。

“#MeToo”运动过后，目睹男性权力层腐蚀败坏的女性已经开始进入他们留下的政治空间。蒂娜·史密斯（Tina Smith）顶替了艾尔·弗兰肯的参议员席位；副检察长芭芭拉·安德伍德被任命补缺施奈德曼的职位，并且在施奈德曼辞职后，有两位以上的女性宣布将在秋天竞选该职位。宾夕法尼亚州有位名为玛丽·盖伊·斯坎伦（Mary Gay Scanlon）的女性有意补缺因性骚扰指控辞职的帕特里克·米汉（Patrick Meehan）的众议员席位[6]，并且赢得了初选。底特律则有两位女性竞选约翰·科尼尔斯空缺出来的众议员席位。共和党候选人黛比·莱斯科（Debbie Lesko）击败了同为女性的民主党候选人希拉尔·蒂皮尔内尼（Hiral Tipirneni），获得特伦特·弗兰克斯（Trent Franks）的众议员席位，后者曾多次要求一位女性雇员给他当代孕妈妈。 [221]

2018 年 5 月，蕾切尔·克鲁克斯（Rachel Crooks）在一场民主党众议院初选中获胜。她曾在选举前指控特朗普性行为不检，声称自己在特朗普大楼当接待员时遭到强吻。特朗普在推特上否认了这一指控，克鲁克斯予以回击，激他把当天的安保录像调出来："正是因为政界有你这样的骗子，我才会自己来竞选公职。"[7]

这感觉像是一条通往不可思议之路：似乎是要补偿女性这么多个世纪以来无法得到的所有权力。"如果女性没有像这样被逐出场，会是什么样呢？"艾琳·维拉尔迪（Erin Vilardi）问道。她是"投票竞选领导组织"（VoteRunLead）负责人，为那些竞选州级和地方公职的女性提供培训与支持。"想象一下，如果在上世纪80年代我们就有第一位女性总统赢得选举！我们的愤怒仍然不被允许。这些家伙得辞职。他们都得辞职。不愿意为性别平等出力的人，必须让贤。我们需要开放所有竞争的席位，因为研究表明，女性更有可能赢得它们。如果你猥亵、骚扰过别人，现在马上让贤。选个年轻女性来当你的继任者。"

视频游戏开发者布里安娜·吴（Brianna Wu）曾在2014年的"玩家门"事件[①]中成为攻击目标，那是一起充满女性歧视色彩的有组织的集体攻击。她在2018年告诉我，她被自己领域中"对待女性的方式彻底激怒了"，那些主导游戏领域的男性不把女性放在眼里，甚至会猥亵女性。吴在"玩家门"事件中遭到骚扰和威胁后，曾经给自己的男性同行写信求助——她没有收到任何回复；对于她收到的几十封威胁信，美国联邦调查局（FBI）给出了终止调查的决定，她感到"难以置信的愤怒"，这也促使她下定决心要竞选国会议员，在马萨诸塞州初选中向一位温和派国会议员发出冲击。

① "玩家门"指2014年由游戏制作人佐·奎（Zoe Quinn）的一系列争议行为引发的一场席卷欧美游戏圈的论战，争论主要发生在游戏玩家和游戏媒体之间，涉及游戏媒体腐败、游戏产业性别歧视与滥用女权主义等多个方面。

"原来11月8日（即总统大选初步统计结果公布的）那天，所有人流下的都是愤怒的泪水，而直到后来大家才反应过来。"维拉尔迪讲道。她也指出，女性直到最近都还对如何对待自己的愤恨和愤怒没有头绪。"人们不允许女性在讲台上尖叫，不允许她们在工作场所里摔门。"维拉尔迪承认这种表达上的限制也让女性上司看起来更为仁慈。"但那都是扯淡，"她接着说道，"你要是看看那些关于女性何以是更好的管理者的研究就会发现，女性什么都好，除了果断果决，因为我们没法拥有那种'瞬间做出决定、他妈的我是老板别问我为什么'的本能反应。我们没有这样的榜样来引导我们把愤怒变成果断，变成人们谈论哈维·韦恩斯坦时说的'他就是那样'。我们完全没有这样的通行证。" [222]

布里安娜·吴告诉我，作为候选人，她现在也要尽力学习表达自己的愤怒了，她很想逐条向观众展示愤怒，却克制住了没让自己那么做。"你要是对男人那样讲话，他们就会哑火；他们会觉得你就是个泼妇。愤怒让男人害怕。"吴告诉我说，她在竞选期间有一次发自本能地感到愤怒，那是在一个市政厅里，一位年迈女性问起她女性医疗保健的问题，"因为她对此很生气"。吴刚开始回答她的问题时，"那个女人旁边坐着三个男人，我一开口说话，他们就像收到信号一样掏出手机开始上网。"吴记得自己站在市政厅的中间，"一股怒火陡然升起，但我当时面前有一大群人，这个时候要保持专业精神，实在是太难了。"

尽管这些愤怒的女性候选人要努力压制或者伪装自己的愤怒，"竞选点什么"组织共同创办人阿曼达·利特曼仍然认为她们是最佳候选人，因为她们富有激情，每天都挨家挨户地敲门、打电话，动员投票，而这才是关键所在。

在利特曼看来，弗吉尼亚州的竞选中，女性的愤怒还产生了一种反向的裙带效应：那些第一次参选的女性候选人干劲十足地奔走在街头，四处游说拉票，使得投票人数大增，进而帮助民主党候选人拉尔夫·诺瑟姆（Ralph Northam）击败了共和党候选人艾德·吉莱斯皮（Ed Gillespie），当选弗吉尼亚州州长。利特曼指出："让那些愤怒的候选人去挨家挨户地敲门，说出她们的愤怒，向选民承诺带来改变，这样能说动选民，提高投票人数。"

1992 年美国国会出现"女性之年"之后，耶鲁大学女性竞选学校从 1994 年起就开始为女性候选人提供培训。执行董事帕特里
[223] 夏·拉索介绍道："刚开始来我们学校参加培训的女性平均年龄在 45 岁左右，如今则是 30 岁左右。"这反映出人们对于女性何时"被允许"从政的态度已经发生了改变。她们投身政治再也不需要等到自己的孩子长大之后，因为 30 多岁甚至 20 多岁的女性更有可能得到重视；年轻的单身女性和年幼孩子的母亲不再会被视为无望的候选人。拉索还指出，另一个改变是如今来参加培训的学员里，大多数都是有色人种女性。

在过去的二十多年里，其他一些团体组织也开始为竞选候选人提供培训与支持，并且在 2016 年后呈现激增的趋势。美国更高境界组织成立于 2011 年，旨在发挥黑人女性的选民力量，助推她们组织运动、参选公职。特朗普赢得大选之后，该组织的参与人数就在缓慢上升；2017 年秋天，政治媒体公开称赞黑人女性选民在弗吉尼亚州、新泽西州和亚拉巴马州的选举中帮助民主党取得了胜利，该组织的参与人数顿时迎来激增。"作为政治变革的驱动

力量，作为初次参选的候选人，作为带来改变的选民，黑人女性真正得到了认可。”更高境界组织共同创办人金伯利·皮勒－艾伦（Kimberly Peeler-Allen）指出。她回忆起2017年秋天去明尼阿波利斯市参加候选人培训的时候，起初被告知有四五十名黑人女性会参加这次培训，但等她走进会场，发现有七十名黑人女性在场。“参加培训的人里面，几乎有百分之六十都是有色人种女性，”她回忆道，“我印象太深刻了！”

“投票竞选领导组织”的负责人艾琳·维拉尔迪（Erin Vilardi）指出，往年该组织会将三分之二的资源用于劝说女性参选，年度目标一般是发掘两千名候选人。但在2017年，该组织培训了三千二百名女性，并且还有一万名女性完全自发地联系了她们。与此同时，特朗普赢得大选以来，“艾米莉名单”政治行动委员会的州级团队和地方团队规模几乎扩大到了原来的三倍，网络团队规模也增加了一倍，以处理其收到的四万条关于加入选举大战的咨询。

“在我看来，当女性发现自己的竞选对手从上世纪90年代以来就没有更换过个人网站上的照片，当她们发现这些男人已经在任了这么久，就会生出一股厌恶情绪。”维拉尔迪讲道。她同时指出，至少是在自己打过交道的那些政界新手里，她看到有另外一种厌 [224]
恶情绪也在得到更多的表达：“她们非常反感那些有权有势的男性个个无法无天地滥用权力，也非常反感让这些男性继续掌权的那些人。”

生育自主权受到侵犯，非裔美国人遭到警察射杀，美国全国步枪协会对美国政界的束缚使枪支管控立法寸步难行，改划选区以及压制选民削弱了非白人选民的竞选权，性骚扰和性侵犯无处不在，代议制政府里缺少女性和非白人官员……如此多的不平等让愤怒浮出水面，也推动着女性开始参选。她们参选背后的初衷很明显：倘若有更多女性，尤其是更多非白人女性当选，就将纠正当前错置的权力结构。

但是让那些在美国政党制度中存活已久的组织和机构相信这是一次全面大检修的机会，是件很难的事情。玛丽·纽曼向反对堕胎和移民的在任民主党众议员丹·利平斯基发起竞选挑战时，就很难得到党内核心集团的支持，即便利平斯基经常投票反对自己的党派。她在竞选初期就获得了参议员柯尔斯滕·吉利布兰德、全国堕胎权利行动联盟（NARAL）以及格洛丽亚·斯泰纳姆的支持，但美国计划生育协会和“艾米莉名单”很久之后才开始把资金调拨给她。最终，纽曼在初选中以微弱差距惜败利平斯基，如果那些组织和机构能早点给她支持，也许就有可能得到不同的结果。

“这要冒很大的风险，我们也在对冲赌注。”谈到为何那些组织和机构故意拖延了纽曼参选所需的资金调拨时，维拉尔迪向我解释道。她也提到民主党国会竞选委员会（Democratic Congressional Campaign Committee）、州级党派以及政党核心集团里的所有人都会有这样的倾向，给初选中的新候选人拨钱时会慢一些。“不把所有的钱都投向女性候选人，尤其是有色人种女性候选人，”维拉尔迪讲道，“就是在错失我看到的政治良机。”

那群愤怒的女性里大都是政治新手，她们的确需要时间和资
[225] 金的投入。许多女性候选人培训机制很快就开始满负荷运作，因为这些突然涌来的大部分女性都知道自己非常愤怒，但除此之外

她们并没有进一步的打算。

2017 年末到 2018 年初的那几个月里，几乎每个周末，全国各地都有很多女性在学习公民参与的速成课，希望有一天能够领导自己的社区，或许还能领导自己的国家。2017 年 10 月底的一个周六，艾米莉名单的董事长斯蒂芬妮·史里罗克（Stephanie Schriock）在底特律举行的妇女大会上向未来的候选人发表演讲，而执行董事艾米莉·凯恩（Emily Cain）也在曼哈顿向一百位女性发表演讲。那间镶着木板的房间里坐满了认真做着笔记的女性，她们未来也许会成为美国的领导人，凯恩对她们讲道："如果你早上醒来时正在担心什么，你就有资格竞选公职。"更高境界组织共同创办人皮勒－艾伦向许多缺乏自信的黑人女性给出的建议中也传达了相似的理念："你们每个人都早就准备好竞选公职了。你们心中都有个平庸的白人小子，现在，利用起来，去参加竞选吧。"

如果说这个门槛看起来似乎有点太低，想想特朗普政府吧，他带给这个世界的礼物就是让人们认识到政治合理性的标准可以低到什么程度。公设辩护律师珍妮弗·卡罗尔·福伊（Jennifer Carroll Foy）怀着双胞胎赢得选举，最终取代一位共和党白人男性坐上弗吉尼亚州众议员席位，她在之后一部纪录短片里谈到自己的候选人身份时讲道："如果他可以竞选，我就知道我也可以。"[8]

"投票竞选领导组织"的培训大纲在 2017 年进行了一次全面修订，大修之后的课程特色可以用其行动口号来概括："本色参选。"维拉尔迪提到，马里兰州有位竞选州参议员的女性伊芙·赫尔维茨（Eve Hurwitz），她是名海军预备役人员，也是位小型企业老板，她的头发一直都染成鲜艳的紫色。"每个人都对她说，你不能顶着一头紫发去竞选，她就把头发恢复了原色，但是又有其他人说，‘你怎么能不顶着紫发去竞选呢？那才是你啊！’于是她又把头发染回了紫色。”皮勒－艾伦也提到，最近有位候选人担心自己在不同的观众面前是否需要转换一下风格和言谈举止。“讲话时要真诚，”皮勒－艾伦给出的建议是，“只要人们觉得你真的在最大程度考虑他们的利益，不管你是带着鼻音、带着拖腔，还是时不时地丢掉一个辅音，都没有关系。”

[226] 这并不是说政治的波澜会突然裂开一道缝隙，让出一条路来，让女性安稳地走进公职办公室。“你可以在培训中听到一个催人泪下的故事，被第一位索马里难民获选公职的故事所鼓舞，知道自己是最适合竞选公职的人选，”维拉尔迪指出，“但这个世界仍然会攻击你，告诉你小吉姆·史密斯（Jim Smith, Jr.）已经等了十年，他将继承你想竞选的那个职位。”

尽管初次参选的女性候选人面前有许多障碍，维拉尔迪却注意到，2016 年之后的这些女性候选人让人耳目一新。“我们以前听到‘我有资格吗？’的时候，女性会劝自己不要竞选公职——要怎么管理时间？要如何告诉自己的丈夫、伴侣或者老板？能不能一边工作一边竞选？议会的收入很微薄吧？——如今，她们会以一种积极的方式来跨过这些阻碍。”她们不再劝自己不要参选，而是劝自己去勇于参加。“就好像到处都有人突然醒悟，”维拉尔迪说，“2016 年大选之前，投票竞选领导组织里有 2/3 的女性都告诉我们说她们想要一个五年计划。如今有 60% 的人都想在 2020 年之前就参选。”

其中的一个原因就是，近来曝光的性侵事件让她们意识到，多年来错以为已经缓解的性别歧视仍旧猖獗，这让她们有了紧迫感。2016 年 12 月，特雷萨·温德姆进行了一项民意调查，她问选民，特朗普的竞选和当选是否会让他们“更多地反思我们社会中的性别歧视”，40% 的被调查人给出了肯定答复。2017 年 11 月，她再次调查性骚扰和性侵犯的新闻是否会让人们更多地意识到社会性别歧视，这次给出肯定答复的占 73%。2016 年 12 月，温德姆的调查对象中有 52% 认为，如果有更多女性担任公职，这个国家会变得更好；到了 2017 年 11 月，该比例达到了 69%。2016 年，65% 的调查对象认为男性比女性占有更多的权力职位；到了 2017 年，这个比例已经上升至 87%。[9] 温德姆讲道：“作为民意调查员，我们很少看到这么明显的态度转变。”她同时也指出女性开始使用“厌女”（misogyny）这个词，而在此之前，她几乎没有听别人用过这个词。

这么多女性争先恐后竞选公职的景象，几乎肯定会引起敌意。尽管有人反复保证说这不会带来伤害，但它的确就是个零和游戏：如果女性获得了更多政治权力，白人男性就会失去一些权力。2018 [227]
年印第安纳州的初选中有多名女性获胜，一位名为肯尼斯·道－施密特（Kenneth Dau-Schmidt）的法学教授在当地报纸上撰文指出，这些竞选结果让他深感“不安”。“所有的女性候选人都赢了，哪怕她们的对手是政绩赫然的男性在任者。”他写道，“这令人不安。”在道－施密特看来，显而易见，“数百名民主党女性成员给女性候选人投票，只是因为她们的性别”。显然，道－施密特从来没有意识到在美国的选举政治历史上，性别一直都被用来操纵选票。焦虑不安的当然也不止他一个，他的这种反应尤其能够引起共鸣，因为我们经受过一股强大的破坏性力量——因巴拉克·奥巴马当选总统和希拉里·克林顿可能当选总统带来的威胁而产生的反噬力——这股力量给我们带来了茶党，最终让特朗普当上了总统。

美国“初露头角组织”（Emerge）为 24 个州的民主党女性候选人提供了竞选培训，该组织的负责人安德丽娅·斯蒂尔（Andrea Steele）1992 年曾在卡罗尔·莫斯利·布劳恩的竞选团队里工作，她记得女性候选人的数量在 1992 年之后有过下降。回忆当时的情景，她说“我们以为一切都会迎来改变”，但后来发现并没有，她为此深深沮丧了很久。“现在和当时的区别就在于，我们有基础设施了。艾米莉名单变得更加强大了，‘初露头角’的支撑结构更加稳固了，也有州级组织帮忙资助候选人。我们在这些年里看到的很重要的一点就是，当女性开始投身政治，她们就会开始把其他女性也带进来。”

第三章

我的姐妹在这里

[228]

当然，改变，哪怕是政治改变，并不仅仅来自竞选公职的女性；那些参与竞选活动的女性同样带来了改变，那些自告奋勇的女性密切关注着竞选的进展，积极主动地自学新知，有生之年第一次成为活动人士。自从唐纳德·特朗普当选总统之后，这些女性的数量就开始日益增长。2017 年的一项皮尤调查发现，几乎每 10 位女性里就有 6 位称自己在 2016 年大选之后开始对政治有了更多关注，高于男性中的这一比率。

为了应对唐纳德·特朗普政府，有一些自称“秘密抵抗组织”的力量逐渐壮大，这些组织都是在女性的努力之下建立、也是由女性构成的。“不可分割”示威抗议组织是为反对特朗普和共和党创立的一个大型组织，其地方分会很多都由女性管理。据该组织创办人介绍，其女性管理者的数量是男性管理者的两倍；该组织的邮件订阅用户里 3/4 以上也都是女性。[10] 美国计划生育协会向记者夏洛特·奥尔特（Charlotte Alter）披露，该协会的志愿者已经向国会议员打了超过 20 万次电话，在全国各地组织了 2200 多次活动，反对废除《平价医疗法案》，这些志愿者以女性为主，她们还
[229] 向国会议员递交了 100 多万封请愿书，请求他们不要撤回女性生殖保健的资金。2017 年的一项调查发现，使用反特朗普短信服务的用户里有 86% 都是女性。对 2017 年联系国会向特朗普政府提出抗议的 28000 名群众调查时，民主党民意调查员塞琳达·莱克（Celinda Lake）发现，其中同样有 86% 都是女性。

是的，进步主义政治一直以来都依赖于女性的努力，其中许多都是有色人种女性，她们吃苦耐劳，并在各州和地方政治组织中打下了坚实的基础。不过自从希拉里输掉选举，“#MeToo”运动愈演愈烈，集体枪击事件引发的众怒越来越盛，另外一个蛰伏已久的群体——郊区的白人女性也慢慢苏醒过来。

2017 年 6 月，在乔恩·奥索夫（Jon Ossoff）特别选举活动的先导阶段，我去了一趟佐治亚州，在那里见到了一些女性并和她们进行了交谈。走近她们，就好像走进了《末路狂花》的片场一样，她们刚刚从政治梦游中醒来，无比确信她们再也不是从前那个自己。“有些东西掠过我的心头，”在那部证明了暴怒能够带来质变的电影里，一位女主角这样讲道，“我不能回去。”在另一幕中，她说：“我觉醒了。我不记得自己有这么清醒过。一切看起来都不一样了。”

“如果我没在敲门，就是在打电话；如果我没在打电话，就是在写明信片；如果我没在写明信片，就是在更换我草坪上的标语。”

在亚特兰大郊外的一家餐馆里，我听到有位女士这样对她的同伴讲道。她们使用的那些关于觉醒和解放的语言让人回想起了以前的暴动。

“我不再躲躲藏藏，”64 岁的前语言病理学家安·怀特（Ann White）对我说，“我走了出来，我亮着蓝色阵营走了出来。现在所有人都知道我是民主党人，我是自由主义者。他们有点厌烦，但不重要，还没完呢。我才刚刚开始。”怀特和此前安于现状的很多白人女性一样，简单地以为希拉里·克林顿一定会打败唐纳德·特朗普。希拉里输掉大选的时候，怀特感觉到了自己的转变。“我嘴上的脏话滤嘴消失了。”她记得自己给朋友打电话的时候像个船员那样痛骂不休，家里的孩子震惊不已，因为他们“从来没有听我爆过粗口”。她参加了次年 1 月亚特兰大的女性大游行，声称“那 [230]
是大选以来我第一次觉得自己获得了力量”。她也第一次意识到，“有很多人和我一样，不会对这种事情坐视不管！”

怀特加入了罗斯威尔和科布县的自由主义妈妈联盟（Liberal Moms）。“我最爱的口号是，”她强忍着眼泪告诉我，“‘你不是一个人’。我找到了自己人。”

这正是愤怒最为重要的一个角色：愤怒是一种联结，帮助女性找到彼此，帮助她们认识到有人与自己一样挣扎、沮丧，意识到自己并不孤单，并不疯狂。如果她们保持安静，就仍然会与世隔绝；但如果她们愤怒地怒吼，同样愤怒的其他人也许就能听见她们，也许就会开始一起怒吼。当然，这也是为什么那些反对女性的人要努力压制她们愤怒的原因。

一个又一个女性向我谈起，她们爆发的愤怒如何将她们带到了一个之前从未听过的团体当中。“我以前从来没在院子里打过标语，因为我不确定如果放的不是共和党的标牌，别人会怎么看。”44 岁的谢里什·伯纳姆（Cherish Burnham）说道。伯纳姆一直都是民主党人，却在共和党占绝对优势的红州里长大。11 月 9 日早上，选举结果出来的第二天，她绝望万分地去儿子小学的科学课上当志愿者，在那里遇到了两位同样看起来非常苦闷的妈妈。三个妈妈试探性地询问了一下对方，发现她们沮丧的是同一件事情；她们在校门外聊了整整一个小时。

她们也是。

特朗普当选总统之后，女性本能表达出来的这种痛苦的愤怒意味着，有些女性，即便是那些多年来住得很近的女性，第一次听到了彼此的声音。

“每次看到奥索夫的标牌，我都感觉自己有了盟友。”51 岁的写作研究助理塔玛拉·布鲁金（Tamara Brooking）说道。她是一位民主党人，给希拉里投票之前曾经投给过伯尼·桑德斯。布鲁金称，大选结束后“我他妈气疯了，我气得无可救药”。如今，积极参与组织民主党活动的她说：“我觉得我在朝着某个目标努力。愤怒和沮丧退去后，我开始有了动力。”

许多女性在车上贴了自己活动组织标识的磁性贴；如果她们
[231] 看到某辆车上有同样的磁性贴，就会把它旋转 180 度，这是一种问候方式，也是一种交流信号。“就是为了让彼此知道‘我的姐妹在这里’。”44 岁的詹妮弗·莫斯巴赫（Jennifer Mosbacher）所讲的这种姐妹情谊让人想起第二波女权主义运动正盛的 20 世纪 70 年代和更为激进的其他年代。“在这个经常让人感到孤立无援、没

有归属感的地方，这能让人感觉到一种同志情谊。如今你去趟附近杂货店，回来发现车上的磁性贴翻转了，你就会觉得‘太好了，还有人在这里’。”

这些中老年女性像年轻人一样热情洋溢，她们找到了新的朋友，找到了对政治和对彼此的热爱。有些人甚至睡不着觉，整晚都在浏览脸书和留言板，阅读政治文章，彼此发消息。

她们的狂热让人想到女权主义作家维维安·戈尔尼克（Vivian Gornick）在1990年写的一篇散文，她在文中回忆了第二波女权主义运动期间的情景："每周都有某种形式的集会，有令人欢欣的交谈。在场没有哪个女性不加入谈话的……我们看到那些交谈在自己的心里留下永久的印记。我们在彼此面前蜕变，正视自己的想法，成为我们从来没有成为过的人。”[11]

我在佐治亚州听到的这些表达，在全国各地的女性访谈中都能听到。《华盛顿邮报》有篇文章报道了一位46岁、有着三个孩子的作家金姆·德鲁·赖特（Kim Drew Wright）。2016年大选结束后的那周，她邀请“裤装国”本地成员到当地一家酒吧和她一起喝一杯；最后来了90个人。她成了保守派郊区里的自由派女性领导，并且助力民主党在2017年弗吉尼亚州的选举中取得了胜利。“要不是特朗普让我这么生气，过去一年里我是不会天天都在忙这件事的。”赖特接受《华盛顿邮报》采访时讲道，“一旦你清醒过来，看到地方选举有多重要，就很难再缩回去，装作好像什么都没有发生。”[12] 赖特也在别处解释过：“在那个大选之夜，我内心有个开关打开了。我开始把它称作‘我就不是人’开关。要是我再这么沉默下去，我就不是人。”

这些女性花在组织政治行动上的时间多到令人惊愕，尤其是她们大都有全职工作，也都养育着孩子。“我的工作和家庭都因为我目前在做的事情受到了影响，”莫斯巴赫告诉我说，“我们家的冰箱空空如也，我女儿会说‘我们又要出去吃了吗？’”

[232] “我告诉别人我他妈压根儿不在乎了，”塔玛拉·布鲁金对我说道，“我受够了。我受够了假装你们那些可恶的话没有关系。我受够了假装我们这样的人必须保持安静好让你们觉得舒服。”

再一次地，这种想让男性感到不适的声音出现了；这会搅乱一切，打破平衡，让那些在自满、平静的状态下建立起的家庭关系和伴侣关系难以为继。同样，这当中也有些东西让人联想起第二波女权主义运动，想起它当时给亲密关系带来的动荡。

艾米·布彻（Amy Butcher）教授在第二次妇女大游行之后发表了一篇名为《战斗失踪人员：我们深爱的开明男性》的文章，其中谈到了这些运动带来的痛苦影响。“相恋三年的男朋友对我说，你这么激动的样子让我又沮丧又尴尬。他不能接受我的愤怒，不能接受我对特朗普、对那些给他投票的男男女女的愤怒……他感到尴尬的是，我从俄亥俄大学带了 90 个学生，和 50 万美国人一起走上华盛顿的街头……我从华盛顿回来之后兴奋得睡不着觉，觉得自己匡扶了正义，还有些小小的满足，而他站在过道里，对我说他不知所措。你们所有女人都戴着阴唇帽子，他说，你们都举着阴蒂标语。”[13] 布彻和男友分了手。

但布彻仍然指出，她希望那些对这股飙升的愤怒感到反感的男性能够明白，从华盛顿的妇女大游行回来的路上，她与那些同路返回的女性之间有着怎样的交心时刻。“那天晚上，我看到前面有一千盏尾灯，很多是轿车，但更多是大巴，这些车上载着几千个故事，我们沿着美国的边境线，返回自己的家乡……黄昏时分，我们穿过西弗吉尼亚州这个美国的心脏，确切说是特朗普国家的心脏，就好像有人为我们留着门廊的灯，哪怕只有这一个晚上……多美妙啊，真的，在车流中红色的尾灯闪烁，我们引领着彼此回家。”

女性在共同的愤怒中感觉到了一种联结，愤怒的源头是相连的，愤怒的回报是相似的，愤怒的团体是相像的。对一些女性而言，她们的行动遭到的反对、带来的损失——不管是经济上的损失、家庭安逸的丢失还是（基于之前对女性言谈举止的期待建立起来的）亲密关系的破坏，都已经让她们没有了退路。

“我认识的人里面有五个因此离婚了。”道恩·佩尼奇－塞克
（Dawn Penich-Thacker）在 2018 年春天的采访中告诉我，“因为这 [233]
从根本上改变了她们对于自己女性身份的认知。”38 岁的佩尼奇－塞克是位大学教授，曾经在亚利桑那州坦佩担任军队公共事务官。特朗普赢得大选之后，她开始干劲十足地参与公民事务，带头请愿撤销亚利桑那州普遍发放教育券的项目，也在 2018 年协助发起了亚利桑那州教师罢工抗议。

佩尼奇－塞克是位民主党选民，但此前算不上活跃，后来在选举的准备阶段加入了“裤装国”。希拉里输掉大选之后，裤装国的本地成员商量着转为线下，变成一个面对面交流的活动组织；她们成立了“亚利桑那州团结起来更强大”组织（Stronger Together Arizona）。佩尼奇－塞克回忆道，2016 年 12 月，“我们召开了一次全州范围的会议，有 800 人参会，其中大部分是女性”。“组织者们觉得很意外；我们预定的博物馆场地甚至容不下那么多人。”

在那次会议上，参会者根据感兴趣的政策议题分成了不同的小组，佩尼奇－塞克去了一个讨论教育议题的小组。她开始去州议会大厦抗议州政府意欲调整学校拨款计划的企图。后来，州议会在特朗普任命的教育部部长贝齐·德沃斯（Betsy DeVos）的带领下通过了一项教育私有化法案，意图扩大教育券的发放范围，佩尼奇－塞克和其他五位经常见面的女性聚到了一起，商量接下来的行动。她们意识到亚利桑那州是允许发起全民公投的，如果她们收集到了足够多的签名，就可以阻止法案通过。

“无知是福。”佩尼奇－塞克说道。她们当时根本不知道，在90天里收集到75000个签名是多么不可能的事情。“我们真的一分钱也没有，我们也只有六个人。但我们认识那些同样气坏了的人，他们绝大多数都是女性，百分之九十都是从‘团结起来更强大’、脸书以及‘不可分割’中认识的。”她们收集到了11万个签名，成功阻止了那项法案的通过。与德沃斯和科赫兄弟有联系的一些组织起诉了她们，但她们迎难而上，打赢了官司。“我们让教育一直出现在头条新闻里，我们的网络一直在扩张，”她说，“我们现在有大概5000名志愿者了。”西弗吉尼亚州和俄克拉何马州的教师发起罢工时，游行到那里的草根组织已经与佩尼奇－塞克的志
[234] 愿者结识，他们帮忙将她们的请愿书扩散开来。到了5月，亚利桑那州的教师获得了19%的涨薪。

“要是说我看得到尽头，我肯定是在撒谎，”接受我采访的前一天晚上，佩尼奇－塞克对丈夫说道，“到11月不会结束，到明年也不会结束，因为你不可能一夜之间就带来改变。”她和那五位最初的共谋者开始合作的时候，以为这只是为了击退那一项糟糕

的法案。“但现在很明显，对于我们所有人来说，我们要做的远不止阻止一项法案。”她顿了顿，继续说道，“不过我想，从许多层面上说，我们真的热爱这项事业。我们愿意为之耗尽生命。”

佩尼奇 - 塞克说，婚姻、爱情和家庭关系的确会因为这次运动遭到破坏，但她与那些积极行动的同伴之间“是我目前拥有过的最深厚的友谊”。她接着说道：“这次运动中的这些女性是我的战友。我无法想象自己抛下这一切，哪怕它毁了我的人生。”佩尼奇 - 塞克指出，这种纽带之所以如此紧密，原因之一就是她们一起经历了这种自我变革带来的余震。“我们有因共同的政治目标和共同的合作建立起的纽带：我们动手，我们完成，我们感觉好极了。但我们也有精神和情感上的纽带，会说‘我的同伴已经受够了’或者‘我工作的时候很挣扎’。我们能够彼此交谈着挨过这个时期。”

“那是一个快乐的时刻，”1990 年，戈尔尼克回望 70 年代的时候写道，“太多的人因社会对于她们应当如何生活的说辞而感到震惊，她们在同一个时间聚集到同一个地方，用同一种语言做出同一种分析，一次又一次地在餐馆里、讲堂里、公寓里碰头……这是革命政治的快乐，也是我们的快乐。成为 70 年代早期纽约市的一位女权主义者，能活在那样的黎明中是何等幸福，其中深意，不是一句‘我爱你’可以概括的。除了彼此站在一起，没有其他去处，我们所有人都活在女权主义温柔的拥抱中，就好像我们刚从一种集体的终生沉默中释放出来。”[14]

佩尼奇 - 塞克对我说，三十几岁的女性觉醒时，“我就知道有些男人会说‘我认识你的时候你不是这样的’。现在我就是这样，在可预见的未来我也会是这样。”

[235] “我认为这是新一波女权主义运动的开始，”莫斯巴赫告诉我说，“我希望我9岁的女儿上大学之前能读到关于这次运动的书籍，读到这次运动如何改变了这个国家的现状。”

这么多新生的活动家都在描述自己之前的厌倦和孤立，讲述自己后来在姐妹情谊中的重生，这听起来的确像是一次女性运动令人震颤的开端，也让人想起贝蒂·弗里丹在《女性的奥秘》开篇所写到的那种“奇怪的躁动”“不满足感”和“渴求”，“每一位居住在城郊的已婚女子都在单枪匹马地与之搏斗”。

时任佐治亚州众议院少数党领袖的斯泰茜·艾布拉姆斯（Stacey Abrams），2018年赢得初选成为美国首位黑人女性州长候选人，她指出，女性“认为这一定是什么的开端……因为她们第一次尝到了不作为带来的真实苦果，所以就有了这些醒过来的女性，她们知道自己不能再躺回去睡觉了”。

她也承认道：“非裔美国女性群体一直都在并肩作战，是她们让女性社群离政治权力越来越近。你如今在城郊看到的正是她们的变体。”

对于一些人来说，这种历史的重演让他们无法忍受。

2017年夏天，阿底提·朱内贾一直都在与那些刚开始积极行动的白人女性打交道，“很多人都意识不到自己并不是第一个成为活动家、组织者的人”。与这些女性交谈的时候，“我试着告诉她们，好吧，‘黑人的命也是命’运动这么做过；追梦人也这么做过。我试着提到其他那些有色人种领导的组织，好让她们知道自己并不是第一批这么做的女性”。

朱内贾注意到，这些白人活动家非常注重规则。“她们问的问题是我在有色人种女性组织里从来没有听到过的，比如‘我们拉票需要得到许可吗？’她们非常重视等级制度和规章条例，我和有色人种一起共事的时候是不会遇到这种情况的。”在她看来，去市政厅抗议的形式之所以在 2017 年流行起来，其中一个原因就是“白人（甚至白人女性）群体相信，如果他们向议员代表讲出自己的观点，他们的声音就会被听到，就会产生影响，他们就会有政治 [236]
发言权，进而得到官员的回应”。而黑人和棕色人种知道他们有代表，也知道政府怎么运作。“但他们不相信那些政客会觉得让黑人和棕色人种失望要付出什么代价。而这些女性则认为你打电话或者去市政厅就可以了，因为你以为他们会在意你说的话。”

有些行动主义里也存在其他形式的结构性偏见，例如绝大多数放弃了自己的生活、为竞选和政策议题而努力的女性——她们常常也贡献了最有创意的想法，对于如何影响自己社区里的选民有着新思路，同时还要平衡照顾孩子和全职工作——都是作为志愿者在做事，而那些高薪的党派顾问里却有这么多男性。

杰西卡·莫拉莱斯注意到，2016 年底和 2017 年里突然涌现的那些抵抗组织里，许多都是由女性领导或组织的，这些组织与那些酬劳丰厚的“思想领袖”在策略上并不一致。那些思想领袖不知怎的，一直在说：“你知道我们应该怎么做吗？关注白人男性。”对于那些反对这种策略的活动家，她们也清楚其中的言下之意：“你们不懂数学；你们技术不行；你们对这次选举太情绪化了。”对此，莫拉莱斯的回应是：“说真的，操，你们自己关注去吧。”

莫拉莱斯认为，政治行家之所以对这些抵抗组织带来的影响不予理会，原因之一就是它们常常是由女性领导、女性组成的。“他们就是看不到、也理解不了这些组织的影响，”她讲道，“但之前从来没有哪个组织能像这样一天之内处理数百万通电话。而这正在发生。”

但如果愤怒的女性要向前行进，这个故事就不能只是重复不平等的历史、分等级的模式以及内部的边缘化。因而，在特朗普时代的政治斗争里，活动家、候选人和参与者面临的任务就是找到适当的位置来实现期待已久的成长。

“目前我们在这个抵抗运动中遇到的问题，”朱内贾讲道，“就
[237] 是白人女性会将她们的权力用于捍卫自己的利益，还是用于改变体制、让我们都拥有更多权力？如果这个运动一直持续下去，一旦你和不太一样的人并肩作战，你能看得到你们斗争之间的联结吗？你会不会意识到自己必须为她们出面？因为我们的解放是交织在一起的。这不是个什么我转发的表情包，这是个确凿存在的问题。”

认为这些斗争彼此关联并不是什么新想法：妇女选举权运动和废奴运动正是这样一起拉开帷幕的；妇女选举权运动也是这样渗进了劳工运动和睦邻运动[①]；民权运动和新左派运动中存在的性别歧视，以及这两个运动对结构性不平等和人性解放的处理方式，也都影响着推动第二波女权主义运动的那些女性。

对不公的愤怒能够传染给他人，也能够迁移到其他语境下，一直以来这都是社会进步的原则之一。教育记者达娜·戈尔茨坦

①睦邻运动（settlement house movements）是一场持续的社会改革运动，起源于19世纪后半期的英国，20世纪20年代在英国和美国达到高峰，该运动主张受过教育的志愿服务者和穷人共同生活，并领导邻里改革、提供教育与服务。

(Dana Goldstein）在《纽约时报》上撰文提及2018年的教师罢工浪潮时写道，“教师罢工的政治活动会随着时间发生改变，但在每一代的罢工里，那些领导罢工的领袖都将其与更广泛的社会运动联系到一起”。戈尔茨坦提到，19世纪芝加哥教师联合会（Chicago Teachers Federation）领袖玛格丽特·黑利（Margaret Haley）就是“受到了苏珊·安东尼和其他妇女参政论者的鼓舞”，“1968年在纽约领导了美国最为著名的教师罢工的工会领袖，许多都曾活跃在民权运动中”，而那次持续七天的芝加哥教师大罢工则发生在占领华尔街运动之后。2018年，西弗吉尼亚州的教师们告诉她，她们“是因为2017年妇女大游行、‘#MeToo’运动和‘黑人的命也是命’运动才开始加入行动主义的”。同样，一位西弗吉尼亚的罢工者接受《纽约时报》记者米歇尔·戈德堡采访时指出，妇女大游行“以及随后各地爆发的政治组织活动”是她和其他罢工者的“催化剂”。

杰西卡·莫拉莱斯希望这些联系的建立者是那些以前从来没有这么做过的人。她提到一位在推特上给她发私信的女性，那位女性想在社交媒体上发起反对特朗普旅行禁令的抗议。“她是圣路易斯一位脾气很好的老师，她在私信里告诉我，‘我从来没有发起过抗议，但是我现在愿意去机场，马上就可以出发。我真的很想抗议；我对这件事充满激情，但不知道要怎么做。’”

莫拉莱斯给她发去一个事项清单：“开上你的车；叫上你的朋友，越多越好；可以的话，做点标语；到那儿之后，唱点歌，喊点口号，比如：‘不要离开’‘他们会告诉你必须离开，但不要离开’；在脸书上发起活动，我会帮助转发。这就是抗议。”那位女性发起了脸书活动。几百名抗议者去了圣路易斯的机场，而在全 [238]

国各地的机场，也出现了几万或者可能有几十万的抗议者。

“我觉得那个女人可能不认识多少移民，”莫拉莱斯几个月后提起这件事时讲道，“但她的行动表明，女性正在学着了解更多内容，她知道旅行禁令从道德上来讲是不对的。这真的很棒。这样我们就可以继续前进。”

到2018年的时候，刚刚崛起的这一代活动家们了解这些信息的速度，似乎要比她们的女性和男性前辈都要快上许多。

2018年，佛罗里达州帕克兰市的高中校园枪击案事件发生后，事发学校的学生在3月份组织发起了“为我们的生命游行”的禁枪抗议，那次运动就很好地展示了愤怒之间的相互联结。这次抗议运动在官方层面是反对枪支暴力和美国步枪协会对美国政治的操控，但演讲者们却似乎只将它看作一个大整体当中的一部分。“我们需要为我们的老师配备……他们维持家庭和生计所需的钱财。”一位演讲者如此讲道。11岁的娜奥米·瓦德勒（Naomi Wadler）则念出了那些太常被遗忘的非裔女孩的名字，指出“她们的故事注定不会出现在每份报纸的头版头条里”。

不难发觉，这次抗议中的各种关切都是相互联系的。反对枪支暴力的标语也指出，白人父权主义深深嵌在大规模枪击案的危机之中，那些标语中写着“白人男性是可怕的（从统计学上来讲）”“你的枪比我的阴道拥有更多权利”“我们生活在一个枪支比黑人女性的性命更重要的国家”等。“我支持和平、爱与女性权利”也是极为常见的标语。演讲者们痛哭流涕；一位年轻女性因为在数百万人面前讲话太过紧张，演讲中途直接俯下身子开始呕吐。看着那些女性发自肺腑地展现自己的激情，没有丝毫的歉意和羞愧，我震惊而又感动——这本身就证明了她们是多么迫切，多么愤怒，多么愿意改变。

这次抗议游行让人回想起一位名为拉维尼娅·多克（Lavinia Dock）的妇女参政论者在1917年写下的一句爆炸性宣言：“年轻人来到大门口了。”这句话后来成了全国妇女党（National Women's [239]
Party）为妇女选举权而战时的口号。

“什么是强大的青春精神？”多克问道，“难道不是起义，不是反抗那些毫无意义、毫无用处、令人窒息的事物的精神吗？最重要的是，难道不是反抗不公、反抗这个所有的愚蠢之物中最为愚蠢的一个吗？望着妇女选举权运动的战场时，看着白宫和国会大厦外面的示威抗议时，就会让人产生这样的疑问。坐在白宫和国会大厦里的那些男人得意地享受着将女性拒之门外的权力……这是一个致命的错误，这是一场注定失败的斗争。僵化的旧思想必须让步。自私的旧思想必须消失。阻挠的反对派必须离开。年轻人来到大门口了！”

2018年，来到大门口的既有真正的年轻人，也有另一种“年轻人”——那些新近才愿意表达自己愤怒的人。她们站在大门口，向那些沾沾自喜地享受着别人被剥夺的权利的男性发起挑战。

佐治亚州郊区那位刚刚从政治冷漠中觉醒的64岁女性告诉我，她感到了一种应当表明立场的责任感，不是为了自己，而是“为了有色人种，为了那些买不起健康保险的群体，为了那些同性恋和变性人群体，为了那些移民群体。我是个上了点年纪的白人女性。有很多老年白人现在都站在共和党一边。然而，我是个老年白人，我也可以大声表达”。

特朗普发表国情咨文演讲的那天，杰西卡·莫拉莱斯给我发来信息，她非常兴奋地提到，全国家政工人联盟（National Domestic Workers Alliance）正在针对总统的演讲举办一场活动，邀请了许多运动领袖会集发表自己的看法，其中包括家政工人联盟总监蒲艾真（Ai-Jen Poo）、“黑人的命也是命”联合创始人艾丽西亚·加尔萨、计划生育协会主席塞西尔·理查兹、国会女议员芭芭拉·李和普拉米拉·贾亚帕尔、塔拉纳·伯克以及（曾力挺“#MeToo”运动中女演员的）全国农工女性联盟（National Farmworker Women's Alliance）的莫妮卡·拉米雷斯（Mónica Ramirez）等人。

“这力量是如此强大，有点让我想起了愤怒的另一面是希望，”莫拉莱斯写道，“如果我们不相信局面可以好转的话，我们就不会感到愤怒了。”

如果说局面可以好转，是因为女性能够、愿意并且需要感觉到自己的愤怒、向世界释放自己的愤怒，那么我们此刻经历的就不是什么赶时髦，不是什么一时狂热，也不是什么猎巫行动，而是一次起义，一次由愤怒女性领导的正义革命。

注释：

1. Amanda Litman, “I Wake Up and Go To Sleep Angry—And That's a Good Thing,” *Women's Health*, October 17, 2017, https://www.womenshealthmag.com/life/a19948724/amanda-litman-run-for-something/.

2. Catharine MacKinnon, “Me Too Has Done What the Law Cannot,” *New York Times*, February 4, 2018, https://www.nytimes.com/2018/02/04/opinion/metoo-law-legal-system.html.

3. “The Last 25 Senate Incumbents Defeated in Primaries (1962–Present),”

NPR.com, April 28, 2010, https://www.npr.org/sections/politicaljunkie/2010/04/24/126248204/senate-incumbents-defeated-in-primaries.

4. Carol Moseley Braun, History, Art & Archives, U.S. House of Representatives, n.d., http://history.house.gov/People/Listing/M/MOSELEY-BRAUN,-Carol-(M001025)/.
5. Lauren Underwood with Andrea Cambron, WERA-FM, March 21, 2018, https://urldefense.proofpoint.com/v2/url?u=https-3A__enlightenmeonwera.com_2018_03_21_3-2D21-2D18-2Dspotlight-2Dlauren-2Dunderwood_&d=DwMFaQ&c=jGUuvAdBXp_VqQ6t0yah2g&r=BLtwNjxI6xU1TowZZXPw62rxL1h5Yh02Ol72-V1YNSunoH38hlyco6RBfK8BXD8O&m=09_aBCGDqXOZ9T8KMIoXJ04S8XPdJs7scFA3SmWWjFU&s=9mru0fRfF--KXqrUJB0egkxipvH6SUIi3wTB9SsDehw&e=.
6. Dan Mangan, "Rep. Patrick Meehan of Pennsylvania Resigns After Sexual Harassment Case Forced End of Re-election Bid," CNBC.com, April 27, 2018, https://www.cnbc.com/2018/04/27/rep-patrick-meehan-of-pennsylvaniaresigns-after-sexual-harassment-claim.html.
7. Natasha Bach, "This Woman Said Being Sexually Harassed by Trump Inspired Her to Enter Politics. Now She's Won Her First Election," *Fortune*, May 9, 2018, http://fortune.com/2018/05/09/rachel-crooks-trump-accuserwins-ohio-primary/.
8. "She's the Ticket," Episode 104: Jennifer Carroll Foy, Topic, https://www.topic.com/she-s-the-ticket/she-s-the-ticket-episode-104.
9. Amanda Marcotte, "#MeToo Is Working: Now Data Shows Attitudes on Harassment Are Changing," *Salon*, December 7, 2017, https://www.salon.com/2017/12/07/metoo-is-working-new-data-shows-attitudes-on-harassment-are-changing/.
10. Ezra Levin (@ezralevin), "This piece by @CharlotteAlter is right on the money. Women are running indivisible groups at a 2-1 margin or more," Twitter, July 29, 2017, 5:33 pm, https://twitter.com/ezralevin/status/891456596647268352.
11. Vivian Gornick, "Who Says We Haven't Made a Revolution?; A Feminist Takes Stock," *New York Times*, April 15, 1990, https://www.nytimes.com/1990/04/15/magazine/who-says-we-haven-t-made-a-revolution-afeminist-takes-stock.html.

12. Paul Schwartzman, "Why a Historically Conservative County in Virginia Is Making National Republicans Nervous," *Washington Post*, November 25, 2017, https://www.washingtonpost.com/local/virginia-politics/why-ahistorically-conservative-county-in-virginia-is-making-national-republicans-nervous/2017/11/25/654a90f4-cbbb-11e7-8321-481fd63f174d_story.html?utm_term=.1b85f835d3da.
13. Amy Butcher, "MIA: The Liberal Men We Love," Literary Hub, February 27, 2018, https://lithub.com/mia-the-liberal-men-we-love/.
14. Vivian Gornick, "Who Says We Haven't Made a Revolution?; A Feminist Takes Stock," *New York Times*, April 15, 1990, https://www.nytimes.com/1990/04/15/magazine/who-says-we-haven-t-made-a-revolution-afeminist-takes-stock.html.

结论

男人根本不知道如何正当地承认或者命名我们的愤怒——很大程度上是因为我们女性自己也不知道。这对所有人来说都是个新课题。女性的愤怒被净化了太久，以至于当这种愤怒终于显露出来，并没有什么现成的说法可以解释发生的一切。 [241]

——萨拉·罗宾逊（Sara Robinson）

[242] 我第一次见到小我十五岁的女权主义活动家阿曼达·利特曼，是在她上大学的时候。她那时正跟着我很喜欢的一位大学教授写一篇关于政界女性的论文，因为我写了本关于 2008 年总统大选的书，她就找到我寻求指导。这本书动笔的几个月前，我读到了她发表在《女性健康》（*Women's Health*）杂志上的文章，我意识到是她在为我提供指导。

在那篇文章里，她谈到 2016 年的大选结果让她多么的震惊，也讲述了自己作为希拉里·克林顿竞选团队里的忠实成员如何奋勇向前，创立了“竞选点什么”组织，成为美国最成功的新型政治组织之一。

“我的愤怒就是我的晨间咖啡，”她写道，“它让我起床，让我专注……仅仅是做着这该死的事情就能让我得到宽慰，找回自我。我写的每一条备忘录，约的每一个捐赠者，见的每一位记者，聊的每一次对话，都有策略上的考虑，但更有怒火的驱使；让我愤怒的有我的国家，那些危险的男性，我所在的党派，还有我深深热爱、却让我痛苦失望的民主制度。”

第一次读到这些文字的时候，我就在考虑写这本书了，大选结束后我下定了决心，但打算慢慢来，因为想记录下特朗普时代女性愤怒的稳步发展。然而，女性愤怒的野火在 2017 年秋天迅速蔓延之时，我明确意识到自己需要迅速行动，才能准确描绘这次起义，以免等到事后追溯的时候，那锋利带刺的轮廓已经被时间磨平。[243]因此，我用了四个月的时间写完了这本书。

我提起这些，是因为在这本书即将写完的时候，我意识到尽管这四个月压力巨大，却是我成年后身体最健康的几个月。是的，我感到恶心，感到恐惧，因为我所处的世界就是这副模样，特朗普政府造成了这么多破坏，民主制度面临着如此危险，身处其中的人遭受着这般伤害。是的，我当然感到恶心和恐惧。

然而，尽管我在写作这本书的过程之中倾注了恐惧和愤怒，却发觉自己开始能够睡个好觉，开始想锻炼身体。我的胃口很好；我和我爱的人能够很好地交流；我的性生活很棒。这当然不是写书带来的好处；毕竟我之前已经写过两本书，也没有这么要命的截止日期，但那两次写书过程都没让我觉得更健康，反倒感受到了写书对身体的伤害。而这一次，正如利特曼描述自己的经历时指出的，日日夜夜沉浸在愤怒里、沉浸在我自己和别人的愤怒里，竟给我带来了确凿无疑的好处。

这与我以前所知道的愤怒带给人体的不良作用似乎恰恰相反，甚至四个月前我开始写这本书的序言时，还认为那些不良作用在某种程度上是真实的。是的，我想要开垦、想要挖掘女性愤怒的价值，在 2 月的初稿里我是这样写的。但我也明白愤怒这种情感具有一些破坏性的维度，我所处的文化和我获得消息的来源都在向我证实这一点，以至于我接受了这种观点，认为这就是事实。我刚开始写这本书的时候曾经写道，愤怒也许能在政治上发挥作用，能带来激动人心的催化力量，在交流中也不可或缺，但我知道过于愤怒也对人不好……会带来毒害，腐蚀人心。

到了6月，我已经不再认为愤怒有害身心了。事实上，我一次又一次地想起伊丽莎白·卡迪·斯坦顿两百年前的宣言："如果女性能够更自由地纵容自己谩骂，她们将会比现在健康十倍。在我看来，她们都遭受着压抑的病痛。"

让我的健康得到提振的不只是因为我能够释放自己的愤怒，
[244] 也是因为我有机会去认真看待其他女性的愤怒，我不得不（也被鼓励去）真正审视那些情绪，那些我们一直以来都被教唆着去避免、去回避、去嘲笑的情绪。这本书的写作让我能够直视那些情绪，认真地思考、揣摩它们在塑造这个国家的过程中发挥的作用。

我承认，现在几乎不管谁说愤怒有害健康，不管对方有多用心良苦、来源有多令人信服，我都持怀疑态度。我觉得斯坦顿说得对：说到愤怒，对女性有害的是那些我们接收到的信息，这些信息要我们压抑愤怒、任其溃烂、保持沉默，要我们因为愤怒感觉羞耻、感觉孤立，要我们让愤怒流向不合适的地方。对我们有益的做法是张开我们的嘴巴，释放我们的愤怒，允许我们自己去感受愤怒、表达愤怒、思考愤怒、采取行动，将愤怒融入我们的生活，就像我们将欢乐与悲伤、忧虑与乐观融入生活一样。

对我来说，这是一件礼物：让我有机会、也有动机去探索愤怒的维度，去对我自己和其他女性的愤怒感到好奇，也予以尊重。这感觉很棒。我感觉很棒。在这个表达愤怒、理解愤怒的过程中，我获得了慰藉，得到了释放，收获了灵感，也感觉到了欢欣。

但我也深知，我的这种经历是独特的，不能据此给出适用于别人的建议。因此，尽管我当然会劝那些有条件这么做的人去尖叫、去呼喊、去咒骂，去写出自己的愤怒，去打电话给朋友，不要阻止自己去感受愤怒，但我并不会劝你像我这样一头扎进愤怒里去。

我没有因为表达自己的愤怒付出任何代价，事实上还因此获得了报酬；这是我的工作，我的职责就是认真对待女性的愤怒。我的编辑、上司和朋友都很认真地对待这本书的写作，对待书中剖析的愤怒。这很棒。但它不可复制。

建议其他女性就那么大声呼喊、发泄怒火、表达愤怒，只会让历史重演；这种理想化的女权主义策略虽然用意非恶，但最终会事与愿违、达不到实际效果，因为那些女性所处的社会体制并不会顾及，甚至都不会承认她们。我不能让其他女性像我一样去 [245]
表达她们的愤怒，却又不承认这种愤怒在现实世界里可能会让她们被开除，失去涨薪升职的可能，招致惩罚甚至暴力。在我们所生活的这个世界里，一位黑人女性被警察没有任何来由地要求停靠路边而感到生气，就会有遭到逮捕的危险；一位女性被不公正地逮捕而感到愤怒，就会有死亡的危险；年轻的女性会遭到枪杀、会遇到车祸，只因为她们或者别的女性拒绝了某个男人的追求。

很幸运有了这样一个宝贵的机会，让自己的愤怒得到认真对待、让愤怒本身得到重视之后，我不再认为伤害我们的是愤怒，真正伤害我们的是这个体制，这个因为我们表达愤怒就惩罚我们的体制，这个不尊重愤怒也听不到愤怒的体制，这个不想去了解愤怒的体制，这个嘲笑愤怒、无视愤怒的体制。正是它让我们感到恶心；正是它让我们觉得疯狂、觉得孤单；正是它让我们在夜里咬牙切齿。

因此，不是女性（或者说不只是女性）必须改变自己的行为；真正需要改变的是那个有意压抑我们的愤怒、压制我们的权力的体制。我们可以改变这个体制：我们可以抗议、游行、打电话、寄明信片；我们可以向候选人捐赠，为她们敲门拉票；我们自己去竞选公职，对我们的政府和我们的工作场所提出要求，成为我们自己的代表，更重要的是，去代表那些比我们更有理由愤怒，却没有能力去最合理利用这种愤怒的人群，与他们并肩作战。

但更直接的做法是，我们可以去做这个世界没有做到的事情：认可其他女性的愤怒，关注她们的愤怒，尊重她们的愤怒，绝不回避她们的愤怒。去找到她们的愤怒，去注意她们的愤怒，去问是什么让她们愤怒，然后倾听她们。如果你也是招致她们愤怒因素的一部分，接纳这种愤怒，承认她们的不满也许会映照出你自己的不满，哪怕她们的不满会折射向你。

想一想，很少会有人对生活在美国北部衰败的工业区锈带的那些白人男性说，他们的愤怒有害健康。我们能够正确地认识到对他们有害的是那些令他们不满的生存环境：失去工作，失去名望，缺少付得起的医保，缺少日托所，以及毒品的祸害。我们知道他们的愤怒在政治上是有启发性的，能够指向我们必须解决的问题。不管是在媒体还是政治中，抑或是在我们的个人生活里，我们都可以努力去做的一件事情就是——像对待白人男性的愤怒一样对
[246] 待女性的愤怒。这就意味着我们需要思考女性愤怒的潜能，认识到当代女性对于不平等、性别歧视、种族歧视和缺乏代表权的愤怒，也是让美国开国元勋托马斯·潘恩（Thomas Paine）感到的愤

怒，女性由此提出的要求，也和潘恩提出的要求一样具有变革性。这个国家诞生于愤怒，其诞生之时就带着深嵌其中的不公，而如今这个国家的大多数正在愤怒地想要挣脱这种限制。

再重温一下凯瑟琳·麦金农在2018年2月写下的文字。她指出“#MeToo”运动带来的进步，是法律改革在几十年里都没能做到的，“以前被忽视的群体的起义……已经在改变一切……今天的运动正在改变性别秩序的地质构造”。

当然，对于这种可以说意义重大的改变，我们绝不能低估它面临的反对势力。有一股很强的反对势力想将这种破坏性的社会愤怒按回去，让它重新回到地表之下。这种愤怒必须要变得更为强大，才能够抵抗冷漠的拖拽和权贵的责难。

马丁·路德·金也深知这一点，因而他在那篇著名演讲中坚定指出：“自由和平等的爽朗秋天如不到来，黑人义愤填膺的酷暑就不会过去。1963年并不意味着斗争的结束，而是开始。有人希望，黑人只要撒撒气就会满足；如果国家安之若素，毫无反应，这些人必会大失所望的。……正义的光明一天不到来，叛乱的旋风就将继续动摇这个国家的基础。”

金牧师给出的指令也是我们必须给出的指令：我们的要求只要得不到满足，这一切就会被当作一场夏季风暴、一次狂躁失常、一种一时狂热或者一段歇斯底里一笔勾销。我们必须坚持表达我们的不满，不允许它被很快压抑或置之脑后。我们必须取得实质性的胜利：改变法律、改变政策，得到代表、得到权力；制定新的规则，通过改革刑事司法和环境、扩大生育公平和劳工权利、健全社会保障制度等，来更好地支持平等；同时也要改革社会观念，改革那些允许不平等一次又一次出现在法典里的观念。

在 2017 年到 2018 年间，一直有人问我，妇女大游行、“#MeToo”运动以及女性竞选公职的热潮到底“是一个瞬间，还是一起运动”。向我提问的人渴望多多少少能从我这里得到保证，希望我肯定地
[247] 指出，这些艰辛的努力，这些艰难的感受，这种恐惧，这种痛苦，这种冒险，都是为了某个更大声势、更长期、更重要的事业。

但是这个问题以及这种二元对立式的提问并没有考虑发展的维度。运动是由一个个瞬间组成的，这些瞬间散布在数月、数年甚至数十年间。只有当这些瞬间带来了实质性的改变之后，人们才能辨认得出这是一起运动，才能看得见它们之间平稳的进展、彼此的联结和连贯的逻辑。埃米特·提尔遭到谋杀之后，过了九年《民权法案》才得以通过。19 世纪 30 年代的废奴主义者和妇女参政论者召开集会之后，过了八十多年才迎来《第十九条修正案》的通过，过了一百三十多年才等到《投票权法案》。然而这个法案最近毁在了最高法院的手里，并且这个最高法院还在 2018 年支持一些州清除选民名单，而这种清除针对的主要是少数群体选民。这就意味着想让美国实现完全的民主解放的运动尚未成功，而这起运动已经持续了两个世纪。这很容易让人觉得挫败，但更应该让我们受到鼓舞，让我们知道，我们如今进行的抵抗、持有的异议，是在一个有着悠久历史的故事之中扮演着我们的角色，我们的根基名正言顺、令人自豪。

不会有什么救世主突然出现，向美国以及全世界那些鼓动变革的人宣布我们开启的是一场运动；没有人能够保证我们当下所做的事情将会重绘我们的图景，重塑我们的未来。这个重担在我

们自己身上，在我们这些迫切想要看到变革的人身上。我们决定了自己是否会改变世界。

对于我们来说，尤其是对于那些刚刚觉醒、刚刚愤怒的女性来说，对于那些在接下来的几年里最有可能被诱惑着放弃愤怒的白人女性来说，当下的任务就是一直向前，不要回头，不要向更容易的路径屈服，不要停下自己的愤怒，不要接受那些种族和经济优势带来的舒适，放弃挑战的权力。我们的任务就是保持愤怒……很可能要保持很长一段时间。

“这很有可能会持续很多年。”艾玛·冈萨雷斯 2018 年在采访中谈到自己与枪支游说团体的斗争时讲道，“此时此刻，我知道我并不在乎。值得持续这么多年的事情并不好做……我们尝试去做也许会死。但我们不去尝试同样会死。所以为什么不去为之奋斗到死呢？”

冈萨雷斯似乎小小年纪就明白了一些活动家花上很多年才能 [248]
领悟的东西，明白了在她面前的是什么。维维安·戈尔尼克曾经写过，身为活在 20 世纪 70 年代的一名女性，她读到一个世纪前第一波女权主义运动留下的文字时，感受到了一种喜悦。“我们是……女权主义先辈的转世，”她写道，“我记得读到伊丽莎白·卡迪·斯坦顿的文字时，惊诧地发现她在一百年前就讲出了我现在的心声。惊诧，而又满足。但还不清醒。那是以后的事。”

当然，应该让人感到清醒的，也是我在 2018 年夏天读着安德丽娅·德沃金、弗洛·肯尼迪、奥德丽·洛德和维维安·戈尔尼克写下的文字时让我感到清醒的，是如果说女性之前已经走到过这一步，而我们如今还得重新走这一步，那就意味着这个改变的过程将会缓慢艰难，将会经常性地徘徊不前。

戈尔尼克回忆起自己在上世纪70年代的想法时写道：“现在整个国家随时都有可能发生转变，开始相信我们的事业是正确的。毕竟，并不是说以前从来没有人说过这些话。当然，如今这些话又在被完整、自由地讲出来，也是最后一次讲出来。女性和男性都很快开始纠正这让人痛苦的失衡，然后，用存在主义的话说，就让一切顺其自然。”然而随着岁月的流逝，她开始从那些言辞中形成自己确信无疑的分析：“我们都惧怕去清楚地探究性别歧视的含义，要逆转几个世纪以来的情感习惯太过艰难，这样的努力尝试又会引发严重的焦虑。”这些都是冷酷而又具决定性的事实。她对那些挑战的看法是正确的。“我开始认识到，它持续的时间将会比我们任何人预料的都要久。很久很久。”

这次运动要持续很长时间的事实不应该把我们吓坏，而应该让我们变强，必须让我们变强，就像艾玛·冈萨雷斯因此变强一样。我们也应该记住，在每一次存在缺陷、最终停滞不前的重大社会变革中，都曾出现过一些真正的进步：更多群体获得选举权、更多群体获得更多自由、身体自主权扩大等。是的，每向前一步，都会传来海妖那美妙的魅惑歌声，让人停下愤怒去向传统结构示好效忠，让其缓解叛乱留下的灼伤。但现在还远远没到听塞壬歌声的时候。

我们需要努力确保这个时刻会催生真正的改变，知道我们带
[249] 来的改变会在遥远的未来不断产生回响。想想雪莉·奇泽姆吧，她生气的时候会哭泣，也没有赢得选举。她输了。但是，她把芭芭拉·李拉进了政界。芭芭拉·李是国会里唯一投票反对《授权作战

法案》的议员，也一直在努力废除该法案。她也输了这场战役。芭芭拉·李在2015年提出了一个法案，想要推翻《海德修正案》、这个自20世纪70年代以来没有人敢触及过的议题，为贫穷女性群体向前迈出了一大步。她的法案没有得到任何回应。但是她的努力激起的热情，让人们对《海德修正案》的反对意见纳入了希拉里·克林顿在总统竞选中提出的议程。希拉里输掉了选举。她的失败激励了数万名女性投身选举政治，也让这个国家第一次开始严肃对待女性的性侵经历。这些女性当中有些也会输。但故事也不会就此画上句号。

在所有的游行和集会里，你会一次又一次地看到同一个标语。那是一句显然源自希腊语的墨西哥谚语："他们以为可以把我们掩埋；他们不知道我们是种子。"女性的愤怒被一次又一次地掩埋。但它已经在土壤里生根发芽；我们是很久以前被掩埋的愤怒长出的新苗。

如果你在未来某天恰好读到，或者偶然发现这本书，试图弄清自己是否被允许对不管什么惹人生气的事情都可以感到愤怒，我告诉你：是的。是的，你得到了允许。事实上，你必须愤怒。

如果你此刻正在读这本书，在这个瞬间与我同在；如果你读到了这一页，因为你对不公平和不公正感到愤怒，对这个国家的缺陷感到愤怒，因为你的愤怒让你想改变自己的生活，改变这个世界，那么我有非常重要的话要告诉你：不要忘记这种感觉。

告诉你的朋友，把它写下来，现在就讲给你的孩子听，这样他们才能记住。不要让任何人说服你，告诉你这样不对、这样很奇怪、这只是你人生中某个全盘政治化的古怪阶段。还记得吗，亲爱的，那年你气得发了疯？不。不。永远别让别人那么说。因为人们会试图那么做。

未来将会到来，但愿如此。如果我们幸存下来，如果我们迎来好转——哪怕只是一点点，但我希望会有很大——这种紧迫感就
[250] 会淡去，很可能愤怒也会平息，你会短暂地感觉到安慰。这样很好，没问题。

但是接下来，这个世界会告诉你，你不应该再生气了，因为你有点像发疯、从来不煮晚饭、冲电视大吼大叫、也没那么好看，如果你能变得像从前那样风趣，生活就会容易得多。你会受到很大的诱惑，想要把自己戴着猫逼帽的照片收起来，把自己的抗议标语塞到阁楼里，悄悄溜回来，远离那种赤裸裸的愤怒，一身轻松地回到新的现实当中，不管那时的现实会是怎样。

但是我要对所有此刻读到这里的女性说，也对未来的自己说：现在让你感到愤怒的不公仍然存在，即便你自己没有遭遇不公，哪怕你想停止思考自己如何经历不公、如何加剧不公。其他人仍然在经历不公，仍然在感到愤怒；其中有些人还对你发火。不要忘了她们，不要将她们的愤怒一笔勾销。为她们保持愤怒。与她们一起保持愤怒。她们愤怒是正确的，你与她们一起愤怒也是正确的。

愤怒是正确的；愤怒才是美国人；愤怒也可以令人高兴，带来成效，产生联结。永远别再让他们说服你停止愤怒。

致 谢 [251]

感谢西蒙与舒斯特公司的每一位员工，尤其感谢我出色的编辑玛丽苏·鲁奇（MarysueRucci），她与乔纳森·卡普（Jonathan Karp）、卡罗琳·里迪（Carolyn Reidy）、扎卡里·诺尔（Zachary Knoll）、萨拉·里迪（Sarah Reidy）、克里斯蒂娜·普赖德（Christine Pride）以及卡里·戈尔茨坦（Cary Goldstein）一起支持我，热情地为我的写作安家，对此我充满感激。感谢我的经纪人琳达·勒文塔尔（Linda Loewenthal）一直为我指路，介绍我认识了简·伊赛（Jane Isay）。伊赛从编辑的角度为我提供了敏锐而又令人愉快的建议，没有她的帮助我是不可能完成本书的。同样感谢梅雷迪思·塔克斯（Meredith Tax）、艾丽斯·沃克（Alice Walker），也感谢女性电影资料馆向我开放权限让我查阅资料。

我在《纽约杂志》的同事帮助我形成了本书里提到的很多观点，特别是诺琳·马隆（Noreen Malone）、劳里·亚伯拉罕（Laurie Abraham）、斯特拉·巴格比（Stella Bugbee）、贾里德·霍尔特

(Jared Hohlt)、亚当·莫斯（Adam Moss)、帕姆·沃瑟斯坦（Pam Wasserstein）和劳伦·克恩（Lauren Kern)；安·克拉克（Ann Clarke）也用支持与幽默鼓舞着我写作。感谢我的同事乔丹·拉森（Jordan Larson）高效、细致地为我核查事实，感谢奥布里·尤哈斯（AubriJuhasz）提供的研究助理。感谢邦尼·西格勒（Bonnie Siegler）为本书设计封面，埃米·巴斯（Amy Bass）帮忙检查我的历史资料（非常迅速！)。也感谢以下诸位在如此糟糕的这些年里始终保持着敏锐的洞察力：布里特妮·库珀、卡萨·波利特（Katha Pollitt)、米歇尔·哥德堡、利兹·梅里韦瑟（Liz Meriwether)、丽贝卡·索尔尼特、莉萨·米勒（Lisa Miller)、艾米莉·努斯鲍姆（Emily Nussbaum)、贝内·奇波拉（Bene Cipolla)、爱德华·麦克弗森（Edward McPherson)、汤姆·麦克格维兰（Tom McGeveran)、达利亚·里斯维克（Dahlia Lithwick)、莉奇·斯库尔尼克（Lizzie Skurnik)、珍·戴德尔利克（Jen Deaderick)、埃米·戈德瓦瑟（Amy Goldwasser)、梅丽莎·哈里斯－佩里（Melissa Harris-Perry)、格雷格·维斯（Greg Veis)、贾梅尔·布耶（Jamelle Bouie)、琼·沃尔什（Joan Walsh)、杰拉尔丁·西利（Geraldine Sealey)、洛丽·列伊波维奇（Lori Leibovich)、佐伊·赫勒（Zoe Heller)、塔纳西斯·科茨（Ta-Nehisi Coates)、克里斯·海斯（Chris Hayes)、琼·霍华德（Jean Howard)、吉姆·贝克（Jim Baker)、费罗兹·瓦迪亚（Pheroze Wadia)、亚伦·特雷斯特（Aaron Traister）以及卡雷尔·特雷斯特（Karel Traister)。

我尤其要感谢希瑟·麦克弗森（Heather McPherson)、萨拉·卡
[252] 利（Sara Culley)、凯特·肖（Kate Shaw）和克里斯塔·威廉斯（Krista

Williams），她们在本书的写作过程中阅读部分章节并给出了修改建议。我很感激那些愤怒、幽默的女性，她们的声音每天都回荡在我脑海里：伊琳·卡蒙、安娜·霍尔姆斯（Anna Holmes）和艾米纳图·索乌；如果没有她们的指引，我就不会这样思考了。而如果没有玛丽昂·贝尔（Marion Belle）的指引，我就压根儿不会思考，是她的幽默、努力和政治激情点亮了我的生活，让我的写作成为可能。我很幸运有佐伊·赖克（Zoe Reich）和保罗·马加利蒂斯（Paul Margarites）、彼得·克希利（Peter Koechly）和克里斯塔·威廉斯（Krista Williams）的陪伴，他们为我提供了友情、灵感以及后勤帮助。我也很难想象如果这个世界里没有我的终身战友迈克尔·弗里德曼（Michael Friedman），我要如何写作、出版这本书。他的声音以及他对于这个时期的先见之明，都能在这本书里找到回响。

在我写作此书期间，我的父母为我提供了住所，照料着我的饮食，催我外出活动；他们对我就像我对他们的爱一样，是无法估量的。我的女儿们，我爱你们，我为你们骄傲，也感谢你们的耐心与好脾气、你们的不耐烦与坏脾气。这本书献给你们的原因之一就是，我想让你们知道，愤怒是可以的；愤怒也是重要的。我的丈夫达赖厄斯·瓦迪亚（Darius Wadia），一位优秀的伴侣、亲密的朋友、善良的男人，各方面都超出我的期待；为了让这本书写成，他付出的艰辛不比我少，同时还要忙于自己繁重的工作，他让我如此的骄傲。我很幸运，能与他共同在这个世界航行。

译后记

九年前，我所在的校园里，有一群女生致敬《阴道独白》，在社交媒体上刊出了一组表达自己性主张的照片。这场女权主义行动引来铺天盖地的舆论攻击，继而激起了女权主义者的愤怒回应。那时，几乎在校园的每一个角落里都能听到有人在热切地讨论此事，女性的愤怒渐渐弥漫开来，升腾起来，让人觉得像是有头怪兽正在嘶吼着醒来。

我以为自己不会忘记这种愤怒。但在过去的这几年里，我却很少，或者说很少会纵容自己去回想当时的愤怒感受。很多时候，我不再愤怒。教师的职业让我习惯于隐藏愤怒，代之以礼貌微笑；母亲的身份也让我习惯于收起愤怒，代之以无限耐心。久而久之，我以为自己终于看透，心平气和，学会释然，学会和解。

直到我开始翻译这本书。

这本书里有太多愤怒的女性。她们肤色不同，年龄不同，身份不同，遭遇不同，但都愤怒：她们暴跳如雷，冷静从容，声嘶力竭，不动声色，皆在愤怒；她们遭遇冷眼，遭到诋毁，遭受侮辱，遭到打压，皆因愤怒；她们组织抗议，发表演说，提起诉讼，参加竞选，只为愤怒。

在这本书里，作者丽贝卡·特雷斯特回溯了两百多年来一代又一代女性愤怒的历史：从妇女选举权运动到劳工运动，从妇女权利运动到同性恋权利运动，从黑人权力运动到反性侵运动，从控枪大游行到妇女大游行，女性的愤怒常常是政治和社会变革的催化剂，能够带来深远的影响和持续的改变。

我开始看见她们的愤怒。

翻译这本书，是一次沉浸式的愤怒体验。阅读她们的愤怒，体会她们的愤怒，表达她们的愤怒。我也时常惊觉，书里讲述的一些事件此刻正在或远或近的现实中上演，虽然换了时空，换了人物，换了情节，愤怒的内核却惊人地相似。一旦打开愤怒的雷达，从未见过的景象就会铺开在眼前。

她们也许是公众人物，也许是无名之辈；也许是年轻气盛的学生，也许是万念俱灰的母亲；也许在社交媒体上占据话题榜首，也许在偏远村庄里长期无人问津；也许是远方从未谋面的陌生人，也许是身边最为熟悉的好朋友。愤怒，让我真正看见了她们。

但这些愤怒只是冰山一角。

一直以来，女性的愤怒总是遭到压制。这种无处不在的压制来自社会，也来自个人，来自明处，也来自暗处，来自男性，也来自女性。对于女性愤怒的压制已经成为一种习惯，一种常态。想一想，有多少次你想要大发雷霆，转念一想，却还是忍住了破口大骂的冲动？我们以为，愤怒是丑陋的，不堪的，需要压制的。

可愤怒又岂是压制得住的呢？“女性的愤怒被一次又一次地掩埋。”特雷斯特写道，“但它已经在土壤里生根发芽；我们是很久以前被掩埋的愤怒长出的新苗。”女性的愤怒由来已久，积蓄已久，就像是沉睡的火山，终有一天会爆发。

“事实上，你必须愤怒。”

这本书让我想起许多时刻：那些不知道自己可以说“不”而说了“好”的时刻，那些不知道自己可以表达愤怒而强颜欢笑的时刻，那些不知道愤怒可以为他人带来改变而选择漠然处之的时刻。在对于那些时刻的复盘中，我告诉自己：你本可以愤怒的；以后，你应该愤怒。

你应该愤怒。更重要的是，不只为自己愤怒，还要代表那些不能合理利用这种愤怒力量的人群愤怒；不只为女性愤怒，而要对所有不平等、不公正的现象愤怒。“认可其他女性的愤怒，关注她们的愤怒，尊重她们的愤怒，绝不回避她们的愤怒。”特雷斯特在结尾处指出，“为她们保持愤怒。与她们一起保持愤怒。”

从“女子不愤怒”走向“好不愤怒”，你，在路上了吗？

成思

2022 年 4 月 16 日